QICHE PENQI XIUFU JISHU

汽车喷漆修复技术

吴兴敏　赵国军　主编

化学工业出版社

·北京·

内 容 提 要

《汽车喷漆修复技术》按照汽车维修企业的实际工艺过程编写，详细介绍了汽车漆面修复的工艺过程，包括职业健康与安全事项、涂层种类的鉴别与漆膜损伤的评估方法、表面预处理方法、底漆的准备和车身的准备要求、底漆的喷涂与干燥方法、原子灰的刮涂与干燥方法、原子灰的打磨与修整方法、中涂底漆的喷涂与干燥方法、中涂底漆的修整与打磨方法、素色漆和金属漆的调色方法、素色面漆和金属面漆的喷涂方法、面漆涂装后的修整项目及修整方法、漆膜的抛光与打蜡方法、小修补工艺、塑料件的涂装工艺及水性漆涂装工艺等。采用任务导入、相关知识、技能学习、小结的形式编排，便于读者快速入门，掌握汽车喷漆相关知识技能。全彩色印刷，可使读者建立足够的漆膜色彩感觉。视频、动画、课件等丰富的配套资源，有利于读者更好理解书中相关内容。

本书可作为汽车车身维修技术人员和学习爱好者用书，并可作为汽车车身维修技术人员培训教材和职业院校汽车车身维修技术专业教材。

图书在版编目（CIP）数据

汽车喷漆修复技术/吴兴敏，赵国军主编. —北京：化学工业出版社，2020.7（2023.9重印）
ISBN 978-7-122-37048-8

Ⅰ.①汽… Ⅱ.①吴… ②赵… Ⅲ.①汽车-喷漆 Ⅳ.①U472.44

中国版本图书馆 CIP 数据核字（2020）第 083498 号

责任编辑：韩庆利　　　　　　　　　　　　文字编辑：吴开亮
责任校对：边　涛　　　　　　　　　　　　装帧设计：刘丽华

出版发行：化学工业出版社（北京市东城区青年湖南街13号　邮政编码100011）
印　　装：北京建宏印刷有限公司
787mm×1092mm　1/16　印张16½　字数425千字　2023年9月北京第1版第2次印刷

购书咨询：010-64518888　　　　　　　　　　售后服务：010-64518899
网　　址：http://www.cip.com.cn
凡购买本书，如有缺损质量问题，本社销售中心负责调换。

定　　价：88.00元　　　　　　　　　　　　　　　　　版权所有　违者必究

前言

随着汽车保有量的日益增多，汽车维修企业也蓬勃发展，对汽车维修人才的需求量也越来越大。据调查，目前汽车维修企业中，事故车维修率约占70%，而对事故车维修作业中，汽车涂装作业约占40%。所以目前汽车维修行业中汽车涂装修复人才相当紧缺，各高职院校相继开设了汽车车身维修技术专业，以满足汽车维修企业对汽车钣金修复、汽车漆膜修复及汽车美容护理人才的需求。

目前从事汽车漆面修复技术工作的技术人员，部分是师傅带徒弟的形式培养出来的，普遍存在理论知识薄弱的问题，缺少解决疑难问题的能力和创新能力。所以对正在从事汽车漆面修复工作的技术人员来说，也需要系统地学习涂装的相关理论知识。

本书是作者在多年的课程改革、课程教学、汽车修补漆技术培训及车身维修行业培训与实践的基础上，精心设计编写的。在深入研究典型企业（特别是名牌汽车修补漆生产企业）标准的基础上，组织了由职业学校教师、汽车维修企业汽车涂装修复专家组成的强大专业性编写队伍，以达到教、学、用一体贯通的实用性目的，体现了"生产与教学紧密结合"的特点。

本书完全按照汽车漆面修复流程编写，引用新的国家与行业标准，并且紧密结合汽车漆面修复的实际工作情况，理论知识讲解深入浅出，实操技能叙述条理清晰。

本书按实际工作程序分为职业健康与安全、底处理、底漆的涂装、原子灰的涂装、中涂底漆的涂装、面漆的调色、面漆的涂装、典型漆膜损伤修补工艺八个项目，在每个项目中，按具体的工作内容分为若干个学习任务，每一个学习任务下设"任务导入""相关知识""技能学习"等模块。

为使读者在阅读教材时建立足够的漆膜色彩感觉，本书全彩色印刷，引入了大量的彩色图片，并且力求采用通俗易懂的语言描述，大量的专业术语采用了行业中通用的俗语，增强了本书作为维修技师参考学习资料的实用性。

本书配备了丰富的多媒体教学资源，如动画、视频录像等，可通过移动终端扫描书中二维码在线学习。同时本书还配备了PPT课件等资源，如果需要，使用者可与出版社联系免费索取（857702606@qq.com）。

本书由辽宁省交通高等专科学校吴兴敏、沈阳公用事业学校赵国军主编，参与本书编写工作的人员还有高元伟、张成利、翟静、马志宝、鞠峰、张凤云、张丽丽、黄艳玲、惠有利。

由于作者水平有限，编写中难免会有不足之处，恳请诸使用者提出宝贵意见和建议。

编　者

目录

项目一　职业健康与安全 / 001

- 任务导入 ... 001
- 相关知识 ... 001
  - 一、涂装工作安全守则 ... 001
  - 二、安全警告标识 ... 001
  - 三、汽车涂装作业时可能对人体的伤害 ... 004
  - 四、汽车涂装作业安全防护 ... 004
  - 五、汽车涂装安全生产 ... 008
  - 六、急救与医护 ... 011
- 技能学习 ... 011
  - 一、防毒面罩的使用 ... 011
  - 二、常遇特殊情况下的人员急救 ... 013
- 小结 ... 015

项目二　底处理 / 017

任务 2-1　漆膜损伤的评估 ... 020

- 任务导入 ... 020
- 相关知识 ... 020
  - 一、涂料的组成 ... 020
  - 二、涂料的分类和命名 ... 022
  - 三、汽车用涂料的品种 ... 026
  - 四、涂料的成膜方式 ... 027
  - 五、涂层标准 ... 029
- 技能学习 ... 033
  - 一、全车清洗 ... 033
  - 二、漆膜损坏程度的评估 ... 035
  - 三、不同结构涂层的鉴别 ... 037
  - 四、不同类型漆膜的鉴别 ... 038
  - 五、汽车是否经过漆膜修补的判定 ... 039
- 小结 ... 039

任务 2-2　表面预处理 ... 040

- 任务导入 ... 040
- 相关知识 ... 041
  - 一、不同程度漆膜损伤的处理要求 ... 041
  - 二、底处理用工具、设备及材料 ... 041
- 技能学习 ... 050
  - 一、劳动保护与安全注意事项 ... 050
  - 二、手工除旧漆膜 ... 051
  - 三、用打磨机除旧漆 ... 055
  - 四、钢板表面的除锈 ... 059
  - 五、无损伤板件的表面预处理 ... 061
- 小结 ... 063

项目三　底漆的涂装 / 064

任务 3-1　底漆的准备 ... 064

- 任务导入 ... 064
- 相关知识 ... 064
  - 一、底漆的作用 ... 064
  - 二、底漆的性能要求 ... 065
  - 三、底漆的种类 ... 065
  - 四、底漆的涂装方法 ... 066
  - 五、涂料的选配应参考的信息 ... 067
  - 六、涂料调制工具 ... 068
- 技能学习 ... 069
  - 一、劳动安全注意事项 ... 069
  - 二、常用底漆的选配 ... 070

  三、涂料罐的开封与搅拌 071
  四、底漆的调制 074
 小结 079
任务 3-2　车身的准备 079
 任务导入 079
 相关知识 080
  一、遮盖材料 080
  二、擦拭纸 082
  三、黏尘布 082
  四、除油剂 082
 技能学习 083
  一、劳动保护与安全注意事项 083
  二、遮盖 083
  三、除尘与除油 085
 小结 087
任务 3-3　底漆的喷涂 087
 任务导入 087
 相关知识 088
  一、压缩空气喷涂系统 088
  二、喷漆室 095
  三、喷涂操作要领 096
  四、涂料的干燥方式 101
  五、底漆喷涂操作流程 102
 技能学习 102
  一、喷漆房的准备 102
  二、劳动安全与卫生 102
  三、喷枪的检查与调整 104
  四、底漆的喷涂 106
  五、底漆的干燥 107
  六、底漆的打磨 109
  七、喷枪的维护 110
 小结 112

项目四　原子灰的涂装 / 113

任务 4-1　原子灰的刮涂与干燥 113
 任务导入 113
 相关知识 114
  一、原子灰的组成 114
  二、原子灰的种类 114
  三、原子灰的施工方法 115
  四、原子灰的施涂工艺 116
 技能学习 116
  一、刮原子灰 116
  二、原子灰的干燥 126
 小结 127

任务 4-2　原子灰的打磨与修整 127
 任务导入 127
 相关知识 128
  一、填眼灰 128
  二、打磨指导层 128
 技能学习 129
  一、劳动安全与卫生 129
  二、手工干磨原子灰 129
  三、用干磨机打磨原子灰 132
 小结 133

项目五　中涂底漆的涂装 / 134

 任务导入 134
 相关知识 134
  一、中涂底漆的作用 134
  二、中涂底漆的选择 135
  三、中涂底漆的涂装程序 136
 技能学习 138
  一、劳动安全与卫生 138
  二、准备工作 138
  三、中涂底漆的喷涂 140
  四、中涂底漆的干燥 142
  五、中涂底漆喷涂效果检查 143
  六、中涂底漆涂层的打磨 143
  七、收尾工作 144
  八、中涂底漆施工质量检查 145
 小结 145

项目六　面漆的调色 / 146

- 任务6-1　素色漆的调色 146
  - 任务导入 146
  - 相关知识 146
    - 一、色彩的性质 146
    - 二、颜色的命名 149
    - 三、颜色的变化 149
    - 四、颜色的调配 150
    - 五、颜色的同色异谱现象 151
    - 六、素色漆光谱特性 152
    - 七、色母 152
    - 八、颜色配方 152
    - 九、调色工具 153
    - 十、调色工艺流程 157
  - 技能学习 157
    - 一、准备工作 157
    - 二、操作流程 157
  - 小结 164
- 任务6-2　金属色漆的调色 165
  - 任务导入 165
  - 相关知识 165
    - 一、金属闪光色 165
    - 二、珍珠色 172
    - 三、金属色漆最佳调色步骤 ... 174
    - 四、金属色漆与素色漆比色技术的差异 174
    - 五、金属色漆调色时的注意事项 .. 177
    - 六、金属色漆膜外观评价 177
    - 七、计算机调色 178
  - 技能学习 179
    - 一、准备工作 179
    - 二、操作流程 179
  - 小结 186

项目七　面漆的涂装 / 188

- 任务7-1　面漆的整车（整板）喷涂 188
  - 任务导入 188
  - 相关知识 188
    - 一、面漆的喷涂手法 188
    - 二、面漆的喷涂工艺程序 189
  - 技能学习 189
    - 一、准备工作 189
    - 二、素色面漆的整车（整板）喷涂 192
    - 三、金属色面漆的整车（整板）喷涂 195
  - 小结 198
- 任务7-2　面漆的局部修补过渡喷涂 198
  - 任务导入 198
  - 相关知识 199
    - 一、面漆局部修补过渡喷涂工艺 .. 199
    - 二、面漆局部修补边界的选择 .. 200
    - 三、面漆局部修补和过渡喷涂对底材处理要求 200
    - 四、驳口水 200
  - 技能学习 201
    - 一、准备工作 201
    - 二、素色面漆的局部修补过渡喷涂 .. 201
    - 三、金属色面漆的局部修补过渡喷涂 202
  - 小结 204
- 任务7-3　面漆涂装后的修整 205
  - 任务导入 205
  - 相关知识 205
    - 一、抛光工具与材料 205
    - 二、手工打蜡工具与材料 207
  - 技能学习 208
    - 一、劳动安全 208
    - 二、常见面漆喷涂缺陷的修整 .. 208
    - 三、面漆喷涂后其他各类缺陷的原因分析及修整方法 212
    - 四、整车（整板）抛光 221
    - 五、打蜡 222
    - 六、部件的安装与清扫作业 ... 224
  - 小结 224

项目八　典型漆膜损伤修补工艺 / 225

任务 8-1　小修补 ········· 225
 任务导入 ················· 225
 相关知识 ················· 225
  一、小修补的条件 ········· 225
  二、小修补喷枪 ··········· 226
 技能学习 ················· 226
  一、劳动安全 ············· 226
  二、操作流程 ············· 226
 小结 ····················· 229

任务 8-2　塑料件的涂装 ··· 229
 任务导入 ················· 229
 相关知识 ················· 230
  一、塑料在汽车上的应用 ··· 230
  二、塑料件涂装的作用 ····· 231
  三、各种塑料底材与漆膜的附着性 ··· 231
  四、汽车用塑料件的涂装特点 ··· 232
  五、塑料件涂装用材料 ····· 232
 技能学习 ················· 233
  一、劳动安全与卫生 ······· 233
  二、常用塑料的鉴别 ······· 233
  三、硬质塑料件的涂装 ····· 235
  四、软质塑料件的涂装 ····· 238
  五、塑料件表面亚光效果和纹理效果的涂装 ··· 244
 小结 ····················· 247

任务 8-3　水性漆的涂装 ··· 247
 任务导入 ················· 247
 相关知识 ················· 248
  一、水性涂料与溶剂型涂料的不同点 ··· 248
  二、修补用水性涂料 ······· 249
  三、温度、湿度对水性漆施工的影响 ··· 250
  四、水性底色漆的干燥 ····· 250
  五、水性漆的储存 ········· 251
 技能学习 ················· 251
  一、劳动安全与卫生 ······· 251
  二、操作流程 ············· 251
 小结 ····················· 252

参考文献 / 253

项目一
职业健康与安全

任务导入

汽车涂装工为特殊工种。修补涂装作业过程中存在很多关于安全、卫生及环保的特殊事项。从事涂装作业的技师必须熟记这些事项并且具备丰富的劳动安全、卫生及环保知识与技能,才能最大限度地避免工作事故的发生,并且即便在发生事故时,也能进行有效的处理。因此,劳动安全、卫生及环保知识与技能必须是汽车修补涂装从业人员学习的第一课。

相关知识

一、涂装工作安全守则

(1) 所有漆料产品应适当贮存并远离孩童。
(2) 所有漆料产品必须在通风较好的环境下及装置排气系统的操作间内使用。
(3) 汽车修补漆只供专业喷涂或工业施工使用。
(4) 有关漆料产品说明书及安全守则可向经销商或油漆制造商查询。
(5) 所有漆料产品在使用前必须详细阅读有关资料及化学品安全技术说明书。

二、安全警告标识

在进行汽车维修涂装操作时,要特别注意安全及健康问题。使用涂装材料前要仔细阅读产品的使用说明书和相应的标签,并能充分理解各类型安全警告标识的含义,以便做到提前准备。

与汽车涂装相关的安全警告标识主要有以下几种。

1. 避免皮肤接触

避免皮肤接触提示标识如图 1-1 所示。工作时应采取如下措施:
(1) 穿着合适的工作服,佩戴合适的手套。
(2) 使用隔绝性护手膏以保护裸露的皮肤。
(3) 避免使用稀释剂洗手,应使用合适的清洁剂。

（4）皮肤接触有害污物，应立即除去污染物并用大量清水及肥皂水清洗。

2. 避免眼睛接触

避免眼睛接触提示标识如图 1-2 所示。工作时应采取以下措施：

（1）使用或处理油漆、固化剂和溶剂时必须佩戴护目镜。

（2）如有任何漆料溅入眼睛，应马上用清水冲洗 10min 并送医院治疗。

图 1-1　避免皮肤接触标识

图 1-2　避免眼睛接触标识

3. 避免呼吸系统接触

避免呼吸系统接触提示标识如图 1-3 所示。工作时应采取以下措施：

（1）避免处于充满油漆和尘雾的工作间，工作间应装置良好的排风系统。

（2）使用干式打磨或喷涂操作时，必须佩戴合适的面罩。

图 1-3　避免呼吸系统接触标识

4. 避免食用接触

避免食用接触提示标识如图 1-4 所示。工作时应采取以下措施：

（1）切勿在工作间内进食及吸烟，以免误服有害物质。

（2）工作人员进食前要彻底洗手。

（3）误服有害物质后不要强行使人呕吐，保持体温和安静并尽快送医救治。

5. 注意防火

注意防火提示标识如图 1-5 所示。漆雾和挥发性气体是易燃易爆的，所用工作间必须装置防火设备，工作人员必须具备正确的安全防火知识。

图 1-4　避免食用接触标识

6. 健康危害

如图 1-6 所示，该标识提示可能存在以下健康危害：

（1）呼吸过敏和皮肤过敏。

（2）生殖细胞突变性。

（3）致癌性。

图 1-5　注意防火标识

（4）生殖毒性。
（5）特异性淋巴器官一次接触毒性。
（6）特异性淋巴器官反复接触毒性。

7. 毒性/刺激

如图 1-7 所示，该标识提示可能存在以下安全危害：
（1）急性毒性。
（2）皮肤腐蚀/刺激性。
（3）严重眼损伤/眼睛刺激性。
（4）呼吸过敏和皮肤过敏。

图 1-6　健康危害标识

图 1-7　毒性/刺激标识

8. 易燃

如图 1-8 所示，该标识提示可能存在以下易燃物：
（1）易燃气体。
（2）易燃气溶胶。
（3）易燃液体。

9. 腐蚀

如图 1-9 所示，该标识提示可能存在以下腐蚀情况：

图 1-8　易燃标识

图 1-9　腐蚀标识

(1) 金属腐蚀物。
(2) 皮肤腐蚀/刺激性。
(3) 严重眼损伤/眼睛刺激性。

10. 急性毒性

如图 1-10 所示，该标识提示可能存在急性毒性。

11. 水环境危害

如图 1-11 所示，该标识提示可能存在急性，慢性水环境危害。

图 1-10　急性毒性标识

图 1-11　水环境危害标识

三、汽车涂装作业时可能对人体的伤害

汽车涂装作业时能够危害人体的物质有很多，在短期内可能不易察觉对身体造成的伤害，但 15 年或 20 年以后，病症就会发作。通常这种伤害是无法挽回的。

颜料可能含有铅、铬、镉等重金属。铅会影响神经系统、血液系统、肾脏系统、生殖系统；铬会损伤呼吸道、消化道、引起皮肤溃伤、鼻中隔穿孔等；镉会引起呼吸道病变，危害肾脏系统。

有机溶剂可能含有甲苯、二甲苯，会刺激中枢神经、皮肤，损伤肝脏。

树脂可能会引起呼吸道过敏、皮肤过敏。

2K 型（双组分）烤漆的固化剂可能含有异氰酸盐，会刺激皮肤、黏膜，引起呼吸器官障碍。从事汽车涂装作业的职业病种类如图 1-12 所示。

汽车修补漆的作业必须注意安全，避免意外的发生。因此必须谨记：预防胜于补救。还要注意一点：有慢性肺病或呼吸系统问题者，应避免接触漆料及有关产品。

四、汽车涂装作业安全防护

涂装作业中时刻要注意自身的安全防护。安全防护措施不仅需要硬件上的支持，例如良好的工作环境和维修设备，更需要维修厂的管理人员和维修人员充分认识到安全防护的重要性。

1. 环境控制

环境控制中很重要的内容是通风。在使用油漆、稀释剂以及腻子等化学品时，适当的通风是非常重要的，通常采用换气扇等换气系统强制通风。特别是喷漆车间，更需要充分换气，这样不仅可以加速漆面的干燥，也可以除去有害混合物和气体。如果条件允许，最好在具有强制换气扇的烤漆房或无尘车间内喷漆。

2. 使用先进的工具设备

先进的喷漆设备可以有效地降低化学物质对操作者的危害。

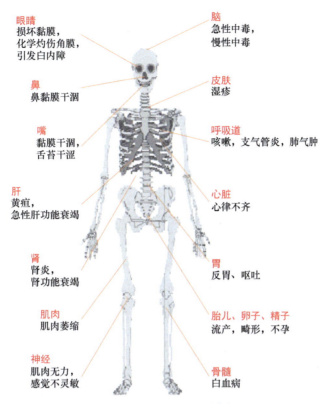

图 1-12 从事汽车涂装工作的职业病种类

（1）使用高质量的喷枪（如 HVLP 喷枪），可提高喷涂时的油漆利用率，减少飞漆。

（2）使用无尘干磨设备可以使打磨造成的粉尘降到最低，减少了操作者呼吸系统吸入粉尘的概率。

（3）改进喷漆房的排风效率，减少喷漆时漆雾对人体的影响。

（4）在准备工作、调漆和喷漆作业时，为抵御产生的溶剂蒸气和漆雾，应穿戴高质量的劳动防护用品。

3. 使用环保的涂装产品

（1）使用高固体分含量的涂料。

（2）使用水性漆等。

4. 穿戴个人劳动防护用品

从事汽车涂装作业的部分个人安全防护用品如图 1-13 所示。在工作中采取安全防护措施的成本，永远比健康损害和挣钱能力降低的损失要低。

（1）护目镜。用于防止稀释剂、固化剂、飞溅的油漆以及打磨灰尘对眼睛造成伤害。图 1-14 所示为护目镜及其佩戴标识。

（2）防尘面具。用于保护肺部免受打磨时产生的固体微粒的危害。图 1-15

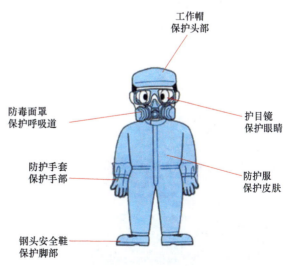

图 1-13 涂装作业个人安全防护用品

所示为佩戴防尘面具及其标识。防尘面具应根据需要使用不同级别微尘滤芯。滤芯的保护等级见表1-1。

图1-14　护目镜及其佩戴标识　　　　　　　　图1-15　佩戴防尘面具及其标识

表1-1　过滤式口罩滤芯的保护等级

过滤物质	英文代号	颜色	过滤等级	保护范围
颗粒	P	白色	P1	低毒性固体物质
			P2	低毒性固体及液态物质
			P3	一般毒性固体及液态物质
有机气体及挥发物	A	棕色	A1	沸点在65℃以上的有机气体及挥发物（如溶剂）
			A2	沸点在65℃以下的有机气体及挥发物（如溶剂）

（3）防护手套。防护手套主要有两种，一种是棉手套，主要用于在打磨或处理汽车零件时避免手部伤害；另一种是橡胶手套，主要用于在可能接触到涂料、稀释剂等有害物质时，防止有害物质通过皮肤渗入人体。图1-16所示为佩戴防护手套及其标识。

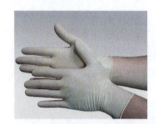 

另外，对手部皮肤的保护还可在操作前涂抹防护霜；如果皮肤沾有漆料，应用专用的清洗膏清洁；如果皮肤出现划伤等，应采用有助于皮肤再生的护理。

（4）防毒面罩。涂装作业中的防毒面罩主要有三种类型。

① 过滤式呼吸防护面罩，如图1-17所示，适用于短时间接触有害气体的操作时佩戴。

图1-16　佩戴防护手套及其标识

戴。其过滤等级一般为P2和A2级。

② 半面式供气面罩，如图1-18所示，适用于长时间接触有害气体的操作时佩戴。这种

 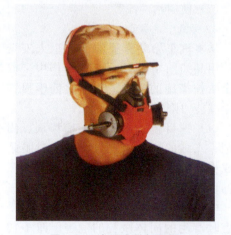

图1-17　过滤式呼吸防护面罩　　　　　　　　图1-18　半面式供气面罩

类型的防护面罩,呼吸空气的质量与环境空气无关。面罩两侧送风,气流均匀,通过附设的气压计可随时调整最舒适的送风气压,可以随时观察活性炭滤芯的有效性。面罩需配活性炭过滤器、空气加热器、空气加湿器等。

活性炭过滤器及腰带,如图 1-19 所示。经活性炭过滤后的气体可以直接供人呼吸。绑在腰上方便使用,不影响喷涂操作。

空气加热器、加湿器,如图 1-20 所示。空气加热器带调节阀,加热空气速率大约为 10℃/s;空气加湿器可以把压缩空气的相对湿度提升至 30%,提供舒适安全的呼吸气体。

图 1-19 活性炭过滤器及腰带

图 1-20 空气加热器和加湿器

③ 全面式供气面罩,如图 1-21 所示。其用途、配套装置及特点与半面式供气面罩相同,只不过它能够将整个面部全部遮盖起来,实现对头部的完全保护。

图 1-22 所示为佩戴防毒面罩标识。

(5)防护服。从事涂装作业的防护服通常分两种,一种是机械危险防护服,即普通棉质工作服,主要在打磨等从事机械性作业时穿戴,用于防止受到边缘锋利的材料伤害,以及避免一般的机械影响和脏污。另一种防护服为化学防护服,如图 1-23 所示,主要在从事调漆、喷漆及抛光等作业时穿戴,用于防止涂料、稀释剂及抛光剂飞溅等造成的危害。喷涂作业防护服最好是带帽连体式,用透气、耐溶剂、防静电、不起毛材料制作,袖口为收紧式。

(6)安全鞋。在设有排水(排漆雾)的金属格栅的喷漆房内作业,必须穿安全鞋。安全鞋通常具有耐溶剂、绝缘等特性,鞋头和后跟均有内置钢板。图 1-24 所示为安全鞋及穿安全鞋标识。

(7)耳罩(或耳塞)。涂装作业间的噪声并不是很大,但长期在即使有很小的噪声的环境中工作,也会对听力产生损伤,因而应该佩戴耳罩或耳塞予以保护。涂装间的噪声源主要有以下几个:

① 喷漆房的排气扇。
② 工作间的排气管道。
③ 打磨噪声。
④ 压缩空气机噪声。

图 1-22　佩戴防毒面罩标识

图 1-21　全面式供气面罩

图 1-23　化学防护服

图 1-25 所示为佩戴耳罩及其标识。

图 1-24　安全鞋及穿安全鞋标识

图 1-25　佩戴耳罩及其标识

五、汽车涂装安全生产

1. 安全用电

安全用电是企业经营管理的基本原则之一。如果认识和掌握了电的性能及安全用电的知识，便可利用电能来为人类造福。相反，如果没有掌握安全用电的知识，违反用电操作规程，不仅会停电、停产、损坏设备和引起火灾，还会发生触电事故，危及生命。因此，研究触电事故的原因和预防措施，提高安全用电的技术理论水平，对于安全用电，避免各种用电事故的发生是非常重要的。

（1）触电对人体的伤害。触电是指电流以人体为通路，使身体的一部分或全身受到电的刺激或伤害。触电可分为电击和电伤两种。电击是指电流通过人体，造成人体内部器官伤害，这是十分危险的；电伤是指电流对人体外部造成的局部伤害，如电弧烧伤、电灼伤等。

（2）触电的原因和方式。造成触电事故的原因，常见的有以下三种。

① 忽视安全操作，违章冒险。

② 缺乏安全用电的基本常识。

③ 电线或电气设备的绝缘损坏，当人体触及带电的裸露线或金属外壳时，就会触电。

触电方式分为单相触电和两相触电。单相触电是指人体站在地面上，人体某一部位触及单相带电体。大部分的触电事故都是单相触电，此时人体承受 220V 的电压作用，电流通过人体进入大地，再经过其他两相电容或绝缘电阻流回电源，当绝缘不良或电容很大时也有危险。两相触电是指人体同时触及三相电的两根火线，此时加在人体的电压是 380 V，其触电后果最为严重。

（3）安全防范措施。为了防止触电事故的发生，可采用以下安全措施。

① 电气设备的保护接地。保护接地就是将电气设备的金属外壳与接地体之间可靠连接。图 1-26 所示为电动机保护接地电路。电动机采用保护接地后，当某一相电线因绝缘损坏而碰到外壳，这时若有人触及带电的外壳，人体相当于接地电阻的一条并联支路。由于人体电阻远远大于接地电阻，所以通过人体的电流很小，从而保证了人体安全。反之，若外壳不接地，当人体触及带电的外壳时，就会有大电流通过人体，造成触电事故。

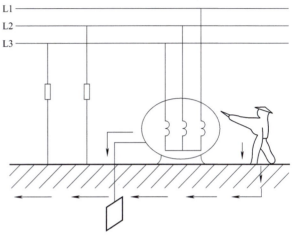

图 1-26　电动机保护接地

② 电气设备的保护接零。保护接零就是将电气设备的金属外壳与零线可靠连接。采用保护接零后，若电动机内部某一相绝缘损坏而碰到外壳，则该相短路，其短路电流很大，将使电路中的保护电器动作或使熔丝烧断而切断电源，从而消除了触电危险。可见，保护接零的防护比保护接地更为完善。

实际工作中常用的单相用电设备，如抛光机、电动角磨机、热风枪等，用三脚扁插头和三眼扁孔插座。正确的接法是把用电设备的外壳用导线接在中间长的插脚上，并通过插座与保护零线相连。绝不允许用电设备的零线直接与设备的外壳相连，必须由电源单独接一零线到设备的外壳上。否则，可能会引起触电事故，如图 1-27 所示。

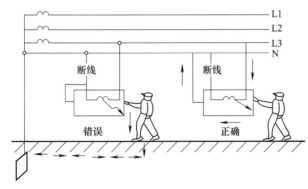

图 1-27　保护接零

③ 电气设备的绝缘要求。电气设备的金属外壳和导电线圈之间的绝缘好坏通常用绝缘电阻来衡量。电气设备的绝缘要求规定，固定电气设备的绝缘电阻不能低于 $0.5 M\Omega$；可移动的电气设备，如手提式电钻、台式风扇的绝缘电阻不能低于 $1 M\Omega$；潮湿地方使用的电气设备，如洗衣机等电器的绝缘电阻还应更大些，以保证安全。电气设备的绝缘性能是随着使用年限的增长、温度升高和湿度增大而下降的，所以要定期用电表测量电气设备的绝缘电阻。对绝缘电阻不符合要求的电气设备不能继续使用，必须进行维修。

应该指出，对于长期搁置的电气设备，在使用前都必须用电表测量其绝缘电阻，不可贸然使用，以免发生事故。

2. 防火

火灾危害是在生产和生活中经常遇到的危害，针对它的措施重点是预防，因为一旦发生火灾，它的危害性不可估量，并且它的损害往往是无法弥补的。

（1）灭火的基本方法。

① 移去或隔离已经燃烧的火源，熄灭火焰。

② 隔绝空气，切断氧气，使火焰窒息，或者将不燃烧的气体（如二氧化碳）喷射到燃烧的物体上，使空气中的氧气含量下降到16%以下，熄灭火焰。

③ 用冷却法把燃烧物的温度降低到燃点以下，即可灭火。

（2）常用的灭火器。灭火器的种类很多，按其移动方式分为手提式和推车式；按驱动灭火剂动力来源分为储气瓶式、储压式、化学反应式；按所充装的灭火剂分为泡沫、二氧化碳、干粉、卤代烷、酸碱、清水式灭火器等。常见的灭火器有MP型、MPT型、MF型、MFT型、MFB型、MY型、MYT型、MT型、MTT型。

这些字母的含义如下：第一个字母M表示灭火器；第二个字母F表示干粉，P表示泡沫，Y表示卤代烷，T表示二氧化碳；有第三个字母的，T表示推车式，B表示背负式，没有第三个字母的表示手提式。

① MP型灭火器。根据国家标准，MP型手提式泡沫灭火器按所充装灭火剂的容量有6L和9L两种规格，其型号为MP6和MP9。适用于扑救液体和可熔融固体物质燃烧的火灾，如石油制品、油脂等，也适用于扑救固体有机物质燃烧的火灾，如木材、棉织品等。但不能扑救带电设备、可燃气体、轻金属、水溶性可燃物、易燃液体燃烧的火灾。

② MT型灭火器。二氧化碳是以液态存放在钢瓶内的，使用时液体迅速气化而吸收燃烧物本身的热量，使其温度急剧下降到很低的温度。利用它来冷却燃烧物质和冲淡燃烧区空气中的含氧量以达到灭火的效果。二氧化碳灭火器具有灭火不留痕迹、有一定的绝缘性能等特点，因此适用于扑救600 V以下的带电电器、贵重设备、图书资料、仪器仪表等的初起火灾以及一般的液体火灾。不适用于扑救轻金属火灾。

③ MF型灭火器。干粉灭火器是以高压为动力，由喷射筒内的干粉进行灭火，为储气瓶式。适用于扑救石油及其产品、可燃气体、易燃液体、电气设备的初起火灾，广泛应用于工厂、船舶、油库等场所。按照充装的干粉质量分类，MF型灭火器的型号可分为MF1、MF2、MF4、MF5、MF8、MF10等；按照充装物质的不同，又可分为碳酸氢钠干粉灭火器和磷酸铵盐干粉灭火器两种。碳酸氢钠干粉灭火器适用于易燃、可燃液体以及带电设备的初起火灾；磷酸铵盐干粉灭火器除可用于上述几类火灾外，还可用于扑救固体物质火灾，但都不适宜扑救轻金属燃烧的火灾。

④ MY型灭火器。主要适用于扑救易燃、可燃液体，气体及带电设备的初起火灾；扑救精密仪器、仪表、贵重的物资、珍贵文物、图书档案等的初起火灾；扑救飞机、船舶、车辆、油库、宾馆等场所固体物质的表面初起火灾。

3. 设备的安全使用

设备的使用也是生产安全里面很重要的一项内容，有很多的工伤事故都是由设备的违规操作造成的。使用设备一定要严格按照使用说明书的要求操作，尤其是新的设备使用前，一定要将它的性能了解透彻。汽车涂装经常使用电动工具，对于这些设备的使用要遵循以下安全操作注意事项。

（1）工作场所应该清洁无杂物。杂乱无章的工作环境会导致意外事故的发生。

（2）不要在易燃易爆的场所使用电动工具，在潮湿的场所使用时要做好电路的绝缘。

（3）与作业无关的人员不要靠近工作场所，尤其是幼童。

（4）工作时衣服穿戴要合适，不要让松散的衣角或长链首饰卷入旋转工具的转动部分。长发者应戴工作帽，把头发拢起。

（5）绝大多数的电动工具作业时，需戴护目镜。进行粉尘飞扬的切削作业时，需佩戴防尘面罩。

（6）不要手握电线提起电动工具，也不要强行拉扯电线从电源插座拆除插头。要保证电线与热源和油液隔开，并避免与锐利的边缘接触。

（7）不使用时、维修以前以及更换附件之前，一定要拔下电源插头。

（8）插头一插上电源插座，手指就不可随便接触电源开关，以防止误开动开关。插接电源之前，要确定开关是否切断。

（9）保持高度警觉，密切注意所进行的作业，注意力集中。疲惫时不要使用电动工具。

（10）工具应妥善维护，保持工作部位清洁，以达到更好、更为安全的使用效能。应按规定加注润滑脂、更换附件。线缆应定期检查，如发现破损应立即修复。手柄要保持干燥，并防止黏附油脂类的脏污。

（11）不使用的电动工具要妥善保存，存放地点干燥并加锁保管。

六、急救与医护

尽管技术上、组织上和个人的安全措施已相当周全，有时仍无法避免发生事故，也必须要考虑到员工突然发病的可能性。因此，急救在发生事故损伤和其他紧急情况时是必不可少的。

汽车维修企业、相关培训机构等，只允许安排在经过认证的救助机构中接受过培训和进修的人员作为急救员。只有受过培训的、熟悉各种必要措施的急救员才能提供有效的急救。因此，必须在适当的时间范围内提升和更新急救员的能力和知识。

 技能学习

一、防毒面罩的使用

防毒面具的使用

1. 防毒面罩的检查

防毒面罩在每次使用之前必须检查，如面罩破坏或零件缺损，面罩必须丢弃。检查程序如下：

（1）如图 1-28 所示，检查面罩有无裂痕、撕破或污物。确保面罩尤其是面罩与脸部贴合密封部分，不能弯曲变形。

（2）如图 1-29 所示，检查呼吸阀有无变形、裂痕或撕裂，将呼吸阀提起，检查阀座有无脏物或裂痕。

（3）检查头带是否完整并有弹性。

（4）检查所有的塑料部件是否有裂痕，检查过滤盒安装座是否完好。

2. 过滤盒装配

（1）如果更换过滤棉，将塑料盖用图 1-30 所示方法拉起。

（2）如图 1-31 所示，将过滤棉放入塑料盖中，使印有字体的一面朝向过滤盒。

（3）将塑料盖扣向过滤盒并卡紧。如装配正确，过滤棉将完全遮住过滤盒表面。

（4）将过滤盒标记部分对准面罩本体的标记部分，然后扣上。

(5) 以顺时针方向扭转过滤盒至锁紧位置（约 1/4 圈），如图 1-32 所示。

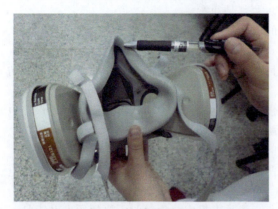

图 1-28　检查裂痕

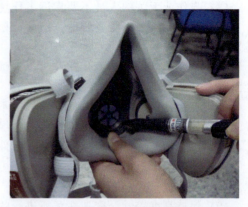

图 1-29　检查呼吸阀

图 1-30　打开塑料盖

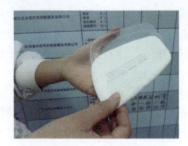

图 1-31　安装过滤棉

图 1-32　安装过滤盒

3. 佩戴

(1) 将面罩盖住口鼻，然后将头带拉至头顶，如图 1-33 所示。

(2) 用双手将下面的头带拉向颈后，然后扣住，如图 1-34 所示。

(3) 将面罩上下调整，以不阻挡视野并保持良好密闭性为合适的位置，如图 1-35 所示。

图 1-33　套头带

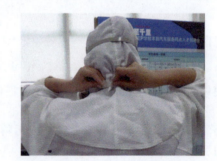

图 1-34　扣紧头带

图 1-35　调整面罩位置

(4) 先调整前面头带，然后调整后头带，不要拉得过紧（如果过紧，可向外推塑料卡将头带放松）。

4. 密封性测试

(1) 正压测试。如图 1-36 所示，将手掌盖住呼气阀并向外慢慢呼气，如面罩向外轻轻鼓胀，而没有感觉气体从面部及面罩之间泄漏，则表示佩戴密封性良好；如感觉有气体泄漏，重新调整面罩位置或调整头带的松紧度，以制止漏气，重新做以上的正压测试，直至密封性良好。

（2）负压测试。如图 1-37 所示，用拇指抵住过滤棉的中心部分，限制空气流入过滤棉的呼吸管道。轻轻吸气，如果面罩有轻微塌陷，并向脸部靠拢，而没有感觉气体从面部和面罩间漏进，则表示佩戴密封性良好；如感觉有气体漏进，重新调整面罩位置或调整头带的松紧度以制止漏气，重做以上的负压测试，直至密封性良好。

如果佩戴的面罩不能达到良好的密封性要求，请勿进入污染区域。

5. 防毒面罩的维护

（1）清洁。在每次使用后，应卸下过滤盒和/或过滤棉后，用医用酒精棉球清洁面罩，如图 1-38 所示。

图 1-36　正压测试

图 1-37　负压测试

图 1-38　清洁面罩

如果面罩脏污较重，可将其浸在温热的清洗液中，水温不要超过 50℃，用擦布或软刷清洗直至清洁，如图 1-39 所示。用干净、温和的水冲洗，并在清洁的空气中风干。

（2）存放。清洁的防毒面罩必须在污染区以外密封保存，如图 1-40 所示。

图 1-39　清洗面罩

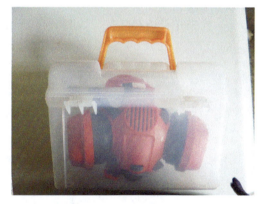
图 1-40　防毒面罩的存放

二、常遇特殊情况下的人员急救

1. 呼吸困难

尽快将患者移至有新鲜空气处，保持适合呼吸的姿势休息，如没有呼吸，应实施人工呼吸，并呼叫求助。正确实施人工呼吸抢救的操作流程如下。

（1）先拍打伤患者肩部，以确定伤患者是否有意识反应，如图 1-41 所示。

（2）若伤患者没有意识反应，则应高声求救，如图 1-42 所示。

（3）若伤患者有意识反应，则先搬动伤患者，使其处于平躺姿势，如图 1-43 所示。

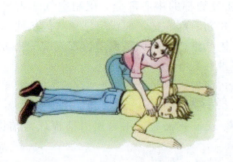 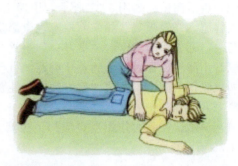

图 1-41　确定伤患者是否有意识反应

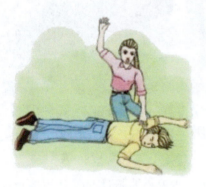 

图 1-42　求救　　　　　　　　　　图 1-43　将伤患者翻身

（4）解开伤患者衣领，清除口鼻内异物，最好在其颈下垫物，使头部后仰，张开口，如图 1-44 所示。

（5）检查是否还有呼吸，如图 1-45 所示。注意时间不要超过 10s。

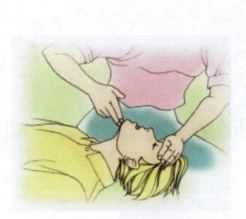 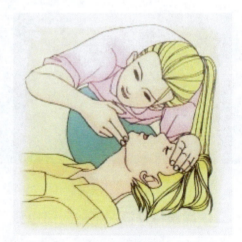

图 1-44　畅通呼吸道　　　　　　　图 1-45　检查呼吸

（6）救护人深吸气，对准并紧贴伤患者口部，一手捏紧伤患者的鼻孔，用力吹气，如图 1-46 所示。

（7）吹气停止后，松开捏鼻子的手，抬起头，再次深吸气，重复上述吹气动作。每分钟吹气次数和平时呼吸频率相似，进行 5～10 次吹气后，应停下来，检查一下伤患者是否有脉搏（或比原脉搏加快的迹象），如图 1-47 所示。

图 1-46　吹气

图 1-47　检查脉搏

（8）继续进行人工呼吸，直到伤患者能够进行自主呼吸为止。注意要有耐心，要坚持不放弃。

2. 眼睛溅入有害物
（1）将伤患者引到眼睛清洗站或水槽边，使其伏在水槽上。
（2）将眼睛冲洗器喷嘴对准伤患者进入有害物的眼睛，轻轻地持续按压喷射按钮，使清洗液连续冲洗眼睛。注意应从鼻子向太阳穴的方向冲洗，以避免有害物质进入另一只眼睛。其间要求伤者保持眼睛微睁，必要时用两根手指小心地将眼睑分开。
（3）不断冲洗直到伤患者感觉眼睛内没有异物为止。
（4）根据事故情况咨询医生。

3. 皮肤接触有害物
立即除去有害物并以大量清水及肥皂水清洗。

4. 误服有害物
立即呼叫中毒控制中心或就医。注意不要催吐或诱使呕吐，维护体温，保持安静并尽快送医救治。

小结

（1）使用涂装材料前要仔细阅读产品的使用说明书和相应的标签，并能充分理解各类型安全警告标识的含义，以便做到提前准备。
（2）为避免皮肤接触，工作时应采取如下措施：
① 穿着合适的工作服，佩戴合适的手套；
② 使用隔绝性护手膏以保护裸露的皮肤；
③ 避免使用稀释剂洗手，应使用合适的清洁剂；
④ 皮肤接触有害污物，应立即除去污染物并用大量清水及肥皂水清洗。
（3）如有任何漆料溅入眼睛，应马上用清水冲洗 10min 并送医院治疗。
（4）干式打磨或喷涂操作时，必须佩戴合适的面罩。
（5）有慢性肺病或呼吸系统问题者，应避免接触漆料及有关产品。
（6）环境控制中很重要的内容是通风。
（7）在工作中采取安全防护措施的成本，永远比健康损害和挣钱能力降低的损失要低。
（8）工作手套主要有两种，一种是棉手套，主要用于在打磨或处理汽车零件时避免手部伤害；另一种是橡胶手套，主要用于在可能接触到涂料、稀释剂等有害物质时，防止有害物质通过皮肤渗入人体。

（9）涂装作业中的防毒面罩主要有：过滤式呼吸防护面罩、半面式供气面罩和全面式供气面罩3种。

（10）从事涂装作业的防护服通常分两种，一种是机械危险防护服，即普通棉质工作服，主要在打磨等从事机械性作业时穿戴，用于防止受到边缘锋利的材料伤害，以及避免一般的机械影响和脏污。另一种防护服为化学防护服，主要在从事调漆、喷漆及抛光等作业时穿戴，用于防止涂料、稀释剂及抛光剂飞溅等造成的危害。

（11）造成触电事故的原因，常见的有以下3种：

① 忽视安全操作，违章冒险；

② 缺乏安全用电的基本常识；

③ 电线或电气设备的绝缘损坏，当人体触及带电的裸露线或金属外壳时，就会触电。

（12）汽车维修企业、相关培训机构等，只允许安排在经过认证的救助机构中接受过培训和进修的人员作为急救员。

（13）防毒面罩在每次使用之前必须检查，如面罩破坏或零件缺损，面罩必须丢弃。

（14）对于呼吸困难人员，急救方法是：尽快将患者移至有新鲜空气处，保持适合呼吸的姿势休息，如没有呼吸，应实施人工呼吸，并呼叫求助。

（15）皮肤接触有害物，应立即除去有害物并用大量清水及肥皂水清洗。

项目二
底处理

涂装使用的材料主要是涂料。涂装是指将涂料涂覆于经过处理的物面（基底表面）上，经干燥成膜的工艺。有时也将涂料在被涂物表面扩散开的操作称为涂装，俗称涂漆或油漆。已经固化了的涂料膜称为漆膜（也称涂膜）。由两层以上的漆膜组成的复合层称为涂层。汽车表面涂装就是典型的多涂层涂装。

汽车是现代化的交通工具，其外表的90%以上是涂装表面。涂层的外观、颜色、光泽等的优劣是人们对汽车质量的直观评价。因此，它将直接影响汽车的市场竞争能力。另外，涂装也是提高汽车产品的耐蚀性和延长使用寿命的主要措施之一。所以，无论是汽车制造还是汽车维修行业，都将汽车的表面涂装列为重要的工作而特别对待。

汽车涂装是指各种车辆的车身及其零部件的涂漆装饰。根据涂装的对象不同，汽车涂装可以分为新车涂装和修补涂装两个大体系。

汽车经过涂装后，除使汽车具有优良的外观外，还会增强汽车车身的耐腐蚀性能，从而提高汽车的商品价值和使用价值。

接收一台漆面受损的汽车，到修复后交车，一般要经过下述的系列工作。

(1) 清洗。涂装修复前进行汽车清洗的目的是：保持涂装车间的清洁，便于准确鉴定漆膜损伤程度，防止在之后的涂装作业过程中产生缺陷。

(2) 鉴定损坏程度（图2-1）。涂装维修技师必须全车查找漆膜损伤的地方，包括板件的轻微变形（可以用涂装方法修复的），鉴定损伤的程度（范围、深度等），认真做好记录后，在精心研究的基础上，制定合理的修复方案。

(3) 表面预处理（旧漆膜处理，图2-2）。对于损伤（或老化）的旧漆膜，在进行涂装修复前，必须将旧漆膜进行适当的处理，如将损坏的部分打磨掉，才能进行修补施工。

图2-1　鉴定损坏程度

图2-2　表面预处理

(4)涂装底漆（图2-3）。基底打磨后，如果露出金属的面积较大，按标准要求应该施涂一层底漆，以提高底材的防腐能力并提高其与修补涂层的附着力。

(5)原子灰施工（图2-4）。对于损伤处通常会有板件表面凹凸不平的现象，为了快速将凹陷处填平，通常用刮涂的方法施涂一层原子灰。

图2-3　涂装底漆

图2-4　刮原子灰

(6)中涂底漆施工（图2-5）。为了遮盖原子灰打磨后表面留下的轻微缺陷，保证面漆施工质量，需在原子灰层表面施涂一层底漆（中涂底漆）。

(7)面漆调色（图2-6）。为了使修补的漆膜颜色与原车身颜色一致，必须用油漆商提供的涂料（有限的颜色种类）进行颜色调配。

图2-5　中涂底漆施工

图2-6　面漆调色

(8)面漆施工（图2-7）。调好颜色的涂料，通常用喷涂的方式施涂于中涂底漆的表面。

(9)面漆层干燥（图2-8）。刚喷涂的面漆层为湿状态，必须经过足够时间的干燥，才能形成具有良好性能的漆膜。

图2-7　面漆施工

图2-8　烤漆

(10)涂装后处理（图2-9）。面漆干燥后，由于各种原因，表面会留下种种缺陷，必须经过适当的处理将其消除。

(11)交车。经过上述修复施工后，再经详细的检验，确认修补质量达到要求且没有遗漏之处（包括修补过程拆下的零件均已安装到位），即可交车。

不同类型的漆面损伤，其修复操作流程不同。常见的汽车修补涂装种类如图2-10所示。

图2-9 涂装后处理（抛光）

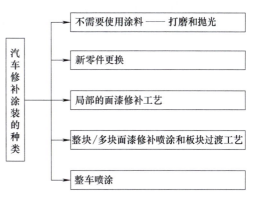

图2-10 常见汽车修补涂装类型

在汽车修补的实际工作中，遇到最多的是原车身板件漆膜损伤修复。汽车漆膜的损伤程度通常可分为严重损伤、较重损伤和无损伤（新更换板件）3种，不同的漆膜损伤程度，修补涂装工艺程序不同。图2-11～图2-13所示为三种不同类型漆膜损伤的修补涂装工艺。

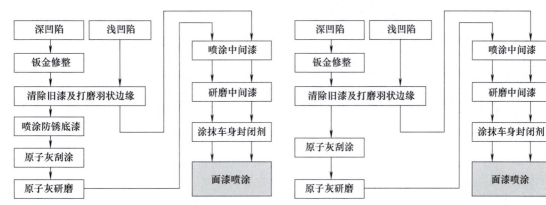

图2-11 严重漆膜损伤的涂装工艺　　　　图2-12 较重漆膜损伤的涂装工艺

由上述操作流程可见，涂装修复的第一环节为底处理。

在涂装前对被涂物表面进行的一切准备工作，称为底处理。它包括采用物理、化学或电化学的方法，使金属或非金属材料表面的化学成分、组织结构、物理形貌发生变化，从而使漆膜更好地附着在底材之上，充分发挥漆膜的性能，是修补涂装的第一道工序。

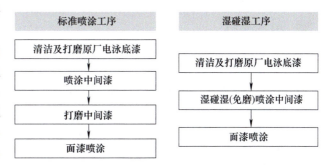

图2-13 无损伤漆膜（新更换板件）的涂装工艺

底处理的目的，主要是清除表面的污垢、损伤的旧漆膜、底材的锈蚀等，使新涂的漆膜与被涂工件表面具有良好的附着能力，并保证漆膜具有良好的性能。污垢可分为无机污垢和有机污垢，它们的存在会影响漆膜的外观，严重的会使漆膜成片脱落。影响漆膜质量的因素中，工件表面处理质量要占到49%。

底处理包括两个具体的工作环节，即漆膜损伤的评估和表面预处理。

任务 2-1　漆膜损伤的评估

任务导入

如图 2-14 所示，这是一台漆膜受损的车辆，其车身中部、后轮罩及后保险杠处均有漆膜损伤。对这类漆膜损伤进行修复时，第一步便是进行漆膜损伤程度的评估。

正确评估损坏程度是确定维修成本、保证涂装质量的关键因素之一。对漆膜损坏进行了正确的评估后，才能确定修补范围，从而确定各道工序处理的范围、过渡区域、需遮盖保护的部位、需拆卸的零件等。为后续工作的正确实施及保证满意的修补质量奠定基础。

图 2-14　漆膜受损的车辆

鉴别车身表面的涂层类别，在修补涂装工艺中是非常重要的。如果漆膜没有正确鉴别，在施涂面漆时会出现严重的问题。例如，准备修理的车身板件以前涂装的是硝基漆，那么在中涂底漆后面的涂层中，所含有的稀释剂就会透入以前施涂的硝基漆，引起涂装了的表面产生皱纹（收缩）。为了防止发生此类问题，在处理底材时必须正确鉴别涂层的类型，以便选用与其配套的涂装材料。

为了便于进行漆膜损伤评估及后续作业，首先应进行全车清洗。虽然涂装操作可能是车身的某一块板件或板件的某一部分，但仍需要彻底清洗车上的泥土、污垢和其他异物，尤其要注意门边框、行李厢、发动机罩缝隙和轮罩处的污垢，如果不清除干净，新涂装的漆膜上就可能会沾上很多污点。

相关知识

一、涂料的组成

如图 2-15 所示，涂料由成膜物质、颜料、溶剂和添加剂组成。

1. 成膜物质

涂料中的成膜物质主要是树脂。树脂是涂料中不可缺少的部分，涂膜的性质也主要由它决定，故又称之为基料。树脂在常温下可以以固态和液态的方式存在，如图 2-16 所示。汽车涂料所用树脂一般为有黏性的透明液体，在被施涂到一个物体上干燥以后便形成一层薄膜。它结合湿润颜料，赋予涂膜附着力、硬度和耐久性等特性，同时也影响饰面的质量（纹理、光泽度）。

树脂按来源不同可分为：天然树脂和合成树脂。按结构和成膜方式不同可分为：非转化型（热塑性树脂）和转化型（热固性树脂）。天然树脂一般是由动物和植物中提炼出来的，如：虫胶、松脂等；合成树脂主要是由炼油工业提炼出来的，其类型和特点，如图 2-17 所示。

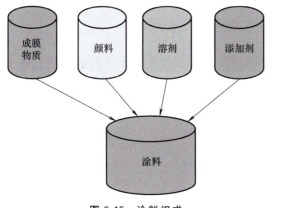

图 2-15 涂料组成

图 2-16 树脂

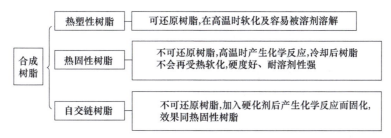

图 2-17 合成树脂的类型及特点

2. 颜料

颜料是涂料中的不挥发物质之一，呈微细粉末状、有颜色，如图 2-18 所示。它赋予面漆色彩和耐久性，起美观装饰作用，同时使涂料具有较高的遮盖力，提高涂料的强度和附着力，改善涂料的流动性和涂装性能，改变其光泽等性能。颜料分着色颜料（包括有机颜料、无机颜料及金属颜料）、体质颜料（主要用于改进涂料性能并降低成本，大多为天然白色或无色物）、防锈颜料（如氧化铁红、铝粉、红丹、铬黄、磷酸锌等）及特种颜料。按化学成分可分为无机和有机颜料，无机颜料遮盖好、密度大、色调稍不鲜明；有机颜料遮盖低、密度小、色调鲜明。

图 2-18 颜料

3. 溶剂

溶剂是涂料中的"挥发"成分，它的主要功能是充分溶解涂料中的树脂，使涂料呈液态，便于在表面的正常涂布。大多数溶剂是从原油中提炼出来的"挥发性"配料，它具有良好的溶解能力。优质的溶剂能改善面漆的涂布性能和漆膜特性，并能增强其光泽，同时也有助于更精确的配色。

溶剂按用途不同可分为真溶剂、助溶剂和稀释剂；按挥发速度不同可分为低沸点溶剂、中沸点溶剂、高沸点溶剂。真溶剂能够溶解树脂，主要应用于涂料生产；助溶剂本身不能溶解树脂，但能够提高真溶剂溶解树脂的能力，主要应用于涂料生产；稀释剂不能溶解树脂，但能够稀释真溶剂，主要应用于涂装生产。

涂料中使用各种各样的树脂，不同的树脂用不同的溶剂来溶解和稀释。不同的稀释剂应用于不同的涂料。不同的稀释剂，其所含的溶剂及其混合比各不相同，使用时可以按环境的温度,选用最适合挥发速度的稀释剂。例如:快、中、慢及特慢稀释剂等。

修补涂装所使用的稀释剂通常装于铁制的罐内,如图 2-19 所示。

4. 添加剂

由于近年来涂料生产工艺发生了巨大变化,添加剂的使用也越来越普遍。虽然添加剂在涂料中的比例不超过 5%,但它们却对涂料贮存过程、对涂料施工成膜过程、对漆膜性能、对颜色调整方面起着重要的作用。

图 2-19 稀释剂

常用的涂料添加剂有:柔软剂、固化剂、分散剂、防沉降剂、防分离剂、流平剂、增塑剂等。

(1)柔软剂。能够使漆膜的柔软性增加,主要应用于塑料专用涂料的生产及塑料件涂装施工。

(2)固化剂。也称催干剂、硬化剂、干燥剂,是一种具有催化作用的化合物。固化剂加入到双组分涂料中,能与合成树脂发生交联反应形成涂膜。固化剂主要应用于不能自然干燥和烘烤成膜的涂料中,例如:环氧漆、聚氨酯漆、聚酯漆等。

(3)分散剂。能够促进颜料的分散,使颜料与树脂混合均匀,主要应用于涂料生产。

(4)防沉降剂。能够防止涂料在存储中出现沉淀。

(5)防分离剂。能够防止涂料中的某些成分分离。

(6)流平剂。又称为抗鱼眼添加剂,能够提高漆膜的流动性和浸润性,防止涂装时漆膜出现缩孔(俗称鱼眼)现象。

(7)增塑剂。能够增加涂料的黏性及塑性,主要应用于塑料专用涂料的生产及塑料件涂装施工。

有些添加剂起的是综合作用,能减少起皱、加速干燥、防止发白、提高对化学物质的耐受能力等。

图 2-20 添加剂

汽车修补涂装过程中使用的添加剂大多使用小型的罐制容器盛装,如图 2-20 所示。

二、涂料的分类和命名

1. 涂料的分类

根据国家标准 GB 2705—2003,涂料产品有两种分类方法。

(1)主要是以涂料产品的用途为主线,并辅以主要成膜物的分类方法。将涂料产品划分为三个主要类别,即建筑涂料、工业涂料和通用涂料及辅助材料,见表 2-1。

表 2-1 涂料的分类方法一

	主要产品类型	主要成膜物类型
建筑涂料	墙面涂料	合成树脂乳液内墙涂料 合成树脂乳液外墙涂料 溶剂型外墙涂料 其他墙面涂料	丙烯酸酯类及其改性共聚乳液;醋酸乙烯及其改性共聚乳液;聚氨酯、氟碳等树脂;无机黏合剂等
	防水涂料	溶剂型树脂防水涂料 聚合物乳液防水涂料 其他防水涂料	EVA(乙烯-醋酸乙烯酯)、丙烯酸酯类乳液;聚氨酯、沥青、PVC(聚氯乙烯)泥或油膏、聚丁二烯等树脂

续表

主要产品类型			主要成膜物类型
建筑涂料	地坪涂料	水泥基等非木质地面用涂料	聚氨酯、环氧等树脂
	功能性建筑涂料	防火涂料 防霉(藻)涂料 保温隔热涂料 其他功能性建筑涂料	聚氨酯、丙烯酸酯类、醇酸、硝基、氨基、酚醛、虫胶等树脂
工业涂料	汽车涂料(含摩托车涂料)	汽车底漆(电泳漆) 汽车中涂底漆 汽车罩光漆 汽车修补漆 其他汽车专用漆	丙烯酯类、环氧、丙烯酸酯类、乙烯类、氟碳等树脂
	木器涂料	溶剂型木器涂料 水性木器涂料 光固化木器涂料 其他木器涂料	聚氨酯、丙烯酸酯类、醇酸、硝基、氨基、酚醛、虫胶等树脂
	铁路、公路涂料	铁路车辆涂料 道路标志涂料 其他铁路、公路设施涂料	丙烯酸酯类、聚氨酯、环氧、醇酸、乙烯类等树脂
	轻工涂料	自行车涂料 家用电器涂料 仪器、仪表涂料 塑料涂料 纸张涂料 其他轻工专用涂料	聚氨酯、聚酯、醇酸、丙烯酸酯类、环氧、酚醛、氨基、乙烯类等树脂
	船舶涂料	船壳及上层建筑物涂料 船底防锈涂料 船底防污涂料 水线涂料 甲板涂料 其他船舶涂料	聚氨酯、醇酸、丙烯酸酯类、环氧、乙烯类、酚醛、氯化橡胶、沥青等树脂
	防腐涂料	桥梁涂料 集装箱涂料 专用埋地管道及设施涂料 耐高温涂料 其他防腐涂料	聚氨酯、丙烯酸酯类、环氧、醇酸、酚醛、氯化橡胶、乙烯类、沥青、有机硅、氟碳等树脂
	其他专用涂料	卷材涂料 绝缘涂料 机床、农机、工程机械等涂料 航空、航天涂料 军用器械涂料 电子元器件涂料 以上未涵盖的其他专用涂料	聚酯、聚氨酯、环氧、丙烯酸酯类、醇酸、乙烯类、氨基、有机硅、酚醛、硝基等树脂
通用涂料及辅助材料	调和漆 清漆 磁漆 底漆 原子灰 稀释剂 防潮剂 催干剂 脱漆剂 固化剂 其他通用涂料及辅助材料	以上未涵盖的无明确应用	油脂;天然树脂,酚醛、沥青、醇酸等树脂

注：主要成膜物类型中树脂类型包括水性、溶剂型、无溶剂型、固体粉末等。

（2）除建筑涂料外，主要以涂料产品的主要成膜物为主线，并适当辅以产品主要用途的分类方法。将涂料产品划分为两个主要类别，即建筑涂料、其他涂料及辅助材料，见表2-2和表2-3。

表2-2 涂料的分类方法二

	主要产品类型		主要成膜物类型
建筑涂料	墙面涂料	合成树脂乳液内墙涂料 合成树脂乳液外墙涂料 溶剂型外墙涂料 其他墙面涂料	丙烯酸酯类及其改性共聚乳液；醋酸乙烯及其改性共聚乳液；聚氨酯、氟碳等树脂；无机黏合剂等
	防水涂料	溶剂型树脂防水涂料 聚合物乳液防水涂料 其他防水涂料	EVA、丙烯酸酯类乳液；聚氨酯、沥青、PVC泥或油膏、聚丁二烯等树脂
	地坪涂料	水泥基等非木质地面用涂料	聚氨酯、环氧等树脂
	功能性建筑涂料	防火涂料 防霉（藻）涂料 保温隔热涂料 其他功能性建筑涂料	聚氨酯、丙烯酸酯类、醇酸、硝基、氨基、酚醛、虫胶等树脂
	主要产品类型	主要成膜物质	产品主要用途
其他涂料	油脂漆类	天然植物油、动物油（脂）、合成油	清油、厚漆、调合漆、防锈漆、其他油脂漆
	天然树脂漆类	松香、虫胶、乳酪素、动物胶及其衍生物等	清漆、调合漆、瓷漆、底漆、绝缘漆、生漆、其他天然树脂漆
	酚醛树脂漆类①	酚醛树脂、改性酚醛树脂等	清漆、调合漆、瓷漆、底漆、绝缘漆、船舶漆、防锈漆、耐酸漆、黑板漆、防腐漆、其他酚醛树脂漆
	沥青漆类	天然沥青、（煤）焦油沥青、石油沥青等	清漆、瓷漆、底漆、绝缘漆、防污漆、船舶漆、防锈漆、耐酸漆、防腐漆、锅炉漆、其他沥青漆
	醇酸树脂漆类	甘油醇酸树脂、季戊四醇醇酸树脂、其他醇类的醇酸树脂、改性醇酸树脂等	清漆、调合漆、瓷漆、底漆、绝缘漆、船舶漆、防锈漆、汽车漆、木器漆、其他醇酸树脂漆
	氨基树脂漆类	三聚氰胺甲醛树脂、脲（甲）醛树脂及其改性树脂等	清漆、瓷漆、绝缘漆、美术漆、闪光漆、汽车漆、其他氨基树脂漆
	硝基漆类	硝基纤维素（酯）等	清漆、瓷漆、铅笔漆、木器漆、汽车修补漆、其他硝基漆
	过氯乙烯树脂漆类	过氯乙烯树脂等	清漆、瓷漆、机床漆、防腐漆、可剥漆、胶漆、其他过氯乙烯漆
	烯类树脂漆类	聚二乙烯乙炔树脂、聚多烯树脂、氯乙烯醋酸乙烯共聚物、聚乙烯醇缩醛树脂、聚苯乙烯树脂、含氟树脂、氯化聚丙烯树脂、石油树脂等	聚乙烯醇缩醛树脂漆、氯化聚烯烃树脂漆、其他烯类树脂漆
	丙烯酸酯类树脂漆类	热塑性丙烯酸酯类树脂、热固性丙烯酸酯类树脂等	清漆、透明漆、瓷漆、汽车漆、工程机械漆、摩托车漆、家电漆、塑料漆、标志漆、电泳漆、乳胶漆、木器漆、汽车修补漆、粉末涂料、船舶漆、绝缘漆、其他丙烯酸酯类树脂漆
	聚酯树脂漆类	饱和聚酯树脂、不饱和聚酯树脂等	粉末涂料、卷材涂料、木器漆、防锈漆、绝缘漆、其他聚酯树脂漆
	环氧树脂漆类	环氧树脂、环氧酯、改性环氧树脂等	底漆、电泳漆、光固化漆、船舶漆、绝缘漆、划线漆、罐头漆、粉末涂料、其他环氧树脂漆
	聚氨酯树脂漆类	聚氨酯树脂等	清漆、瓷漆、木器漆、汽车漆、防腐漆、飞机蒙皮漆、车皮漆、船舶漆、绝缘漆、其他聚氨酯树脂漆

续表

	主要产品类型		主要成膜物类型
其他涂料	元素有机漆类	有机硅、氟碳树脂等	耐热漆、绝缘漆、电阻漆、防腐漆、其他元素有机漆
	橡胶漆类	氯化橡胶、环化橡胶、氯丁橡胶、氯化氯丁橡胶、丁苯橡胶、氯磺化聚乙烯橡胶等	清漆、瓷漆、底漆、船舶漆、防腐漆、防火漆、划线漆、可剥漆、其他橡胶漆
	其他成膜物类涂料	无机高分子材料、聚酰亚胺树脂、二甲苯树脂等以上未包括的主要成膜材料	—

① 包括直接来自天然资源的物质及其经过加工处理后的。

注：主要成膜物类型中树脂类型包括水性、溶剂型、无溶剂型、固体粉末等。

表 2-3　辅助材料

主要产品类型	
稀释剂 防潮剂 催干剂	脱漆剂 固化剂 其他辅助材料

2. 涂料的命名

（1）命名原则。涂料全名一般是由颜色或颜料名称加上成膜物质名称，再加上基本名称（特性或专业用途）组成的。对于不含颜料的清漆，其全名一般是由成膜物质名称加上基本名称而组成。

（2）涂料的命名规则。

① 颜色名称通常由红、黄、蓝、白、黑、绿、紫、棕、灰等颜色，有时再加上深、中、浅（淡）等词构成。若颜料对漆膜性能起显著作用，则可用颜料的名称代替颜色的名称，例如铁红、锌黄、红丹等。

② 成膜物质名称可做适当简化，例如聚氨基甲酸酯简化成聚氨酯；环氧树脂简化成环氧；硝酸纤维素（酯）简化为硝基等。漆基中含有多种成膜物质时，选取起主要作用的一种成膜物质命名。必要时也可选取两或三种成膜物质命名，主要成膜物质名称在前，次要成膜物质名称在后，例如红环氧硝基瓷漆。

③ 基本名称表示涂料的基本品种、特性和专业用途，例如清漆、瓷漆、底漆、锤纹漆、罐头漆、甲板漆、汽车修补漆等，涂料基本名称见表2-4。

④ 在成膜物质名称和基本名称之间，必要时可插入适当词语来标明专业用途和特性等，例如白硝基球台瓷漆、绿硝基外用瓷漆、红过氯乙烯静电瓷漆等。

⑤ 需烘烤干燥的漆，名称中（成膜物质名称和基本名称之间）应有"烘干"字样，例如银灰氨基烘干瓷漆、铁红环氧聚酯酚醛烘干绝缘漆。如名称中无"烘干"词，则表明该漆是自然干燥，或自然干燥、烘烤干燥均可。

⑥ 凡双（多）组分的涂料，在名称后应增加"（双组分）"或"（三组分）"等字样，例如聚氨酯木器漆（双组分）。

注：除稀释剂外，混合后产生化学反应或不产生化学反应的独立包装的产品，都可认为是涂料组分之一。

表 2-4 涂料基本名称

主要产品类型	
清油	铅笔漆
清漆	罐头漆
厚漆	木器漆
调合漆	家用电器涂料
瓷漆	自行车涂料
粉末涂料	玩具涂料
底漆	塑料涂料
原子灰	(浸渍)绝缘漆
木器漆	(覆盖)绝缘漆
电泳漆	抗弧(瓷)漆、互感器漆
乳胶漆	(黏合)绝缘漆
水溶(性)漆	漆包线漆
透明漆	硅钢片漆
斑纹漆、裂纹漆、橘纹漆	电容器漆
锤纹漆	电阻漆、电位器漆
皱纹漆	半导体漆
金属漆、闪光漆	电缆漆
防污漆	可剥漆
水线漆	卷材涂料
甲板漆、甲板防滑漆	光固化涂料
船壳漆	保温隔热涂料
船底防锈漆	机床漆
饮水舱漆	工程机械用漆
油舱漆	农机用漆
压载舱漆	发电、输配电设备用漆
化学品舱漆	内墙涂料
车间(预涂)底漆	外墙涂料
耐酸漆、耐碱漆	防水涂料
防腐漆	地板漆、地坪漆
防锈漆	锅炉漆
耐油漆	烟囱漆
耐水漆	黑板漆
防火涂料	标志漆、路标漆、马路划线漆
防霉(藻)涂料	汽车底漆、汽车中涂底漆、汽车面漆、汽车罩光漆
耐热(高温)涂料	汽车修补漆
示湿涂料	集装箱涂料
涂布漆	铁路车辆涂料
桥梁漆、输电塔漆及其他(大型露天)钢结构漆	胶液
航空、航天用漆	其他未列出的基本名称

三、汽车用涂料的品种

1. 按汽车上的使用部位分类

（1）汽车车身用涂料。是汽车用涂料的主要代表，从狭义上讲，所谓的汽车用涂料主要指车身用涂料。车身涂层一般是由底层涂层、中间涂层和表面涂层三层或由底层涂层和表面涂层两层构成，它们基本上要兼备汽车用漆的要求。

（2）货箱用涂料。其质量要求较前者低，一般为底、面两层涂层。

（3）车轮、车架等部件用的耐腐蚀涂料。它的主要技术指标是要求耐腐蚀性能（耐盐雾性、耐水性）好；要求漆膜坚韧耐磨，具有耐机油性。

（4）发动机部件用涂料。因发动机体不能高温烘烤，故要求涂料具备低温快干性能，要求漆膜的耐汽油、耐机油和耐热性较好。

（5）底盘用涂料。因车桥、传动轴等底盘件不能高温烘烤，要求具备低温快干性能。因在车下，使用环境恶劣苛刻，经常与泥水接触，故要求其耐腐蚀性优良，具备较好的耐机油性。

（6）车内装饰件用涂料。指轿车和大客车车内装饰件用涂料，其主要是要求极高的装饰性。

（7）特殊要求用涂料。蓄电池固定架用耐酸涂料，汽油箱内表面用耐汽油涂料，汽车消声器、排气管和汽缸垫片用耐热涂料，车身底板用耐磨防声涂料，车身焊缝用密封涂料等。

2. 按在涂装工艺及涂层中所起的作用分类

（1）涂前表面处理用材料。主要包括清洗剂和磷化处理剂。

（2）汽车用底漆。底涂层是防腐系统中最重要的组成部分，它能阻止水分和氧侵入金属表面，同时提高漆膜与板件表面的附着力。原厂备件的正反面一般带有黑色的电泳涂层，所使用的底涂层类型视使用领域而定。

（3）汽车用中间涂料。中间涂料包括原子灰和中涂底漆。原子灰主要用于填平凹陷，提高漆膜与底材（底漆）之间的附着力。中涂底漆用于填平底层缺陷，增加漆膜抗石击能力，提高漆膜间的附着力，使面漆涂装获得平滑的表面，同时可以防止面漆有机溶剂溶解旧漆膜而产生咬底。对于可调色中涂底漆，还可使面漆容易遮盖底涂层的颜色。

（4）汽车用面漆。面漆是整个涂层的最外层，使漆膜具有良好的耐候性、外观、硬度、抗石击性、耐化学性、耐污性和防腐性。

（5）辅助材料。辅助材料包括溶剂、黏尘涂料、抛光材料、防噪声浆等。

3. 按涂料的组成中是否含有颜料分类

（1）清漆。涂料的组成中没有颜料或体质颜料的透明体，称为清漆。

（2）色漆。涂料的组成中加有颜料和/或体质颜料的有色漆，称为色漆。

（3）原子灰。加有大量体质颜料的浆状体，称为原子灰。

4. 按溶剂构成情况分类

（1）无溶剂涂料。涂料的组成中没有挥发性稀释剂的称为无溶剂涂料。其中呈粉末状的称为粉末涂料。

（2）溶剂涂料。涂料的组成中以一般有机溶剂为稀释剂的称为溶剂涂料。

（3）水性涂料。涂料的组成中以水作为稀释剂的称为水性涂料。

四、涂料的成膜方式

为了达到预期的涂装目的，除了合理地选用涂料，正确地进行表面处理和施工外，充分而适宜的干燥过程也是重要的环节。涂料的成膜方式有溶剂挥发型成膜和反应型成膜两种。反应型成膜又包括氧化聚合型、加热聚合型和双组分聚合型成膜等。

1. 溶剂挥发型（风干型）

当涂料中的溶剂挥发时，会形成一个涂层，但是由于树脂分子没有结合在一起，所以涂层可以被稀释剂溶解。这种涂料的特性是干得快，容易使用。但是，它在耐溶剂性和自然老化性能方面不及反应型涂料。溶剂挥发型涂料主要有硝基涂料和热塑性丙烯酸涂料。

溶剂挥发型涂料的干燥机理如图 2-21 所示，靠溶剂挥发而干燥成膜，属于物理成膜方式。成膜前后，物质分子结构不发生变化，仅靠溶剂（或水）挥发、温度变化等物理作用使涂料干燥成膜，干燥迅速但是耐溶剂性差。

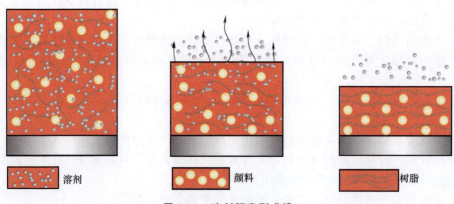

图 2-21　溶剂挥发型成膜

2. 反应型

此类涂料，涂料中的溶剂和稀释剂挥发，而树脂通过"聚化"的化学反应固化。如图 2-22 所示，刚刚喷涂后，新涂料是一种液化层，其中的树脂、颜料、溶剂及稀释剂是混合在一起的。

在固化过程中，溶剂和稀释剂挥发，树脂中的分子由于化学反应而互相结合。在完全固化以后，涂层中完全没有溶剂和稀释剂。分子的化学反应结束，形成一层固态的高聚物层。

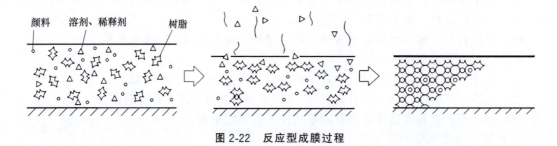

图 2-22　反应型成膜过程

分子通过化学反应结合成三维交联结构。如果涂层具有较大、较密的交联结构，它便具有更好的涂层性能，例如较高的硬度和耐溶剂性。

反应型涂料的特点是除非向涂料施加能引起化学反应的要素，否则涂料不会开始固化。能引起化学反应的要素包括热、光、氧、水、催化剂及固化剂。在汽车修补涂装中使用的大多数反应型涂料，其固化是由热式催化剂引起的。具体的反应包括以下几种。

（1）氧化聚合。当树脂中的分子吸收空气中的氧气从而氧化时，它们便聚合为交联结构。这种涂料很少用于汽车，因为形成交联结构的时间太长，而且粗交联结构不能产生理想的涂层性能。邻苯二甲酸酯和合成树脂混合涂料是氧化聚合涂料的两个例子，其反应机理如图 2-23 所示。

（2）加热聚合。当这种涂料加热至一定温度（一般在 120℃ 以上）时，树脂里便发生化学反应，使涂料固化。所形成的交联结构密度很大，所以在该涂料彻底固化以后，不会溶解于稀释剂，如合成聚酯（OEM 涂料）等，其反应机理如图 2-24 所示。它广泛使用于汽车装配线上，但是在修补涂装中很少使用。这是因为为了保护有关区域的塑料及电子零件，在重涂装以前必须将它们拆下或用其他方法加以保护，以免受热影响，而大量的拆装作业势必影响作业效率。

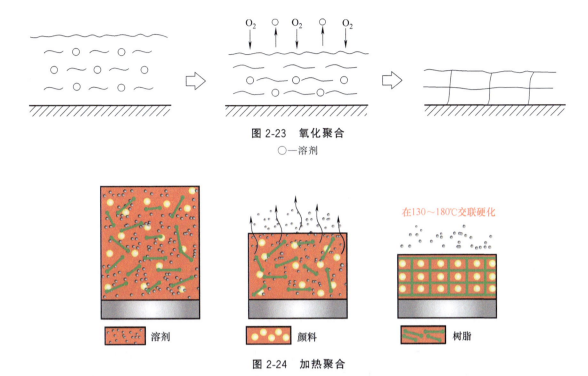

图 2-23 氧化聚合
○—溶剂

图 2-24 加热聚合

（3）双组分聚合。在这种涂料中，主要成分与固化剂混合，以便在树脂中产生化学反应，从而使涂料固化。虽然该反应可以在室温下发生，但是可以使用 60～70℃ 的中温来加速干燥过程。汽车修补涂装大多使用这种涂料，其反应机理如图 2-25 所示。有些双组分聚合涂料的性能与加热聚合涂料相同，形成的漆膜不能再被溶剂溶解或受热熔化。

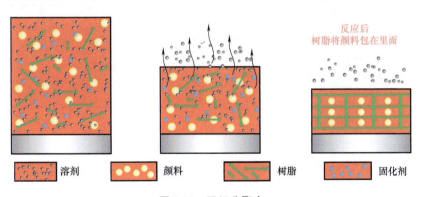

图 2-25 双组分聚合

五、涂层标准

汽车涂装属工业涂装的范畴。所谓工业涂装，即涂装工艺已形成工业生产的流程，流水作业生产。涂装过程的机械化和自动化程度较高，漆膜干燥一般采用烘干方式。汽车涂装是工业涂装的典型代表。

1. 车身涂层的类型

车身涂层按面漆的施工工艺可分为单工序面漆、双工序面漆和三工序面漆。
（1）单工序面漆。单工序面漆也称素色漆，其涂层结构如图 2-26 所示。单工序是指面漆仅施工一次即可获得颜色和光泽。形成的漆膜既有遮盖力（能遮盖住底漆颜色，呈现需要的颜色），又有一定的光泽度，并且还有很好的抗机械损伤能力。白色的普通桑塔纳轿车和红色捷达轿车多为单工序面漆。

（2）双工序面漆。双工序面漆通常指金属漆，其涂层结构如图2-27所示。双工序是指面漆需要分两次施工来获得；第一次要喷涂底色漆，底色漆为金属漆或珍珠漆，干燥以后只能提供遮盖力，展现出绚丽的金属光泽；第二次要喷涂清漆，清漆层能提供光泽度和抗机械损伤的能力。底色漆层和清漆层合起来构成面漆层，现代轿车绝大多数是双工序或多工序的面漆。

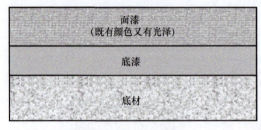

图2-26 单工序面漆

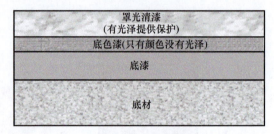

图2-27 双工序面漆

在进行漆膜修补时，维修技师通常使用原子灰。修补后的双工序漆涂层结构如图2-28所示。

（3）三工序面漆。三工序面漆顾名思义就是面漆层要分三次施工才能获得，通常指珍珠漆，如图2-29所示。施工时第一次要喷涂底色漆，这种底色漆为没有金属颗粒的素色。第二次喷涂珍珠漆，喷涂的方法和喷涂的道数要求严格，否则会影响到涂层的颜色。第三次喷涂清漆层，喷涂方法与双工序一致。

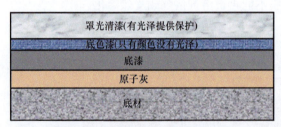

图2-28 修补过的双工序漆膜结构

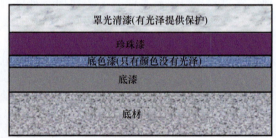

图2-29 三工序面漆

2. 车身涂层的等级

根据汽车各零部件的使用条件、涂装要求、材质及结构的不同，将汽车涂层分为若干组和若干等级，见表2-5。

表2-5 汽车涂层的等级

分组	涂层名称	等 级	涂层特性及主要指标	适用对象举例
1	装饰保护性涂层	高级或甲级	DOI 0.9～1.0，S.S 1000h以上，δ为100μm以上	中、高级轿车车身
		优质或乙级	DOI 0.6～0.8，S.S 720h以上，δ为80～100μm	轻卡车身，面包车和客车车身，大众化的轿车车身
		一般或丙级	DOI 0.3～0.5，S.S 500h以上，δ为55μm以上	载重汽车驾驶室，轿车车内装饰件，车身塑料件
2	保护装饰性涂层	优质防腐型	外观光泽优良，S.S 500h以上 δ为50μm以上	金属货箱
		一般防腐型	外观光泽良好，防腐防蚀性良好	铁木混合货箱

续表

分组	涂层名称	等级	涂层特性及主要指标	适用对象举例
3	防蚀性涂层	特优或甲级	力学性能好,S.S 1000h 以上,δ 为 30μm 以上	轿车车架,车轮等车下部件
		优质或乙级	力学性能好,S.S 500h 以上,δ 为 20～30μm	卡车车轮,车架等车下部件
		一般或丙级	力学性能好,S.S 200h 以上,δ 为 20μm 以上	内部件,散热器管子,弹簧等
4	保护性涂层	快干型	能快干或自干,S.S 100h 以上,δ 为 20～30μm	发动机总成,车桥,传动轴总成
		防腐型	耐水性、耐酸性好	木质件
5	特种涂层	耐酸涂层	耐酸性优良,δ 为 40μm 以上	蓄电池固定架等
		耐汽油涂层	耐汽油性优良,δ 为 40μm 以上	油箱、油槽内表面
		耐热涂层	耐热性(500℃)优良,δ 为 20μm 以上	消声器、排气管、气缸垫
		防声绝热涂层	对声音振动的阻尼性好,δ 为 2～3μm	车身底部下表面,夹层内
		抗崩裂涂层	抗石击、耐崩裂性优良	轿车车身的门槛以下

注:1. 表中 DOI 为鲜映性(以车身水平面涂层的 DOI 值为准),S.S 为耐盐雾性,δ 为涂层的总厚度。
2. 第1、2组涂层的耐候性也应是其主要指标,即在广州、海南岛地区晒 2～3 年或使用 3～4 年,耐候性应优良(如不起泡、不粉化、不生锈、不开裂、失光和变色不超过明显级等)。

汽车涂层标准是汽车产品设计和涂装工艺设计的依据,是涂层质量认可和现场质量检查的基准及指南。出于市场竞争之需要,各汽车公司都有自己独特的涂层标准,其质量指标往往高于国家的统一标准,性能的测试方法一般是采用国际标准和国家标准,但也有很多是采用自己开发的,或与材料供应厂商协商确定的测试方法。各汽车公司的涂层标准一般属技术机密。

3. 原厂涂层结构

汽车涂装一般属于多层涂装,按涂层(coat)的层数及烘干(bake)次数不同,又可分为单层(1 coat 1 bake,1C1B)、双层(2C2B)、三层(3C3B)、四层(4C4B)、五层(5C5B)到目前的最高达 7C5B 的涂装体系。涂层的总厚度也由原来的 30～40μm 增加到 130～150μm,逐步实现了由低级到高级的过渡,能够初步满足汽车工业对不同档次车辆涂装的要求。汽车总装厂通常所采用的涂装系统大体上可归纳为以下几类:

① 底漆→原子灰→本色面漆;
② 底漆→原子灰→中间涂料→本色面漆;
③ 底漆→原子灰→中间涂料→单层金属闪光漆;
④ 底漆→原子灰→中间涂料→金属闪光底色漆→罩光清漆;
⑤ 底漆→原子灰→中间涂料→本色底色漆→罩光清漆;
⑥ 底漆→原子灰→防石击中间涂料→中间涂料→金属闪光底色漆→罩光清漆;
⑦ 底漆→原子灰→中间涂料→金属闪光底漆→底色漆→罩光清漆;
⑧ 底漆→原子灰→防石击中间涂料→中间涂料→金属闪光底漆→底色漆→罩光清漆。

上述涂装系统中,第①类是汽车工业发展初期所采用的涂装系统,国外基本不采用了,但在我国的一些低档车辆上如载货车、农用车、公共汽车等仍然采用;第②、③类在国外被用于大型车辆如巴士、卡车等中档车上,国内则用于小型面包车、各种微型车等中、高档车上;第④、⑤类则用于轿车的涂装中;第⑥、⑦、⑧类是最近几年发展成功的新型的涂装系统,其中的金属闪光底漆不同于以往的金属闪光底色漆,在这一道涂层中不含着色的透明颜料,只有铝粉、珠光粉之类的闪光颜料,在底色漆中则仅仅含有某些透明的着色颜料,不含闪光颜料,采用这类涂装系统,涂层装饰性更为优越,外观显得更加美观、豪华、别致,铝粉和珠光粉的排列更为规整,闪烁均匀,立体感强,观察这类涂层时,明显地感受到它的不同寻常的丰满度、深度,其艺术感染力更为强烈。现代轿车涂装系统中,由于板材加工成型工艺精湛,原子灰层多数都被取消了。

典型的原厂金属漆涂层结构如图2-30所示。

4. 原厂漆膜厚度

(1) 单工序的素色漆。如图2-31所示,传统型(溶剂涂料)单工序的素色漆从底到面的总膜厚为80μm左右。单工序水性漆涂层厚在70~150μm之间,其涂层结构如图2-32所示。

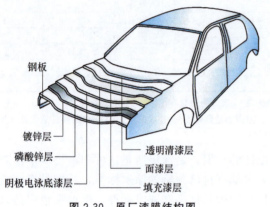

图2-30 原厂漆膜结构图

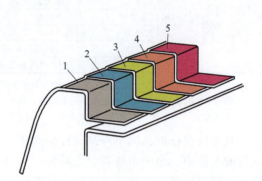

图2-31 单工序素色漆原厂涂层结构
1—钢板;2—磷酸锌涂层;3—阴极电泳涂层;
4—中间漆;5—单色面漆

(2) 双工序的金属漆。如图2-33所示,双工序的金属漆从金属底材到表面的总膜厚大约为100μm。漆膜抗刮、抗磨等机械性能好,光泽均匀。双工序水性漆涂层厚约70~150μm,其涂层结构如图2-34所示。

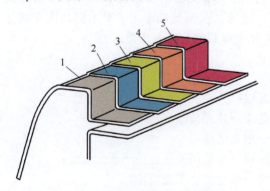

图2-32 单工序水性漆涂层结构
1—钢板;2—磷酸锌涂层;3—阴极电泳涂层;4—水性中间漆;5—水性面漆

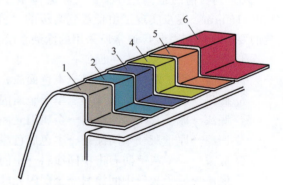

图2-33 双工序金属漆原厂图层结构
1—钢板;2—磷酸锌涂层;3—阴极电泳涂层;4—中间漆;5—金属底色漆;6—清漆

5. 修补涂装后的涂层结构

修补后的涂层是指钣金修复的表面,经涂装修复后要达到与原厂漆性能相近的漆膜。修补涂装过程所用的原材料基本上为双组分的化学反应型涂料,采用室温固化或烘烤强制固化工艺。

按要求维修后漆膜厚度约 150μm（不包括原子灰层），但是实际情况与维修材料和维修技师的技术水平有直接关系。图 2-35 为典型的修补涂装涂层结构。

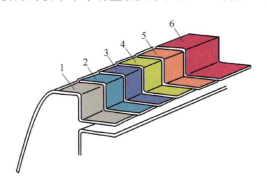

图 2-34　双工序水性漆涂层结构
1—钢板；2—磷酸锌涂层；3—阴极电泳涂层；
4—水性中间漆；5—水性底色漆；6—2K 清漆

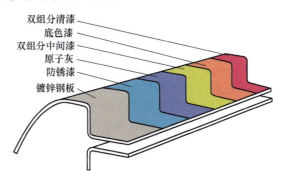

图 2-35　修补后涂层结构

技能学习

一、全车清洗

全车清洗的一般方法是：先使用干净水冲洗，再用中性肥皂水或车辆清洗剂清洗，然后用水彻底冲净，再用压缩空气吹干。

当然，如果车体比较干净，而漆膜损伤区域又比较小，用擦拭纸在较大范围内进行清洁处理即可。

1. 劳动安全与卫生

操作前，必须牢记以下劳动安全事项：

（1）必须穿好工作服。

（2）在使用高压水清洗机时，必须穿戴好护目镜（或面罩）、橡胶手套、水鞋及防水围裙。

（3）无论何时，禁止将压缩空气气枪对着别人。

（4）无论何时，禁止将高压水清洗机喷枪对着别人。

（5）剩余的洗涤剂、门窗玻璃清洁剂等，不能随意倒掉。

2. 场地准备

（1）可停放大型车辆的混凝土地坪或相当于混凝土的地坪，操作、排污水方便。

（2）高压水源。最好使用冷热水高压泵。

（3）足够长度的水管，这种水管的手柄上装有控制水流的开关。

（4）适度的照明。

3. 设备与工具准备

（1）一定数量的水桶、海绵或泡沫塑料、洗涤剂、门窗玻璃清洁剂、抹布、大毛巾、鹿皮等。

（2）压缩空气、气管、气枪等。

4. 清洗步骤

（1）连接好高压水清洗机的电源和进水管。

> **注意**
>
> 洗车作业用水要求清洁无污染，严禁使用未经过滤或受污染的水源，以免影响清洗效果，或对汽车外表产生损伤。但在通常情况下，只要使用自来水或符合标准的循环水就基本符合要求。

（2）连接好泡沫机的压缩空气管，按规定比例从加液口加入泡沫液和水（水和泡沫液的加入量通过观察泡沫机侧面的透明刻度管来确定），如图2-36所示。

（3）调整泡沫机的气压至规定值（泡沫机说明书建议值），如图2-37所示。

图2-36　加泡沫液和水

图2-37　调整泡沫机气压

（4）取出地毯清洗、晾干，清理烟灰盒、沙发坐垫等物品。

（5）关好车门窗（这一操作很重要）。

（6）在开始清洗汽车之前将汽车表面淋湿，这一步很重要，可以大大减少划伤汽车表面的可能性。可以用高压水清洗机，调整为宽的喷射水流进行。

（7）调整高压水清洗机为柱状水流，对缝隙和拐角等容易积存砂土的地方进行冲洗，特别是车轮上方的车身圆弧里，由于车轮滚动甩上来大量的泥沙和污物，一定要清洗干净。

（8）喷涂泡沫。喷涂的泡沫要均匀、适量，喷洒泡沫的顺序应按从上到下来进行。

（9）戴好兔毛手套（或用软海绵块）擦车，如图2-38所示。擦车的顺序是：车顶、挡风玻璃、发动机罩、保险杠、灯具、车的一个侧面（包括玻璃）、车身后部（包括玻璃、尾灯）、车身的另一侧（包括玻璃）以及车轮。

> **注意**
>
> 对于轮胎和门槛下缘等车体下部部位，一定要用专用的海绵或刷子单独清理，防止工具混用对车漆和玻璃造成的意外损伤。必要时可使用喷水壶进行辅助喷水，如图2-39所示。

（10）二次冲洗。水压低，扇面大，冲掉泡沫即可。

（11）刮水。用刮水板将车身上的水膜刮干净，如图2-40所示。

（12）精细擦拭。用大毛巾及鹿皮将整个车身擦拭干净。

（13）吹干。锁孔、门缝、车窗密封条、后视镜、油箱盖等部位用压缩空气辅助吹干，尤其是钥匙孔里的水分更要吹干净，如图2-41所示。

项目二 底处理

图 2-38 用兔毛手套擦车

图 2-39 用刷子清洁车轮

> **注意**
>
> 鹿皮在使用前一定要浸泡透，拧干后再使用，这样它的吸水性会更好。

图 2-40 刮水

图 2-41 用压缩空气吹净缝孔内的积液

二、漆膜损坏程度的评估

车身由于碰撞造成的外观损伤较明显，关于该种损伤的分类和评价在车身钣金维修中会有详细的介绍，对于涂装维修来说不做过多要求。汽车涂装维修技师要掌握的是车身覆盖件的轻微变形（不需要钣金修复或者只要简单的敲打就可回复的变形），以及车身板件的腐蚀等损伤的评估方法。

漆膜损坏程序的评估

评估漆膜损伤程度的方法有目测、触摸和用直尺评估。

1. 目测评估

根据光照射板件的反射情况，评估损伤的程度及受影响的面积的大小，如图 2-42 所示。稍微改变人的眼睛相对于板件的位置，即可看到微小的变形和损伤。

目测评估车身损伤的主要内容有：观察车身有无划伤、锈蚀损伤，车身覆盖件有无凹坑和凸起变形等。

（1）由于板件外表破损而形成锈蚀的部位，一般都会有红色或黄色的锈迹，观察起来很简单，如图 2-43 所示。需要注意的是有些锈蚀是从板材的底部开始的，尤其是经过车身修复的部位，从外表看不到锈迹，只是在板件表面有不规则的凸起。把凸起部分敲破就能看到板材的锈蚀情况。一般情况下已经在表面产生凸起的，板材基本上都已经被锈蚀穿了。修复锈蚀损伤时，必须要处理到金属板材，并做适当的防腐处理。

图 2-42　目测评估漆膜损伤

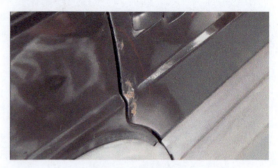

图 2-43　车身锈蚀

（2）观察车身覆盖件的凹坑和凸起变形。根据光线照射到不同形状板件后反射的情况进行判别。观察时目光不要与板件垂直，而是有一定的角度，角度的大小根据光线来调整，以能看清板件表面情况为准。如果板件表面有变形，由于变形部位与良好部位反射光线不同，眼睛就会很容易地观察到变形的部位。找到损伤部位以后，要及时做好标记，便于维修。

2. 触摸评估

如图 2-44 所示，戴上手套（最好为棉质），从各个方向触摸受损的区域，但不要用任何压力。做的时候要将注意力集中在手掌上，以感觉来评定不平度及漆膜损伤情况。为了能准确地找到受影响区域的不平整部分，手的移动范围要大，要包括没有被损坏的区域，而不是仅触摸损坏的部分。此外，有些损坏的区域，手在向某个方向移动时，可能比向另一个方向移动时更易感觉到。

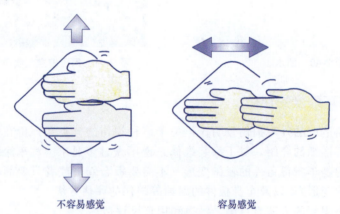

不容易感觉　　　　容易感觉

图 2-44　触摸评估损坏程度

3. 用直尺评估

如图 2-45 所示，将一把直尺放在车身与损坏区域对称的没有被损坏的区域上，检查车身和直尺间的间隙；然后将直尺放在被损坏的车身区域上，评估被损坏的和未被损坏的车身板之间的间隙相差多少，来判断损伤的情况。

如果在用直尺评估时，损坏件有凸出部分，将影响评估操作，此时可用冲子或鸭嘴锤将凸起的区域敲平或稍稍低于正常表面，如图 2-46 所示。

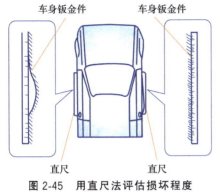

图 2-45　用直尺法评估损坏程度

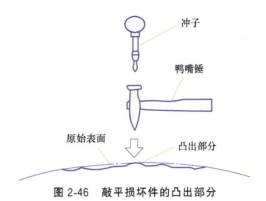

图 2-46　敲平损坏件的凸出部分

> **注意**
>
> 实际评估时，通常是各种方法综合运用，以获得准确的评估结果。评估过程中，一定要随时做好记录，以便为后续维修方案的制定提供依据。

三、不同结构涂层的鉴别

鉴别涂层的结构常用观察法和打磨法。

1. 观察法

因为单工序面漆（素色漆）中没有金属颗粒，只有颜料，比如红、白、黑、偏黄白等，漆膜外观看上去没有金属闪烁感，同时，由于面漆之上没有清漆层，立体感不强，即各方向观察颜色基本一致。

多工序面漆多为金属漆，底色漆里含有金属及金属氧化物颗粒，比如铜、铝、氧化铜等，阳光反射后，色彩斑斓。加上透明的清漆层对光线的折射作用，使漆面富有立体感。如果角度合适还会发生光线干涉现象，使漆膜表现更加耀眼夺目。

不同结构涂层的鉴别

2. 打磨法

（1）工具准备。P2000 水磨美容砂纸、喷水壶、抹布等。

（2）操作步骤。

① 在车身涂层上选一块不显眼的位置，比如车门、油箱盖、后备厢盖等处的内侧。用 P2000 砂纸轻轻打磨。打磨时一定要加水湿磨，因为干磨下来的清漆也呈现灰白颜色，不容易分辨。加些水湿打磨后，磨掉的清漆就不会显示颜色了。

② 观察打磨后砂纸上附着的涂料颜色，如果是带颜色的（与车身漆色相同），说明面漆是单工序的。如果打磨后砂纸上没有颜色，说明面漆是双工序的，打磨下来的是清漆层。如图 2-47 所示。

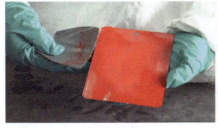
(a) 打磨后有颜色

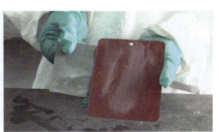
(b) 打磨后没有颜色

图 2-47　打磨法判断面漆层结构类型

不同类型漆膜的鉴别

四、不同类型漆膜的鉴别

鉴别漆膜类型的方法有溶剂擦拭法、加热法、硬度测定法、厚度测试法和电脑检测仪法等。

1. 溶剂擦拭法

用普通的硝基稀释剂在原涂层上进行涂抹擦拭，通过观察有无溶解现象判别原涂层是否为溶剂挥发干燥型涂料。

检查时使用白色的除油布浸适量的硝基稀释剂在破损涂层周围或在车身隐蔽处轻轻擦拭，如果原涂层溶解，并在布上留下颜色痕迹，说明原涂层属于溶剂挥发干燥型，如图 2-48 所示。如果原涂层不溶解，说明原涂层属于烘干型或双组分型漆。丙烯酸聚氨酯型漆层不易溶解，但稀释剂会减少漆面光泽。若原涂层为自然挥发干燥型涂料，则在修补喷涂时要充分考虑新涂层中的溶剂成分是否会溶解原涂层，造成咬底等漆膜缺陷。

2. 加热法

用来判别原涂层是热固性还是热塑性涂料。如果原涂层为热塑性涂料，则在修补喷涂时应选用同类型的涂料，或将旧涂层完全打磨掉后再进行涂装。用红外线烤灯对漆膜进行加热，如图 2-49 所示（注意控制加热温度，过热易损伤漆膜），如果漆面有软化现象则可证明为热塑性涂料。

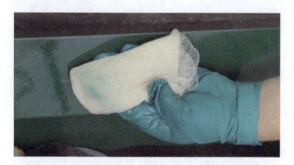

图 2-48　用溶剂涂抹法确定车身原有涂层类型

图 2-49　加热法判定漆膜类型

3. 硬度测定法

由于各种面漆干燥后漆膜的硬度不同，大体上看双组分漆和烘干漆硬度较高，而自干漆硬度较低。标准做法可使用硬度计进行测量。

4. 厚度测试法

各种面漆由于性质不同，其涂层厚度是不一样的，所以可通过用膜厚仪（图 2-50）测定漆膜厚度来判定面漆的大致类型。但是这种方法测定结果不是十分准确，它更多的是用来检测漆膜的损伤。因为修补过的涂层厚度基本都会超过 150μm，要比原厂漆膜厚，所以这种方法不会损伤漆面。

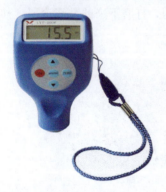

图 2-50　膜厚仪

5. 电脑检测仪法

利用电脑调色系统可直接获得原车面漆的有关资料，这是目前涂装行业中普遍使用的检测方法。此方法方便快捷，只需使用原车车身加油口盖，利用仪器很快就能准确无误地判别面漆的类型。

判断面漆的类型是为了便于进行维修时选用合适的材料，

表 2-6 列出了各种类型的原有涂层和能够涂敷在这些涂层上的面漆的配套性。

表 2-6 原有涂层与修补涂料的配套性

新喷面漆	原有涂层					
	醇酸瓷漆	聚丙烯漆	聚丙烯瓷漆	聚氨酯瓷漆	聚丙烯聚氨酯漆	聚丙烯聚氨酯瓷漆
醇酸瓷漆	○	●	○	○	●	○
聚丙烯漆	○	●	●	○	○	○
聚丙烯瓷漆	○	●	●	○	○	○
聚氨酯瓷漆	●	●	●	○	○	○
聚丙烯聚氨酯漆	●	●	●	○	○	○
聚丙烯聚氨酯瓷漆	○	○	○	○	○	○

注：○—能够重新涂装；●—重新喷涂前，必须使用特定的封闭涂料。

五、汽车是否经过漆膜修补的判定

判定漆膜是否经过修补的方法：打磨法和测量涂层厚度法。

1. 打磨法

（1）从整块砂纸上裁下一小块砂纸（粒度为 P60）。

（2）在漆膜受损区域内选一小块漆面，用打磨块配合对漆膜进行打磨，直到露出金属，如图 2-51 所示。

汽车是否曾经做发漆膜修补的判定

（3）通过涂层的结构可以看出汽车过去是否经过修补涂装。图 2-51 左图的面漆单一均衡，未曾补涂过；而右图面漆明显分层，或因曾经喷涂过与原车不一样面漆，漆膜呈现不同颜色的两层面漆层，由此可以判断为过去曾补涂过。

图 2-51 采用打磨的方法确定是否以前做过修补涂装

2. 测量涂层厚度法

用膜厚仪测量车身涂层厚度，如果涂层厚度大于新车涂层的标准厚度，说明这辆汽车曾经进行过修补涂装。

小结

（1）涂装是指将涂料涂覆于经过处理的物面（基底表面）上，经干燥成膜的工艺。有时也将涂料在被涂物表面扩散开的操作称为涂装，俗称涂漆或油漆。

（2）已经固化了的涂料膜称为漆膜（也称涂膜）。

（3）由两层以上的漆膜组成的复合层称为涂层。汽车表面涂装就是典型的多涂层涂装。

（4）接收一台漆面受损的汽车，到修复后交车，一般要经过下述的系列工作：清洗，鉴定损坏程度，表面预处理，涂装底漆，原子灰施工，中涂底漆施工，面漆调色，面漆施工，面漆层干燥，涂装后处理，交车。

（5）汽车漆膜的损伤程度通常可分为严重损伤、较重损伤和无损伤（新更换板件）3种，不同的漆膜损伤程度，修补涂装工艺程序不同。

（6）在涂装前对被涂物表面进行的一切准备工作，称为底处理。

（7）底处理的目的，主要是清除表面的污垢、损伤的旧漆膜、底材的锈蚀等，使新涂的漆膜与被涂工件表面具有良好的附着能力，并保证漆膜具有良好的性能。

（8）底处理包括两个具体工作环节，即漆膜损伤的评估和表面预处理。

（9）涂料由成膜物质、颜料、溶剂和添加剂组成。

（10）涂料全名一般是由颜色或颜料名称加上成膜物质名称，再加上基本名称组成的。

（11）按在涂装工艺及涂层中所起的作用分类，涂料分为：涂前表面处理用材料、汽车用底漆、汽车用中间涂料、汽车用面漆和辅助材料。

（12）按涂料的组成中是否含有颜料分类，涂料分为：清漆、色漆和原子灰。

（13）按溶剂构成情况分类，涂料分为：无溶剂涂料、溶剂涂料和水性涂料。

（14）涂料的成膜方式有溶剂挥发型成膜和反应型成膜。反应型成膜又包括氧化聚合型、加热聚合型和双组分聚合型成膜等。

（15）车身涂层按面漆的施工工艺可分为单工序面漆、双工序面漆和三工序面漆。

（16）全车清洗的一般方法是：先使用干净水冲洗，再用中性肥皂水或车辆清洗剂清洗，然后用水彻底冲净，再用压缩空气吹干。

（17）评估漆膜损坏程度的方法有目测、触摸和用直尺评估。

（18）鉴别涂层的结构常用观察法和打磨法。

（19）鉴别漆膜类型的方法有溶剂擦拭法、加热法、硬度测定法、厚度测试法和电脑检测仪法等。

（20）判定漆膜是否经过修补的方法：打磨法和测量涂层厚度法。

任务 2-2　表面预处理

任务导入

汽车清洗好后，要仔细检查车身漆面，寻找漆膜破损迹象，如气泡、龟裂、脱落、锈蚀以及在烤补、气焊等修理过程中引起的部分损坏。

对于上述破损，必须将旧漆膜清除掉，清除程度可根据旧漆膜的损坏程度和重新涂装后

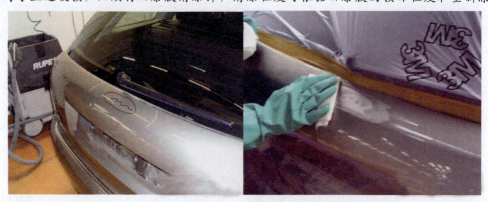

图 2-52　板件的漆膜损伤与处理后的状态

项目二 底处理

的质量要求，进行全部或部分清除。图 2-52 所示的漆膜损伤，必须经底处理（清除损坏的旧漆膜和做羽状边等），以达到可以进行后续的工作（如施涂原子灰、喷底漆等）的状态。表面预处理的一般流程如图 2-53 所示。

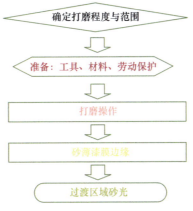

图 2-53　表面预处理流程

 相关知识

一、不同程度漆膜损伤的处理要求

对于损伤漆膜的处理原则是损伤到哪一层，即处理到哪一层。

（1）如果损伤仅限于面漆层，打磨时只要将损坏部分磨掉即可。

（2）如果损伤到了中涂层，则需打磨到原厂底漆层。因原厂底漆性能非常好，所以打磨时一定注意，尽量保留完好的原厂底漆。

（3）如果损伤到了原厂底漆层，则需打磨到露出底板表面，并对底材表面可能存在的锈蚀、穿孔等进行修复。

（4）对于严重漆膜损伤，通常需要在较大面积区域内清除旧漆膜至裸金属（板材表面）。

二、底处理用工具、设备及材料

1. 砂纸

砂纸是汽车维修中经常使用的打磨材料，用于除锈、砂磨旧涂层、原子灰及中涂底漆等。图 2-54 所示是典型干磨砂纸的结构，是将各种不同粒度的磨料 5 通过黏结层 4 粘于基材 2 上，制成各种规格的砂纸。通常基材为纸质材料时称为砂纸，基材为布质材料时称为砂布。磨料黏结牢固程度是砂纸质量的一个重要标志。操作人员选择合适的砂纸规格并正确使用砂纸才能产生良好效果。

（1）磨料。制造砂纸的磨料根据原料可分为氧化铝（刚玉）、碳化硅（金刚砂）和锆铝 3 种。根据磨料在基材上的疏密分布情况可分为密砂纸和疏砂纸两种，密砂纸上的磨料几乎完

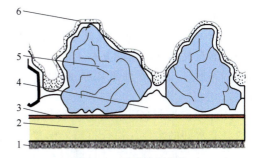

图 2-54　干磨砂纸结构

1—丝网连接层；2—基材；3—乳胶涂层；
4—黏结层；5—磨料；6—特制抗灰涂层

全粘满磨料面，疏砂纸的磨料只占磨料面的 50%～70%。

磨料颗粒的大小称作粒度，颗粒的直径称作粒径。通常用粒径来表示粒度。通常只有圆球形的几何体才有直径，而实际测量的磨料形状各异，是不存在真实直径的。因此在粒度分布测量过程中所说的粒径并非颗粒的真实直径，而是虚拟的"等效直径"。等效直径是当被测颗粒的某一物理特性与某一直径的球体最相近时，就把该球体的直径作为被测颗粒的等效直径。因此用不同原理设计的粒度测量方法的数据经常有较大的差异。

（2）砂纸的规格与用途。砂纸的规格用磨料粒度的大小表示，一般标注在砂纸的背面，用"F—"和"P—"表示，比如"F60""P80"等。F 是固结磨具用磨料的粒度标准，P 是涂附磨具的标准。磨料的粒度越大砂纸越粗，适合进行要求不高的粗打磨，主要用来处理缺陷、打磨形状等。磨料的粒度越小砂纸越细，适合进行精细打磨，主要用来作喷涂前修整和喷涂后涂层缺陷的处理。

各国的砂纸粒度划分不是完全一致的，欧洲标准为 PEPA、美国标准为 ANSI、日本标准为 JIS 等。

（3）砂纸的分类。砂纸分为水砂纸和干磨砂纸 2 种。

① 水砂纸。水砂纸是汽车修理厂最常用的砂纸之一，其大小规格约 23cm×28cm，如图 2-55 所示。根据修理作业的不同，打磨部位的形状、大小的不同，可以将砂纸裁成适合打磨需要的尺寸。水砂纸湿打磨使用时应先浸水，使砂纸完全浸湿，这样可防止因为手工打磨折叠而引起的脆裂，特别是冬天气温低时，应用温水浸泡，以防止砂纸脆裂。

图 2-55 水砂纸

② 干磨砂纸。汽车修补涂装中所使用的干砂纸多为搭扣式（也称粘扣式）砂纸，目前国内市场上搭扣式砂纸以进口为主，使用时需与电动或气动研磨机配套使用。根据制作工艺不同分为干磨砂纸、干磨砂网和三维打磨材料；根据作用分为干磨砂纸和漆面干研磨砂纸。形状有圆形和方形，圆形直径尺寸以 12.7cm（5 英寸）和 15.24cm（6 英寸）使用较多。

a. 搭扣式干磨砂纸。搭扣式干磨砂纸一面有丝网连接层，俗称快速搭扣，可以跟打磨头快速黏结和分离。一般圆形砂纸圆周均匀分布 8 个小孔，中心有 1 个大孔；方形砂纸在长边边缘均匀分布 8 个孔，在将砂纸粘贴到打磨头上时，一定要保证砂纸上的圆孔与打磨头上的孔相吻合，确保吸尘效果良好，如图 2-56（a）所示。砂纸规格一般为 P60～P500，用于除旧漆、金属打磨等。漆面研磨砂纸用于清除漆面的粗粒、橘皮等，砂纸规格一般为 P600～P1500。

b. 干磨砂网。干磨砂网是干磨设备制造商 MIRKA 公司的专利打磨产品，它是将不同规格的磨料黏结到网状的基材上制成的打磨工具。干磨砂网的规格与干磨砂纸一样，形状有圆形和方形。与干磨砂纸不同的是它的吸尘通路更大，吸尘效果更好，如图 2-56（b）所示。

c. 三维打磨材料。三维打磨材料是研磨颗粒附着在三维纤维上形成的打磨材料，这类材料有非常好的柔性，适合打磨外形复杂或特殊材料的表面，可用于各种条件下的打磨。如菜瓜布（百洁布）就是三维打磨材料中的一种，如图 2-56（c）所示。主要用于塑料件喷涂前的研磨，驳口前对漆膜的研磨，板件背面打磨以及修补前去除漆膜表面的细小缺陷等。

百洁布有不同的颜色，代表不同的砂纸粒度型号，通常红色百洁布相当于 P320～P400

(a) 干磨砂纸

(b) 干磨砂网

(c) 菜瓜布

图 2-56 干磨砂纸

水砂纸；灰色百洁布相当于 P800~P1000 水砂纸。

③ 干磨砂纸与水砂纸号数的比较。一般来说在进行打磨操作时，采用干磨砂纸打磨对砂纸的号数要求较严格，不同号数砂纸间的过渡要合理，号数变化不要超过 100。与水砂纸相比，相同号数的干磨砂纸用机器法打磨后的痕迹要比水砂纸小得多。打磨效果相同时，采用干磨砂纸与水砂纸的对比，见表 2-7。

表 2-7 干磨砂纸与水砂纸的对比

砂纸种类	粗细对比									
干磨砂纸	P60	P80	P120	P150	P180	P240	P280	P320	P360	P400
水砂纸	P150~P180	P180~P220	P240~P280	P280~P320	P320~P360	P400~P500	P500~P600	P600~P800	P800~P1000	P1000~P1200

2. 打磨垫

无论是使用水砂纸还是干磨砂纸进行打磨操作时，尽量不要直接用手握砂纸打磨，会使打磨的质量无法保证。与砂纸配套的打磨垫是用砂纸打磨工件操作中必不可少的工具，有手工打磨垫和研磨机专用托盘 2 种。

（1）手工打磨垫。手工打磨垫（也称磨块）分为水磨垫和干磨垫（手刨）。水磨垫有硬橡胶垫、中等弹性橡胶垫及海绵垫等种类。由于汽车维修业迅速发展，打磨垫由过去操作人员自己制作，发展到市场上开发出了满足各种需要的专用打磨垫。

① 硬橡胶垫。硬橡胶垫使用时要外垫水砂纸，一般用于湿磨原子灰层，把高凸的原子灰部分打磨掉，使表面达到平整，如图 2-57（a）所示。其长短大小对磨平原子灰层有一定的影响。自制的打磨垫一般取厚 2~3cm 的橡胶块裁剪成 11.5cm×5.5cm 的长方形，此打磨垫适用于一张水砂纸竖横裁剪成 4 份，即尺寸为 11.5cm×14cm，既有利于水砂纸的充分利用，又灵活方便，是汽车维修业施工人员使用较普遍的操作工具。对于大面积波浪形物面的原子灰层可适当使用加长的打磨垫（也可用水浸不易变形的木板）。

② 中等弹性橡胶垫。中等弹性橡胶垫是一种辅助打磨工具，利用它的柔软性，外包水砂纸打磨棱角和形状多变部位。市场上大部分中等弹性橡胶垫分两层（两面），一面是中等弹性橡胶，另一面是硬质塑料，兼具硬打磨块和中等弹性磨块的功能，如图 2-57（b）所示。

③ 海绵垫。海绵垫适用于漆面处理，如抛光漆面前用细水砂纸磨平颗粒、橘皮等，不易对漆面造成大的伤害。还有将抛光砂纸与 3mm 厚海绵粘接成一体，制成打磨块，进行抛光等精细研磨操作。如图 2-57（c）所示。

④ 干磨（手刨）垫。干磨（手刨）垫是用来干磨的手工打磨垫，可以与粘扣式砂纸或纱网配合使用，形状为方形，根据实际工作需要有大、中、小各种不同的规格，如图 2-58

(a) 硬橡胶垫

(b) 中等弹性橡胶垫

(c) 海绵垫

图 2-57 手工打磨垫

所示。干磨（手刨）垫握持舒适，操作方便。它最大的优点是能够与吸尘器连接，将打磨掉的粉尘收集，安全环保。它可以在一定程度上弥补机器打磨不能灵活机动的缺点，操作方法更接近手工水磨垫。

（2）研磨机专用托盘。用于电动、气动研磨机的打磨垫称为托盘。根据功能的不同，研磨机专用托盘有快速搭扣式和软托盘2种。

① 快速搭扣式干磨托盘。此托盘由高密度海绵材料制成，硬度适中，通过内六角螺栓与打磨头连接，配合干磨砂纸，特殊表面设计能紧扣砂纸，装卸快速、方便、牢固，打磨省时省力。用FESTOOL公司喷射流专利技术设计的九孔磨垫，气流通道设计能够显著增强吸尘效果，延长砂纸使用寿命，降低砂纸消耗达30%。如图 2-59 所示。

图 2-58 干磨（手刨）垫

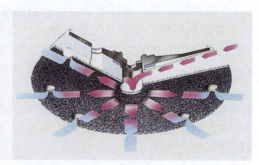

图 2-59 干磨托盘

② 软托盘。软托盘安装在干磨托盘与搭扣式干磨砂纸之间，主要用于中途底漆打磨等后续的较细研磨。如图 2-60 所示。

3. 无尘干磨系统

无尘干磨系统由集尘系统、悬挂功能单元、打磨机、空气管路和手工辅助工具与材料等组成。

（1）集尘系统。集尘系统有中央集尘系统、可移动式吸尘器和简易吸尘袋等几种。

① 中央集尘系统。如图 2-61 所示。集尘主机通过空间布置的压缩空气供气管路、空间布置的集尘管路和电源线路与悬挂功能单元连接。悬挂功能单元的数量要根据集尘主机的功率来选择，才能保证良好的集尘效果，适合大型的汽车车身维修企业。

图 2-60　软托盘

② 可移动式吸尘器。如图 2-62 所示。可移动式吸尘器方便移动，灵活性强，吸尘效果好。一台吸尘器最多可以保证两台打磨机同时工作，是一般维修站车身维修打磨工位的理想配置。

图 2-61　中央集尘系统

图 2-62　可移动式吸尘器

③ 简易吸尘袋。如图 2-63 所示，与专用打磨头配套使用，方便灵活，不受场地限制，但是吸尘效果稍差。

（2）悬挂功能单元。悬挂功能单元具有净化压缩空气、自动润滑系统及远程控制等功能。通过摇臂固定，使用方便，占用的空间少。悬挂功能单元一端与集尘系统相连，另一端通过供气管路、集尘管路和电源线与打磨工具连接，如图 2-64 所示。

（3）打磨机。打磨机是利用电或压缩空气作为动力源，带动砂纸等研磨工具，对工件需要修整部位进行研磨操作的工具。使用打磨机明显减少了操作者的劳动量，提高了工作效率。为了适应汽车车身维修发展的需要，打磨机生产企业不断设计出各种形式和型号的产品，使车身维修工作变得越来越轻松。

① 打磨机种类。打磨机可以利用电力驱动，也可以利用压缩空气驱动。电动打磨机与气动打磨机外形如图 2-65 和图 2-66 所示。

图 2-63 配备吸尘袋的打磨机

图 2-64 悬挂功能单元

图 2-65 电动打磨机

图 2-66 气动打磨机

由于喷漆车间内有易燃物品,要尽量减少电动工具的使用,所以主要采用压缩空气驱动的气动打磨机。气动打磨机主要有单作用式、轨道式、双作用式、往复直线式 4 种类型。

a. 单作用打磨机。打磨头绕一个固定的点转动,砂纸只做单一圆周运动,称为单一运动圆盘打磨机或单作用打磨机,如图 2-67 所示。这种打磨机的扭矩大。低速打磨机主要用于磨去旧涂层,钣金磨就属于这类打磨机;高速打磨机主要用于漆面的抛光,也就是抛光机。

使用单作用打磨机除旧漆膜时,主要是靠旋转力切削,由于打磨头中心没有切削力,所以打磨头与旧漆膜的接触方式应如图 2-68 所示,保持与漆膜表面 15°~20°的夹角;除此之外,压力不能过重。但用于原子灰和中涂底漆表面打磨时,由于要求获得平滑的表面,所以磨头必须平贴于表面。

 注意

> 由于打磨机转速非常高,使用时一定要牢牢握住打磨机,以避免脱手的危险。

单作用打磨机由于只做旋转运动,所以打磨痕为大圆弧形且较深。如图 2-69 所示。

b. 轨道式打磨机。轨道式打磨机的打磨头外形都为矩形,便于在工件表面上沿直线轨迹移动,整个打磨头以小圆圈形式振动,此类打磨机主要用于原子灰的打磨,如图 2-70 所示。该类打磨机可以根据工件表面情况采用各种尺寸的打磨头,以提高工作效率,轨迹直径亦可改变。

图 2-67　单作用打磨机

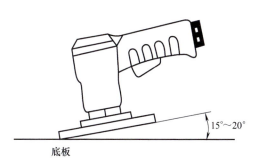

图 2-68　气动打磨机的使用

图 2-69　单作用打磨机的打磨痕

轨道式打磨机由于打磨头只做小圆圈振动，打磨痕为小圆弧形，较浅，如图 2-71 所示。

c. 双作用打磨机（也称为偏心振动式、双轨道式、双动式等）。打磨头本身以小圆圈形式振动，同时又绕其自身的中心转动，因而兼有单作用及轨道式打磨机的运动特点，如图 2-72 所示。其切削力比轨道式打磨机大。将该种打磨机用于平整表面或初步打磨时，要考虑轨道的直径，轨道直径大的打磨较粗糙，反之较细。

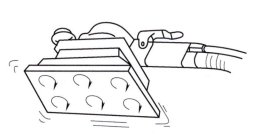

图 2-70　轨道式打磨机

图 2-71　轨道式打磨机的打磨痕

双作用打磨机由于打磨头既做旋转运用又做小圆圈振动，打磨痕为大小交错的圆弧形，较浅，如图 2-73 所示。

图 2-72　双作用打磨机

图 2-73　双作用打磨机的打磨痕

d. 往复直线式打磨机。工作时打磨头做往复直线运动的打磨机称为往复直线式打磨机，主要用于车身上的特征线和凸起部位的打磨。

电动打磨机的类型与气动式基本相同。但有一种电动打磨机与气动打磨机区别较大，称为锐角打磨机（简称角磨机），如图2-74所示。因有保护罩，所以打磨时只能以锐角接触板件表面，如图2-75所示，故称为角磨机。主要用于打磨严重的锈蚀、焊缝及旧漆膜较厚处。

图 2-74　角磨机

图 2-75　角磨机的使用

角磨机切削力较大，速度快，因而打磨痕非常深，如图2-76所示。

② 打磨机的选择。电动式打磨机选择时，首先应根据操作者的体力，选择大小适宜的打磨机。太大则很快疲劳，不能持续作业，太小则效率低。然后再选择转速稳定，输出力量大，振动小的为宜。

打磨头的形状有两种，如图2-77所示。其中有倒角的一种使用起来比较方便，对于板件的边角均能进行很好的打磨。

图 2-76　角磨机的打磨痕

图 2-77　两种形状打磨头的使用比较

打磨头尺寸的大小选择应视打磨面积来决定。如对车顶和发动机罩等大面积的部位打磨时，可使用直径为18cm的打磨头，以加快作业速度；小面积打磨时，可以使用直径为10～12cm的打磨头，使用起来比较方便。

请注意：电动打磨机在打磨漆膜作业时，如果使用的是硬的打磨头，要保持与漆膜表面相平行，否则会在金属表面留下划痕；如果是柔性打磨头，与漆膜表面的接触方式应采用如图2-78所示的方式。

振动式打磨机有振动幅度大小之分（磨头型号），不同型号的磨头与砂纸配套情况以及适应的打磨要求不同，见表2-8。振动幅度为7mm的圆形气动打磨机以及振动幅度为5mm的圆形电动打磨机振动幅度大、力量强，适合于粗打磨、中间打磨；振动幅度为3mm的圆形打磨机振动幅度较小、力量也较小，更适合于细磨的要求；振动幅度为2～2.5mm的圆形电动打磨机，特别适合小面积超精细研磨处理。

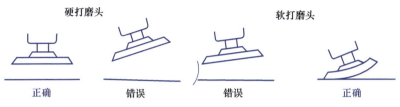

图2-78 硬打磨头与软打磨头的正确使用

表2-8 打磨机与砂纸配套适合不同的打磨作业

打磨要求	预磨	粗磨	中级磨	细磨	精细打磨	超精细打磨
打磨过程	打磨损毁部位、打磨钢板、打磨焊缝	打磨损毁部位、打磨钢板、粗磨原子灰	中级磨原子灰、打磨底涂层	细磨中涂层	喷面漆前精细打磨中涂层、打磨原有漆膜	打磨细小缺陷、驳口处理等
砂纸型号	P24～P60	P80～P180	P120～P240	P240～P360	P320～P500 S500～S1000	P1200～P3000 S1000～S4000
磨头型号	7mm（气动）	7mm、5mm（气动）	5mm（气动）	3mm（气动）	3mm（气动）	2～2.5mm的圆形电动打磨机

常用的打磨机的选择，见表2-9。

表2-9 常用的打磨机的选择

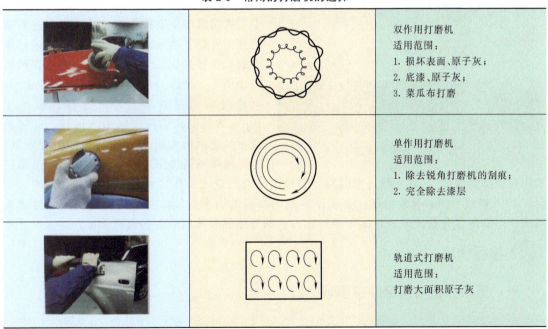

（4）空气管路。空气管路的两端通过可以360°旋转的快速接头[图2-79（a）]连接吸尘设备和打磨机，提供压缩空气驱动打磨头，排放的废气通过消声器排出[图2-79（b）]。吸尘管将打磨的灰尘回收到集尘器，所以空气管路又叫三合一套管[图2-79（c）]。吸尘管还能自动周期性（10min一次）供应润滑油润滑打磨机，控制气动马达噪声，带有润滑油的废气经消声器过滤后排出，避免油污直接排放到喷漆环境中。

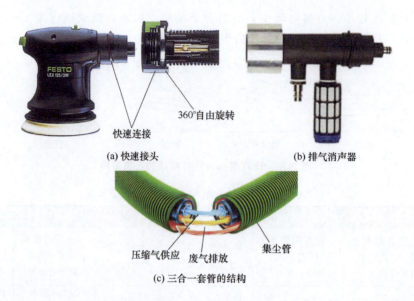

(a) 快速接头　　(b) 排气消声器

(c) 三合一套管的结构

图 2-79　空气管路

图 2-80　无尘干磨房

（5）手工辅助工具与材料。工具柜和工具车，能存放打磨机和摆放砂纸、原子灰、除油布等的辅助工具。

（6）无尘干磨房。如图 2-80 所示，无尘干磨房是为干磨操作设计的，可以进行喷漆前的打磨、喷涂底漆和打磨，以及进行面漆的点修补操作。工作区域内的空气在风机的作用下，经过一级初级过滤装置过滤后，再经过两道过滤装置，将含有直径小于 $10\mu m$ 尘埃的较洁净空气引入风机。80% 的风量从进风弯头进入处理室顶部的静压室，20% 从排风筒排出室外（保证操作人员始终工作在新鲜空气中），进入静压室的空气经第二级过滤进入工作区域中，这时空气内的杂物尘埃 98% 被过滤掉，有效地保证了工作区域内所需的洁净空气。向下流动的空气将打磨或喷漆产生的灰尘等杂质带走，保证了操作人员的身体健康及前处理的表面质量。

技能学习

一、劳动保护与安全注意事项

1. 劳动保护

手工除旧漆（打磨）时可能存在的危害及需要配备的劳动保护如图 2-81 所示。

2. 安全注意事项

操作前，必须牢记以下劳动安全事项：

（1）如果采用加热法除旧漆，应时刻关注电加热器的温度，过高时应关闭电源冷却。尽量不用火焰加热。

（2）用加热法除旧漆时，要控制好板件的加热温度，以免因温度过高而使板件变形。

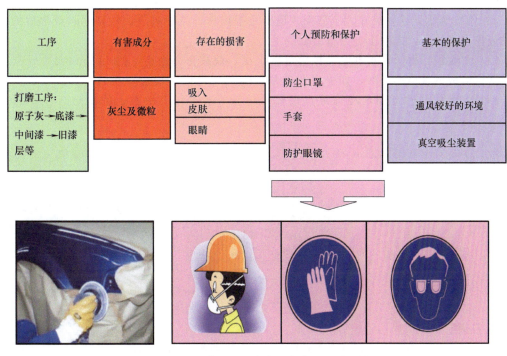

图 2-81 打磨时可能存在的危害及劳动保护

(3) 用铲刀除旧漆时,应注意使用安全,以免划伤。

(4) 切记不要用刀尖用力铲漆膜,以免对板件表面造成深度划伤。

(5) 用打磨机打磨时应该佩戴防护眼镜和防护面罩。

(6) 检查打磨机叶轮（针对角磨机而言）的品种及规格是否与当前操作所要求的性能相一致。破损的叶轮,哪怕只有很小一点缺陷,也绝不能继续使用。

(7) 检查电源是否在该产品所规定的范围内。

(8) 将电源插头插入电源插座之前应仔细检查打磨机的电源开关是否关闭。

(9) 更换叶轮时（针对角磨机而言）,务必认真按照说明书的要求操作。

(10) 绝不可采用电动打磨机打磨铝材、塑料等。可采用磁铁检查基材。

(11) 绝不可采用电动打磨机交叉打磨曲面弧度较大、凸出很高的表面或非常凹的表面。

(12) 绝不可采用电动打磨机打磨边角、褶皱缝、焊缝、粘接处或刮涂过塑料密封胶的区域。

二、手工除旧漆膜

因为除旧漆膜时,通常会打磨到裸露钢板,此时如果有水沾到钢板上,会很快产生锈蚀,所以在除旧漆打磨时,建议使用干打磨。

手工除旧漆膜

1. 裁剪砂纸

选择合适的磨料,采用氧化铝磨料的疏式砂纸比较适合底处理干打磨,粒度为 P80。根据打磨的需要,将砂纸裁成适合打磨的大小。汽车修理厂普遍采用以下几种方式（图 2-82）：

(1) 小面积打磨。将水砂纸长边对折 2 次,短边对折 1 次,裁成 1/8 大小,约 11.5 cm×7cm,如图 2-82 (a) 所示。以这种尺寸配合小垫板适合小面积打磨及漆面局部流痕处的磨平。或者直接用手对拐角等处打磨操作。

（2）一般常规打磨。将水砂纸竖、横各对折1次裁成1/4大小，约11.5 cm×14 cm，如图2-82（b）所示。这种尺寸大小适中，适合手握操作，方便灵活，是修理时最常用的。打磨时包在小垫块上，大约1/2为打磨面。

（3）大面积打磨。将水砂纸沿长边对折1次，裁成1/2大小，约14 cm×23 cm（这需要根据打磨板的规格而裁剪，如果自制的垫板较长也可以沿短边对折），如图2-82（c）所示。一般打磨前把砂纸固定在标准打磨板上进行，对于较大平面上的缺陷有较好的平整作用。

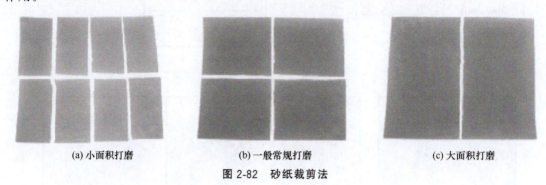

(a) 小面积打磨　　　(b) 一般常规打磨　　　(c) 大面积打磨

图 2-82　砂纸裁剪法

2. 打磨

将裁好的砂纸用手握住，如图2-83所示，在需要清除旧漆处进行打磨。如果要配合磨块打磨，应将裁好的砂纸平贴于磨块下面，两边多出的部分向上折，贴靠到磨块边缘以便用手握住，如图2-84所示。将磨块平放于打磨表面，前后及左右移动。打磨时，磨块须保持平移，用力要适当。

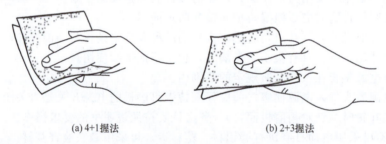

(a) 4+1握法　　　　　(b) 2+3握法

图 2-83　砂纸的握法

手工打磨的姿势应该以舒服、顺手为原则。对于较大表面，最好是采用拇指和小指夹住磨块，中间三指配合手掌的握法。

打磨时应尽量轻地握住砂纸。打磨时施加于表面的压力仅仅限于手掌的力量。有时还必须经常改变打磨姿势，以适应不同部位表面结构。

打磨时可采用以下手法：

（1）手指打磨法。在对汽车某个特殊的部位进行打磨时，有时需要将手掌稍微抬起来一点，将力量加到手指上，进行所谓的手指打磨，有时甚至还要将手掌再抬高一点，将力量加到指尖上，用指尖进行打磨。

（2）画圈打磨。用手指按住砂纸，在一个小范围内快速做圆周运动进行打磨。这种画圈打磨方式不得用于直径大于25cm的缺陷。

（3）交叉打磨法。在打磨较大面积的表面时，最好采用走直线的方法。在过渡区对相邻表面打磨时，应采用交叉打磨法（也称为米字形打磨），如图2-85所示，就是打磨时经常地改变打磨方向，因为这样操作获得的基材表面较平整。改变打磨方向可以起到和切削差不多的作用，打磨的速度最快。如果以 90°的角度改变方向，就无法采用交叉打磨法，这主要是受汽车表面绝大部分结构所限。只有在角度为 30°或 45°时改变方向才有可能。

图 2-84　打磨块的握法

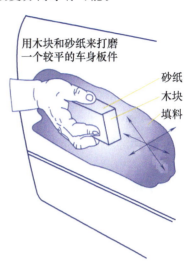

图 2-85　交叉打磨法

打磨时来回的行程应长而直，如果掌心没有平压在表面上，手指就会接触到打磨表面，这将导致手指与表面之间受力不均匀，所以应避免手指接触打磨表面。打磨时尽量不要进行圆周运动，否则会产生在表面涂层下可见的磨痕。为了获得最好的打磨效果，应该始终在与车身轮廓相同的方向上进行打磨，如图 2-86 所示，也可采用 45°角方向交叉打磨。如果进行的是大面积的打磨，则应该分成块，一块一块地进行打磨。每一块面积最好不大于 $0.1m^2$。不得将身体的质量加压在砂纸上，而只能轻轻地压着砂纸进行打磨。用手摸、用眼看，检查打磨是否符合要求。

初步打磨后，需换用 P150 砂纸再全部打磨一遍。

对于旧漆膜有剥离或裂纹处，用铲刀（图 2-87）刀尖部插入剥离层间或缝隙处可以一块块铲掉旧漆膜。

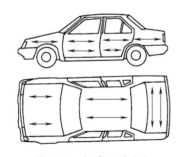

图 2-86　打磨运动方向

图 2-87　铲刀

对于粘接较实的旧漆或凹槽、拐角等特殊部位，可配合使用其他手工工具（图 2-88）清除。

除旧漆过程中，也可配合加热法。加热法除旧漆就是利用火焰（或烤灯、热风枪）的高温使旧漆膜软化或炭化（烧焦）从而配合铲刀等工具清除旧漆的一种方法（如图 2-89 所示）。

图 2-88　除旧漆常用工具

图 2-89　用热风枪配合铲刀除旧漆

> **注意**
>
> （1）加热法除旧漆的缺点是如果加热温度过高，板件会产生热变形，从而产生不良后果。所以使用中一定注意控制加热温度，必要时可采用多层多次清除。
>
> （2）如果打磨的表面经过钣金处理，表面凹凸不平，则旧的涂层需完全清除掉，以便打原子灰；如果打磨表面没有经过钣金处理，表面平整，只是旧漆膜损坏，则应打磨到原底漆层，若由于失误将底漆打磨过度，则应重新喷涂底漆。
>
> （3）由于清除旧漆膜时，通常要清除到露出金属为止。如果此时金属表面沾上水，会引起金属表面生锈，给后续工作带来很大麻烦，甚至使接下来的涂装产生缺陷。因此，清除旧漆膜时建议用干磨法。
>
> （4）无论是打磨大的还是小的面积，用粗砂纸打磨 50%～75%，再用细砂纸进行精加工。粗砂纸打磨的目的是尽快打磨掉旧漆膜、原子灰、锈斑、大块的底漆等。
>
> （5）对于用铲刀或加热法清除旧漆膜后的部件，仍需用 P80～P150 的砂纸再打磨。

3. 做羽状边

所谓做羽状边（也称为砂薄漆膜边缘）是指在已清除旧漆膜区域的周围，将完整漆膜的边缘打磨成逐渐变薄的平滑过渡状态，如图 2-90 所示。当待修补漆膜的破坏程度还没有深入到金属基材时，这里的薄边要求更为精细、平滑，为无痕迹修补创造先决条件。

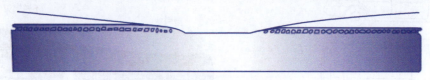

图 2-90　边缘的砂薄过渡

（1）选择合适的砂纸（通常为 P240）。

（2）采用由内向外磨或由外向内磨的方法均可以。对于小面积用画圆圈的方法，对于大面积则用走直线磨的方法。做羽状边时，一定要认真细致，保证坡口的角度基本一致。

羽状边坡口的大小取决于漆膜的厚度（层数），通常每一层漆的坡口宽约 5mm，总坡口宽大于 3cm 即可，如图 2-91 所示。

4. 砂光

砂光是对损伤部位周围区域（过渡区）的表面进行处理，使表面无光、粗糙，这样新喷涂的漆膜才能牢固地黏附在旧漆膜表面上。如果下道工序为刮原子灰或喷涂头道底漆，则不需进行砂光操作，等到进行中涂底漆喷涂前再进行此项作业。

（1）选择合适的砂纸，一般为 P320 或 P400。

（2）将砂纸按需要裁开。

（3）按干打磨的工艺走直线的方式进行打磨，如图 2-92 所示。

（4）经常检查砂纸的表面状态，如果砂纸上粘的漆、灰尘较多，应用手刷、钢丝刷或压缩空气将它清理干净。

除旧漆区域最后一道打磨所用的砂纸型号视下道工序而定。如果下道工序为刮原子灰，则用 P150 砂纸做完羽状边即可；如果下道工序为喷涂

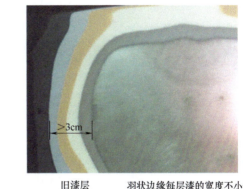

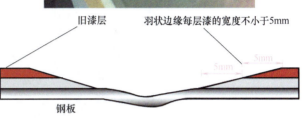

图 2-91 羽状边的宽度

底漆，则应用 P180 砂纸打磨原底漆（包括羽状边）；如果下道工序为喷涂中涂底漆，则最后用 P320 砂纸打磨（包括羽状边及过渡区域）；如果下道工序为喷涂面漆，则需用 P400 或 P600 砂纸打磨（包括羽状边及过渡区域）。注意：砂纸的递进不应超过 100 号。

5. 整车清理

采用黏性抹布或气枪对整车进行清理。

三、用打磨机除旧漆

1. 干磨系统准备

（1）打磨车间准备。图 2-93 所示为典型的打磨间配电箱面板图。打开主电源开关（主令开关）9、照明开关 1、风门开关 8，就可以进行打磨操作了，如果要在打磨间内进行喷涂操作（通常小面积的底漆喷涂），则还需打开喷漆开关 7。

图 2-92 砂光

用干磨机除旧漆膜

 注意

实际工作中很多人会因为工作时间短而不打开打磨间排风系统直接进行打磨操作，这样做不但会影响工作质量，还会污染整个车间，是绝对要禁止的。

（2）干磨机的准备。使用前，先将三合一套管分别与吸尘器和打磨机连接，检查吸尘器选择旋钮是否转到"AUTO"挡，电源、气源是否接通。启动打磨机开关试运行一下，如图 2-94 所示。

（3）安装砂纸。选择合适的砂纸（对于清除旧漆膜，开始应选用 P80 的砂纸，然后根据下道工序要求，逐级递进至下道工序要求的砂纸型号），将砂纸孔对准打磨垫孔，砂纸应完全覆盖打磨垫，如图 2-95 所示。

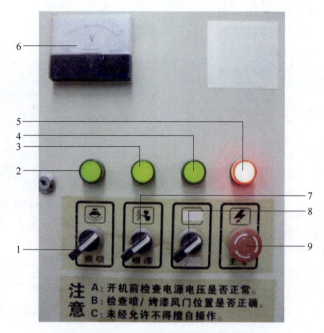

图 2-93　打磨车间控制面板

1—照明开关；2—照明指示灯；3—喷漆指示灯；4—风门指示灯；5—电源指示灯；6—电压指示表；
7—喷漆开关；8—风门开关；9—主电源开关（主令开关）

图 2-94　安装打磨头

注　意

绝对避免不装砂纸打磨或装上砂纸后打磨垫搭扣层没有被完全覆盖的情况。

图 2-95　安装砂纸

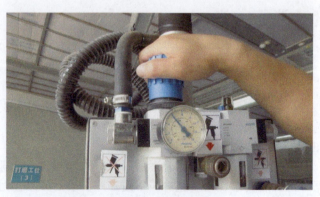

图 2-96　调节气压

（4）调节压力。打磨机工作的标准压力是在工作状态下 6 bar（1bar＝0.1MPa）。工作状态下压力低于6bar将影响打磨机工作的力量，工作状态下压力超过6.5bar会导致打磨机加速磨损。

向上拔起压力调节旋钮，顺时针旋转为提高压力，逆时针旋转为降低压力。

使打磨机处于工作状态下，旋转调节旋钮，将压力调节到"6"的刻度，按下旋钮锁定。如图 2-96 所示。

注意

通过压力表调节压力只能在既定的上游压力范围内调节，不可能通过调节压力表将压力调高到上游既定压力以上。在没有向上提起调节旋钮的情况下旋动调节旋钮，首先是旋不动，如果强行旋转可能会损坏调节旋钮。

2. 打磨

（1）操作流程。

① 穿戴好安全劳保用品。

② 戴好手套，然后轻轻地摸一遍待打磨表面，这有助于操作工人决定如何进行打磨。

③ 握紧打磨机，将打磨机以大约5°～10°角贴于待打磨表面，打开开关。

④ 使打磨机向右移动，打磨机叶轮左上方的1/4对准加工表面，如图2-97所示。

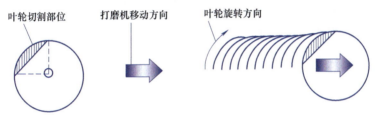

图 2-97　打磨机右向移动的操作

⑤ 当打磨机从右向左移动时，叶轮右上方的1/4对准加工表面，如图2-98所示。

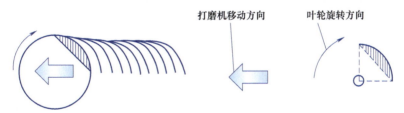

图 2-98　打磨机左向移动的操作

⑥ 打磨较为平整的表面时的移动方式如图2-99所示。

⑦ 对于较小的凹穴处，应采用如图2-100所示的方法。注意，此方法仅限于使用角磨机。

（2）打磨操作时注意事项。

① 操作打磨机时，一定要在接触到板件表面后，才能开动打磨机。如果打磨机在接触到板件表面之前开动，由于空转转速过高，会在初始接触的区域产生很深的划痕并且使打磨机控制困难。

② 为了防止板件过热变形，不要使打磨机在一个位置的打磨时间过长。

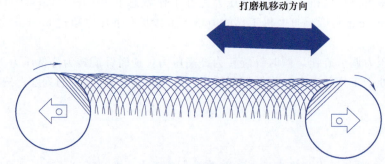

图 2-99 打磨较为平整表面时的移动操作

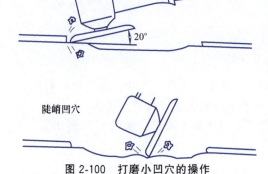

图 2-100 打磨小凹穴的操作

③ 不允许采用粗砂磨料以 90°角交叉打磨凸出很高的表面,这样做将会造成很深的打磨伤痕,以后将很难除去。

④ 千万不要让粗砂磨料接触打磨区域附近完好的漆膜表面,最好用胶带把完好的涂层部位保护起来。

⑤ 由于干磨机磨头边缘没有砂纸,所以对于较深凹穴处不能用干磨机打磨,可换用角磨机或手工打磨。

⑥ 经常检查磨料是否清洁,以保证打磨效率。如果磨料被塑料密封胶黏附,则应该及时用毛刷、钢丝刷或气枪进行清理。如果出现类似情况,则表明密封胶固化不完全。打磨操作应该在密封胶充分固化后才能进行。

⑦ 对于边角、棱线等处,打磨机无法进行打磨,这时需用手工配合砂纸进行打磨,最好选用带软衬垫的砂纸打磨。

3. 做羽状边

使用干磨机做羽状边的正确操作如图 2-101 所示,将整个打磨机压在车身板上,提起一

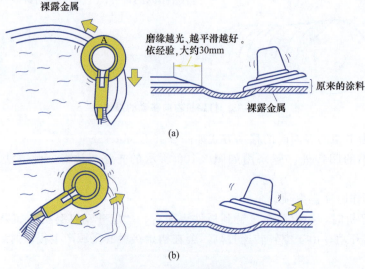

图 2-101 做羽状边的方法

边，仅向板上标"A"的区域施压，然后沿边界线移动打磨机。边界线和打磨机之间的关系必须保持恒定。

4. 砂光

（1）选用 P320～P400 砂纸安装在打磨头上，将打磨头前方对着表面，而后方稍稍离开表面一点。保持这个方位，上下移动打磨机进行打磨。每一道磨痕之间覆盖面积大约为 50%～60%，如图 2-102 所示，这将有利于打磨平整。

图 2-102　砂光操作时砂轮叶片的移动

（2）用戴着手套的手在打磨过的表面上来回摸一下，检查打磨效果。重复上述打磨过程，直到完成打磨工作的 3/4 左右。

（3）更换细砂纸。

（4）重复打磨操作，先用打磨的方法，然后用砂光的方法，直到表面达到所要求的平整度。

> **注意**
>
> 　　由于打磨机转速较快，一定要时时观察打磨进度，千万不要打磨过度。尤其玻璃钢及塑料件，因其与涂层颜色差较小，更容易打磨过度甚至将板件打磨出孔洞。
> 　　（1）尽量避免倾斜打磨，避免让磨垫的边沿碰触立面。
> 　　（2）不要让重物挤压三合一套管，以免导致三合一套管损伤；在移动设备时，应将三合一套管缠绕好后再移动，以免三合一套管在移动的过程中磨穿或被尖锐物体划伤而导致吸尘效果不好。
> 　　（3）不要让三合一套管两端沾水。如果三合一套管两端沾水将可能导致里面的轴承锈死而引起旋钮旋转不灵活，最后导致三合一套管破裂。
> 　　（4）避免用三合一套管来吸尘。
> 　　（5）绝对避免在没有装吸尘袋或吸尘袋破裂的情况下进行打磨操作。如果空气滤清器破损，应立即更换，这些情况可能导致吸尘器电动机损坏或打磨机损坏。
> 　　（6）如果吸尘效果变差，应首先检查吸尘器是否工作（有可能电源未连通）、控制选择开关是否置于"AUTO"挡，接着打开吸尘器上盖检查集尘袋是否破裂，或有其他地方出现破裂情况，检查吸尘通道是否有堵塞情况。
> 　　（7）如果打磨机工作无力或者不工作，应首先检查气压是否太低、导气管是否断裂、导气管上是否有密封垫圈；再检查气路各个连接处是否有漏气情况。
> 　　（8）长时间没使用打磨机，在重新使用前应从导气管开口处滴入几滴润滑油。

5. 清洁车身

最好用吸尘器吸净打磨灰尘，必要时可配合使用黏尘布进一步除尘。

四、钢板表面的除锈

钢板表面存在锈蚀，会严重影响涂料的附着性并使腐蚀进一步扩大，所以必须清除干净，如图 2-103 所示。

图 2-103　钢板表面的锈蚀及清除后的效果

1. 手工除锈

将 P100 砂纸按照原尺寸的四分之一裁好，垫好打磨垫，不要加水，直接干打磨锈蚀部位。要把锈蚀完全处理掉，露出金属本身的颜色，并且打磨要向未锈蚀的部位扩展 10mm 左右的范围。手工除锈适合锈蚀不严重、锈蚀范围小的情况。

2. 机器法除锈

（1）轻度锈蚀清除。对于轻度锈蚀，可选用专用毛刷配合专用打磨机进行清除。毛刷上黏附有磨料，如图 2-104 所示，依靠离心旋转力和磨料的磨削力清除锈蚀。该方法特别适合边角、缝隙等很难触及的地方，如图 2-105 所示。

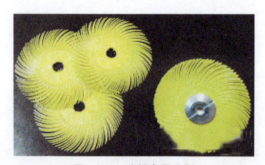 

图 2-104　除锈专用毛刷　　图 2-105　用专用毛刷清除狭缝中的锈蚀

使用时应注意以下几点：

① 必须佩戴护目镜。

② 由于转盘需要以较高转速运转，因此打磨下来的颗粒会飞溅到空气中。

③ 必须始终注意旋转方向（参见转盘上的说明），否则如果安装错误，刷毛就会破裂。

④ 注意要达到足够的转速和转矩，只有这样转盘才能高效工作。

⑤ 使用时不要施加压力，它的功能是由离心力和磨粒的共同作用产生的。这样可以显著延长转盘的使用寿命。

⑥ 锈蚀严重时禁止使用。

（2）严重锈蚀的清除。如果锈蚀严重，可使用角磨机配合钢丝轮进行打磨。

① 拆下角磨机上的砂轮片，换上钢丝轮并按规定的力矩紧固，如图 2-106 所示。

② 在保证角磨机上的开关处于关闭的状态下，将角磨机的电插头插入插座内。

③ 双手握住角磨机，置于身体前方，身体正对需要打磨部位，将角磨机靠近需要打磨

的板件表面。

④ 扣动开关，将角磨机以大约15°的倾角移向待打磨表面，以手腕的力量轻压，使钢丝刷紧贴金属表面进行切削除锈。

⑤ 用前后或左右移动的方式移动角磨机，直到将全部表面打磨至光亮无锈迹为止，如图2-107所示。

⑥ 关闭电源开关，等钢丝刷完全停止转动后，将电插头拔下，妥善放置角磨机。

图2-106 装上钢丝轮的角磨机　　　图2-107 用带钢丝刷的角磨机除锈

五、无损伤板件的表面预处理

不同的板材，涂装工艺（主要是使用的涂料品种）会有差别。因此，对板件进行涂装前，必须确认板件的材质，以便确定合理的涂装工艺。

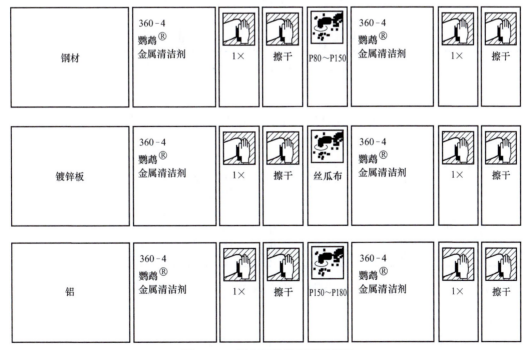

图2-108 裸金属板材表面预处理

汽车车身常用板材有电镀锌板（暗灰色）、森氏镀锌板（浅银色，带有小孔）、带电泳底漆的钢板（有黑色、棕色、灰色或绿色的涂层）、镀黄色铬板（透明的黄色，带有虹状效应）、铝合金板（浅银色，打磨时会变软）、钢板（深银色，耐磨）、各种塑料板及特殊材料板（玻璃纤维板、碳纤维板）等。

1. 裸金属板件的预处理

车身修复时，经常更换新的板件，如果所更换的金属板件为裸表面，通常需进行清洗和打磨处理。不同的涂料生产商所生产的涂料产品特点不同，其推荐的处理项目会有所差别。使用"鹦鹉"系列产品时对裸金属表面的处理项目，如图2-108所示。

> **注意**
>
> 对于钢板和镀锌板，进行上述底处理后，应尽快喷涂底漆（侵蚀性底漆或环氧底漆），以保护表面不产生锈蚀。

2. 裸塑料表面的预处理

对新更换的塑料件，通常为裸表面（可能黏附有脱模剂）。对该类板件进行预处理时，通常包括清洁、打磨和去湿等操作，如图2-109所示（使用"鹦鹉"涂装产品）。

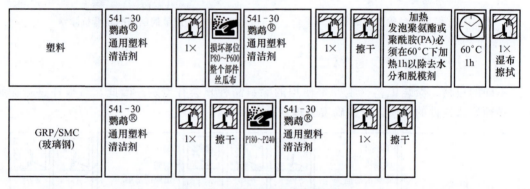

图 2-109 裸塑料件的表面预处理

3. 有原厂底漆的新板件表面预处理

对更换的新板件，有时已经有原厂底漆。对这类板件的表面预处理通常包括清洁、打磨，如图2-110所示（使用"鹦鹉"涂装产品）。

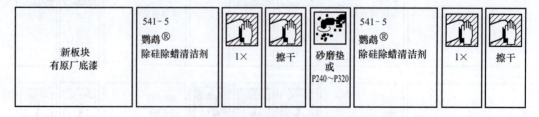

图 2-110 有原厂底漆的新板件的表面预处理

4. 无损伤漆面的表面预处理

无损伤漆面包括良好的旧漆膜及不耐溶剂旧漆膜两种。不耐溶剂旧漆膜是指旧漆膜为溶剂挥发型漆膜或严重老化的旧漆膜。其表面预处理项目如图2-111所示。

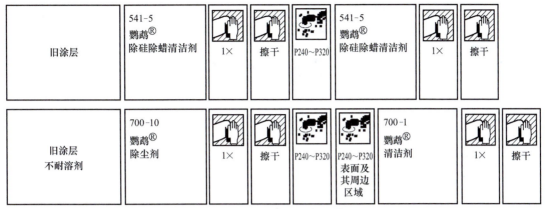

图 2-111　无损伤漆面的表面预处理

小结

（1）对于损伤漆膜的处理原则是损伤到哪一层，即处理到哪一层。

（2）砂纸是汽车维修中经常使用的打磨材料，用于除锈，砂磨旧涂层、原子灰及中涂底漆等。

（3）制造砂纸的磨料根据原料可分为氧化铝（刚玉）、碳化硅（金刚砂）和锆铝 3 种。

（4）磨料颗粒的大小称作粒度，颗粒的直径称作粒径。通常用粒径来表示粒度。

（5）砂纸的规格用磨料粒度的大小表示，一般标注在砂纸的背面。

（6）砂纸分为水砂纸和干磨砂纸 2 种。

（7）打磨垫有手工打磨垫和研磨机专用托盘 2 种。

（8）水磨垫有硬橡胶垫、中等弹性橡胶垫及海绵垫等种类。

（9）根据功能的不同，研磨机专用托盘有快速搭扣式和软托盘 2 种。

（10）无尘干磨系统由集尘系统、悬挂功能单元、打磨机、空气管路和手工辅助工具与材料等组成。

（11）气动打磨机主要有单作用式、轨道式、双作用式、往复直线式 4 种类型。

（12）因为除旧漆膜时，通常会打磨到裸露钢板，此时如果有水沾到钢板上，会很快产生锈蚀，所以在除旧漆打磨时，建议使用干打磨。

（13）采用氧化铝磨料的疏式砂纸比较适合底处理干打磨，粒度为 P80。

（14）所谓做羽状边（也称为砂薄漆膜边缘）是指在已清除旧漆膜区域的周围，将完整漆膜的边缘打磨成逐渐变薄的平滑过渡状态。

（15）羽状边坡口的大小取决于漆膜的厚度（层数），通常每一层漆的坡口宽约 5mm，总坡口宽大于 3cm 即可。

（16）砂光是对损伤部位周围区域（过渡区）的表面进行处理，使表面无光、粗糙，这样新喷涂的漆膜才能牢固地黏附在旧漆膜表面上。

（17）除旧漆区域最后一道打磨所用的砂纸型号视下道工序而定。如果下道工序为刮原子灰，则用 P150 砂纸做完羽状边即可；如果下道工序为喷涂底漆，则应用 P180 砂纸打磨原底漆（包括羽状边）；如果下道工序为喷涂中涂底漆，则最后用 P320 砂纸打磨（包括羽状边及过渡区域）；如果下道工序为喷涂面漆，则需用 P400 或 P600 砂纸打磨（包括羽状边及过渡区域）。注意：砂纸的递进不应超过 100 号。

（18）如果锈蚀严重，可使用角磨机配合钢丝轮进行打磨。

（19）不同的板材，涂装工艺（主要是使用的涂料品种）会有差别。因此，对板件进行涂装前，必须确认板件的材质，以便确定合理的涂装工艺。

（20）如果所更换的金属板件为裸表面，通常需进行清洗和打磨处理。

（21）对新更换的塑料件，通常为裸表面（可能黏附有脱模剂）。对该类板件进行预处理时，通常包括清洁、打磨和去湿等操作。

（22）对更换的新板件，有时已经有原厂底漆。对这类板件的表面预处理通常包括清洁、打磨。

项目三
底漆的涂装

任务 3-1　底漆的准备

任务导入

对图 3-1 所示的漆膜损伤，因局部损伤程度到了钢板，在对旧漆膜进行打磨处理后，应该对裸露钢板的表面涂装底漆。

图 3-1　伤及钢板的漆膜

为了能够喷涂底漆，底漆必须准备至可以适合喷涂的状态。为此需要选择合适的涂料，并对涂料进行包装的开启、上架摆放及调制等一系列操作。

相关知识

一、底漆的作用

底漆即底涂层用漆，它一般直接涂覆于施工物体表面或涂于原子灰表面。它的作用一是防止金属表面的氧化腐蚀,二是增强金属表面与原子灰(或中间涂层、面漆)、原子灰与面漆之间的附着力。

合适的底漆是面漆耐久、美观的前提。如果底漆不好,面漆的外观就会受影响,甚至出现裂纹或剥落现象。

二、底漆的性能要求

(1) 经过表面处理的工件表面应有很好的附着力,所形成的底漆漆膜应具有极好的机械强度。

(2) 底漆本身必须是腐蚀的阻化剂,底漆涂层必须具有极好的耐腐蚀性、耐水性(耐潮湿性)和抗化学试剂性。

(3) 与中间涂层和面漆涂层的配套性应良好。

(4) 应能适应汽车涂装工艺大量流水生产的特点,底漆应具有良好的施工性能。

为具备上述特性,制造汽车底漆用的主要基料是环氧树脂、酚醛树脂和一些优质水溶性树脂。汽车用底漆中都加有优质的防锈颜料。

底漆漆膜的强度和结合能力的大小决定于漆膜的厚度、均匀度及其是否完全干燥。底漆漆膜一般不宜过厚,以 15~25μm 为宜(在汽车表面装饰性要求不高,底漆上直接喷涂面漆的情况下膜厚可以在 30μm 左右),过厚则漆膜干燥缓慢,还容易造成漆膜强度不够和附着力不良。

三、底漆的种类

1. 根据使用目的的不同分类

底漆根据其使用目的的不同可分为:头道底漆、头二道合用底漆、二道底漆、封闭底漆等。

(1) 头道底漆。通常所说的底漆指头道底漆,其颜料含量最低,填充性能较弱,具有较强的附着力,较难被砂纸打磨。由于含黏结剂较多,上层涂料容易与之牢固结合。应用于金属件表面的头道底漆,主要是防锈漆。头道底漆施工后,只要轻轻磨去一些浮粉即可,不必仔细打磨。

(2) 头二道合用底漆。头二道合用底漆目前多称为填充底漆,颜料含量比头道底漆多。相对头道底漆,黏结剂含量较少,附着力不如头道底漆强,而具有较强的填充性能,往往被用作单独的底漆,也可充作头道底漆。应用于具有很好的平整度,而不必用原子灰填嵌的工件表面上。

(3) 二道底漆。二道底漆过去称为二道浆,目前多称为中涂底漆,具有较高的填充颜料含量。它的功能是填塞针孔、细孔等,具有良好的打磨性。在涂装过程中,原子灰经打磨后,往往在原子灰表面有很多针孔、磨痕,在原子灰层表面施涂二道底漆,可使这些缺陷得到补救。但二道底漆的附着力较差,所以在施涂二道底漆后,必须把表面的二道底漆磨去大部分,否则会影响面层涂料的附着力,造成面层涂料的浮脆、气泡等现象。由于目前生产的二道底漆性能大为提高,所以完全可以保留足够的厚度层,以求快速建立膜厚。

(4) 封闭底漆。封闭底漆含颜料成分较少,主要用于填平打磨的痕迹,给面层漆膜提供最大的光滑度,使面层漆膜丰满,并可防止产生失光、斑点等现象。封闭底漆在木材表面一般作为头道底漆,而在金属件表面,大都用于二道底漆层上面。

2. 按构成的主要树脂分类

用于制造底漆的树脂种类比较多,现在汽车修补涂装中以环氧树脂底漆和侵蚀底漆最为多见。

（1）环氧树脂底漆。环氧树脂底漆简称环氧底漆，是物理隔绝防腐底漆的代表。环氧树脂是线型的高聚物，以环氧丙烷和二酚基丙烷缩聚而成。环氧底漆具有如下的优点：

① 附着力强。对金属、木材、玻璃、塑料、陶瓷、纺织物等都有很好的附着力。

② 漆膜韧性好、耐挠曲且硬度比较高。

③ 耐化学品性优良，尤其是耐碱性更为突出。因为环氧树脂的分子结构内含有醚键，而醚键在化学上是很稳定的，所以对水、溶剂、酸、碱和其他化学品都有良好的抵抗力。

④ 电绝缘性、耐久性、耐热性良好。

环氧树脂类涂料也存在一定的缺点，比如表面粉化较快，这也是它主要用于底层涂料的原因之一。环氧底漆使用胺类作为固化剂，胺类对人体有一定的刺激性，因此在使用时要加以注意。

（2）侵蚀底漆。侵蚀底漆是以化学防腐手段来达到防腐目的的，主要代表为磷化底漆。磷化底漆是用聚乙烯醇缩丁醛树脂溶于有机溶剂中，并加入防锈颜料四盐基锌铬黄等制成，使用时与分开包装的磷化液按一定比例调配后喷涂。品牌漆中的磷化底漆一般都已经制成成品，按一定的比例加入固化剂使用即可。

金属表面涂装磷化底漆后，磷化液（弱磷酸）与防锈颜料四盐基锌铬黄反应生成同一般磷化处理相似的不溶性磷酸盐覆盖膜，同时生成的铬酸使金属表面钝化。由于聚乙烯醇缩丁醛树脂具有很多极性基团，它也参与了锌铬颜料与磷酸的反应，转变成不溶性络合物膜层，与上述的磷酸盐覆盖膜都起防腐蚀和增强涂层附着力的作用。

磷化底漆作为有色及黑色金属的防锈涂料，能够代替金属的磷化处理，在提高抗腐蚀性和绝缘性，增强涂层与金属表面的附着力等方面比磷化处理层更好，而且工艺和设备要求比较简单。但磷化底漆漆膜很薄（8～15μm），因此一般不单独作为底漆使用，所以，在涂装磷化底漆后通常仍用一般底漆打底。

磷化底漆在使用时要注意的一点是因其具有一定的侵蚀作用，所以不能用金属容器调配，使用的喷枪罐也应使用塑料罐，在喷涂完毕后应马上清洗喷枪。磷化底漆施涂完毕后不要马上喷涂其他底漆，而应等待一段时间（20℃，2h）再进行下一步操作。

环氧底漆与磷化底漆对底材都有良好的防腐性，对其上的涂层也都具有良好的黏结能力，一般在汽车修补中常使用环氧底漆作打底用，而在汽车制造或大面积钣金操作后的裸金属进行磷化防腐处理时常采用磷化底漆。

在现代汽车修补涂装中，有时也使用聚氨酯底漆和硝基底漆，这两种底漆均属于物理隔绝性底漆，应用效果不如环氧底漆好，所以较少使用。

另外，按"汽车油漆涂层"的分组和等级分类，底漆可分为优质防腐蚀性涂层、高级装饰填充底漆、中级装饰保护性涂层底漆、一般防锈保护性涂层底漆。按底漆使用漆料和颜料的不同可分为醇酸底漆、酚醛底漆、锌黄醇酸底漆等。

四、底漆的涂装方法

涂装质量好与坏是涂装三要素综合作用的结果，其中涂装工艺的正确选用也是影响涂装质量的重要方面。所谓涂装工艺的选择在某种意义上讲是涂装方法的选择，不同的涂装方法适用于不同条件下的涂装，因此选择正确的涂装方法是非常重要的。到目前为止，涂装方法主要有浸涂、喷涂、刷涂、辊涂、电泳涂装、刮涂、静电喷涂、搓涂 8 种，其中电泳涂装、喷涂、静电喷涂和刮涂在汽车涂装中应用较多。

1. 浸涂

浸涂是将经过表面处理的被涂物直接浸没在大量的液态涂料中，利用涂料与被涂物表面的附着力使涂料附着在被涂物表面的涂装方法。此种涂装方法在早期的生产过程中比较常见，它适用于体积比较小、对涂装质量要求不高的零部件的涂装。浸涂对生产条件的要求较低，不要求操作人员有较高的技术水平，但是涂料的浪费比较严重，对环境的影响比较大。

2. 喷涂

喷涂是用特制的喷涂设备（主要是喷枪）将涂料雾化，并涂布于被涂物表面的涂装方法。此种涂装方法出现较晚，但它的应用范围很广，大多数的零部件都可以使用喷涂的方法进行涂装。喷涂相对节省涂料，涂装质量较好，漆膜质量容易控制，但是对操作人员的技术水平要求比较高，对喷涂设备的要求比较严格，对环境的影响比较严重。

3. 刷涂

刷涂是用动物毛发或植物纤维制成的刷子将涂料刷在物体表面的涂装方法。此种涂装方法出现较早，应用范围很广。刷涂对涂装设备的要求较低，对操作人员的技术水平要求较高，涂布过程中涂料的浪费较少，对周围环境影响较小。

4. 辊涂

辊涂是用棉花或化学纤维制成辊轮，通过辊轮的滚动将涂料均匀涂布在物体表面的涂装方法。此种涂装方法适合于较大面积的涂装，它对涂装设备的要求较低，但对操作人员的技术水平要求较高，涂料的浪费较少。

5. 电泳涂装

电泳涂装是将被涂物浸没于涂料中，被涂物与涂料加以不同极性的电荷，利用电荷移动的原理进行涂装的方法。电泳涂装对涂装附属设备的要求很高，技术难度较大，自动化程度高。电泳涂装能够很好地控制漆膜厚度，涂装质量高，多用于新车制造中底层涂料的涂装。由于被涂物所加电荷的不同可分为阴极电泳和阳极电泳两种。

6. 刮涂

刮涂是用刮板将涂料刮于被涂物表面的涂装方法。刮涂对涂装设备的要求较低，对操作人员的技术水平要求较高，涂料浪费较少。刮涂多用于汽车修补涂装中的凹陷填充与外形修复。

7. 静电喷涂

静电喷涂是在喷涂设备上加以一定电压的静电电量，使喷出的涂料带有一定电压的静电，利用静电的吸附原理将涂料涂布于被涂物表面的涂装方法。静电喷涂对喷涂设备的要求较高，但对操作人员的技术水平要求不高，且涂料的浪费较少，对环境的影响较小。

8. 搓涂

搓涂是将布料或其他材料浸沾涂料后用搓擦的方法将涂料涂布于被涂物表面的涂装方法。搓涂应用较少，一般是在要获得某种特殊效果时使用。它对涂装设备的要求较低，但对操作人员的技术水平要求较高。

上述 8 种方法中，底漆涂装常用的有喷涂、电泳涂装、刷涂及浸涂。其中电泳涂装和浸涂一般在汽车制造厂采用；刷涂一般在进行很小面积修补时采用；而汽车修理厂最常用的方法是喷涂。

五、涂料的选配应参考的信息

汽车涂料选配时，除应参考汽车原厂漆膜系统外，还应参考如下信息。

1. 被涂物面材质（底材）

由于各种物面材质的极性和吸附能力不同，因而需合理选用与物面材料性质相适应的涂料。

2. 使用的环境条件

不同的地区，不同的气候，对汽车的适应性有不同的要求。如南方湿热地区使用的汽车，要求涂料对湿热、盐雾、霉菌有良好的三防性能；在北方干寒地区使用的汽车，要求其涂料有一定的耐寒性能。另外，在不同的环境下，对涂料的耐候、耐磨、耐冲击和耐汽油等性能都有不同的要求。

3. 涂料施工条件

不同涂料的性能有差异，要求的施工方法就不同，因此使用的涂料要根据现有的涂装设备和涂料所适应的涂装方法进行选择。

4. 涂料的配套性

在汽车涂装中，各种底漆、中涂底漆、面漆，由于其性能不相同，并不是都能搭配。如果配套不当，会产生漆膜间附着力差、起层脱落、咬底泛色等现象，严重影响施工质量。

5. 涂层的厚度

漆膜的保护力一般是随漆膜厚度的增加而提高的，在不同使用条件下，涂层的厚度应控制在一定的范围内。若涂层低于厚度的下限，就不能有满意的保护作用，还会出现露底或肉眼看不见的针孔，外界的水分、化学腐蚀介质等容易侵蚀到涂层内部，降低涂层的寿命。但涂层过厚就会增加成本，还会引起回粘、起泡、皱纹等质量问题。

六、涂料调制工具

调黏度所用工具有黏度计和调漆比例尺等。

1. 黏度计

根据 GB/T 1723—1993《涂料黏度测定法》规定，常用测试涂料黏度的黏度计有：涂-1、涂-4 黏度计及落球黏度计。计量单位为"s"。在实际生产中，涂-4 黏度计使用较为广泛，它能用于测定黏度在 10～15s 之间的各种油漆产品。

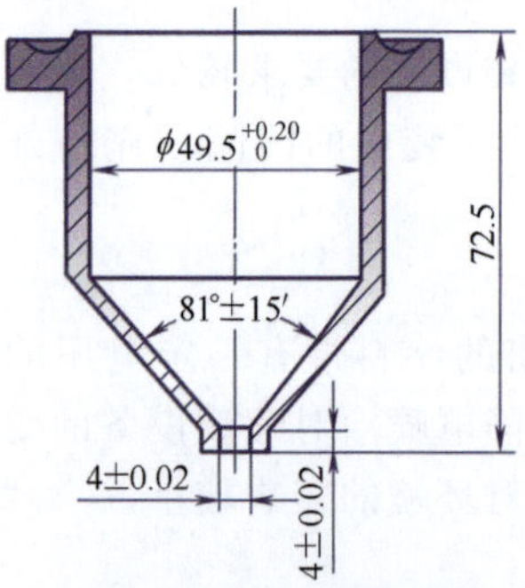

常用的国产涂-4 黏度计有金属和塑料两种。其形状如图 3-2 所示，上部为圆柱形，底部有不锈钢制成的可以更换的漏嘴，圆筒上沿有环形凹槽，用于盛装溢出的多余试样涂料，黏度计容量为 100mL。

在国际上通用的有 2 种涂料黏度计，即福特杯和扎恩杯。福特杯适用于大批量涂料黏度的测试，而扎恩杯适用于修补或小批量涂料黏度的测试。

图 3-2 涂-4 黏度计

汽车涂料使用的福特杯是一个底部成圆锥形的圆柱形容器。圆锥的顶部开有测量孔。视孔径的不同又分两种规格，即福特 3 号杯和 4 号杯。在实际生产中常用的是福特 4 号杯，简称涂-4 黏度计，也称 4 号黏度杯，它分为台式和手提式两种，如图 3-3 所示。它们主要用于测试各种涂料的施工黏度，以使涂料达到便于喷涂、刷涂或浸涂的施工黏度。台式涂-4 黏度计为圆筒形，主要用于涂料检测室或化验室测试涂料黏度用。手提式涂-4 黏度计具有体形小、质量轻、携带方便等特点，适用于涂装施工前现场测试涂料黏度。涂-4 黏度计的杯容量为 100mL，有铜制、不锈钢制、铝合金制、塑料制等多种，杯的底部有一标准的小流量圆孔。使用台式黏度计时，需要配合一个容量为 250mL 的玻璃烧杯（其他容器也可）和一根玻璃棒或刮漆小刀。使用手提式黏度计时，可直接将黏度杯浸入漆液中进行测试。测试时，还必须配备秒表（体育秒表）等。图 3-4 所示为福特 4 号杯黏度计。

(a) 台式黏度计　　(b) 手提式黏度计

图 3-3　台式黏度计与手提式黏度计

图 3-4　福特 4 号杯

2. 调漆比例尺

为了避免涂料、稀释剂等的称重调配，各油漆生产厂商提供了一批油漆调配比例尺，便于调漆工简化操作。如 BASF 公司提供的调漆比例尺选用铝质底材，每边用不同颜色蚀刻上不同比例的刻度。图 3-5 所示为系列比例尺的一种，其中一面是为调配比例为 2：1＋5％～10％的产品而设计的［即主剂（底漆、中涂底漆、调好色的色浆等）：固化剂＋稀释剂＝2：1＋5％～10％］，另一面则是为 4：1：1 的产品设计的（即主剂：固化剂：稀释剂＝4：1：1）。

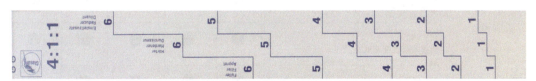

图 3-5　BASF 公司提供的调漆比例尺

技能学习

一、劳动安全注意事项

操作前，必须牢记以下劳动安全事项：
（1）必须穿好工作服。
（2）注意钢錾子及钢冲子的使用安全。
（3）经常检查平头锤的锤头是否松动。
（4）不同类型的开罐器，其操作方法会有一定的差异，使用前一定要仔细阅读使用说明书。
（5）一定要佩戴防毒面具。

二、常用底漆的选配

不同材料的板件,与之匹配的涂料是有区别的。即使是同一种材料的板件,也要考虑底漆、中涂层与面漆层的搭配。局部修补涂装时,由于旧漆膜的种类不同,选择的修补涂料的类型也是有所区别的。因此,进行涂装前,正确地选配涂料是相当重要的,否则可能会在涂装过程中或完成后出现意想不到的缺陷。

表 3-1 "鹦鹉"系列汽车修补底漆(金属底材用)与底材的适应性

类别	产品	钢板	镀锌钢板	铝镁	有电泳漆的原厂件	旧涂层
底漆	70-2 鹦鹉®双组分水性底漆	●	●	●	●	●
	283-150VOC 鹦鹉®磷化填充底漆(VOC)	●	●	●	●	●
	285-16 VOC 鹦鹉®高浓热固填充底漆	●	●	●	●	●
填充底漆	76-71 鹦鹉®单组分水性填充底漆	❷	❷	❷	❷	❷
	283-150VOC 鹦鹉®磷化填充底漆(VOC)	●	●	●	●	●
	285-16 VOC 鹦鹉®高浓热固填充底漆	●	●	●	●	●
	285-85 鹦鹉®中浓填充底漆	❶	❶	❶	❶	❶
	285-500 鹦鹉®高浓填充底漆,灰色	❶	❶	❶	❶	❶
	285-550 鹦鹉®高浓填充底漆,黑色	❶	❶	❶	❶	❶
	285-650 鹦鹉®高浓填充底漆,白色	❶	❶	❶	❶	❶
	285-700 鹦鹉®填充底漆	❶	❶	❶	❶	❶
	801-72VOC 鹦鹉®环氧填充底漆(VOC)	●	●	●	●	●

□ 不适用
● 不需要预处理
❶ 只适用指定油漆系统——参考S3a
❷ 添加鹦鹉®522-111柔软添加剂 仅适用指定油漆系统——参考S3a

注:表中的S3a表示鹦鹉漆的一种涂装系统,即从底漆到面漆的配套设计,还有一套系统称为S3(下同)。

1. 金属基材常用底层涂料选配

金属基材常用的底层涂料可分为钢铁制品用底层涂料和铝材用（包括铝合金）底层涂料两大类型。

钢铁制品在汽车制造过程中常用的底层涂料主要有防锈漆和铁红底漆两种类型。铝材常用的底层涂料主要是锌黄底漆。

汽车修补涂料，一般都能使用喷涂方式，以满足汽车维修企业的要求。所以，在进行汽车修补漆选配时，重点考虑底漆与板材的适应性及各类底漆之间的配套性。

不同涂料生产商生产的底漆，均有多个种类，各类底漆与底材的适应性是不同的，选用时一定要注意仔细阅读涂料说明书。"鹦鹉"系列汽车修补底漆与金属类底材的适应性，见表 3-1。"鹦鹉"系列底漆和填充底漆之间的搭配，见表 3-2。

表 3-2　"鹦鹉"系列底漆与填充底漆间的搭配

		70-2	283-150 VOC	285-16 VOC	801-72 VOC
填充底漆	76-71 鹦鹉®单组分水性填充底漆	●		●	●
	283-150VOC 鹦鹉®磷化填充底漆				
	285-16VOC 鹦鹉®高浓热固填充底漆		●		
	285-500 鹦鹉®高浓填充底漆,灰色		●	●	●
	285-550 鹦鹉®高浓填充底漆,黑色		●	●	●
	285-650 鹦鹉®高浓填充底漆,白色		●	●	●
	285-700 鹦鹉®填充底漆,灰色		●	●	●
	285-85 鹦鹉®中浓填充底漆,灰色		●	●	●
	801-72VOC 鹦鹉®环氧填充底漆				

□ 不适用
● 适合的底漆/填充底漆/中涂漆搭配

2. 非金属基材常用的底层涂料选配

汽车制造使用的非金属材料主要有玻璃钢和塑料两类，如各种轿车的保险杠、客车的保险杠多用玻璃钢或塑料材料制成，而各种中、高档客车的前后围则主要使用玻璃钢材料，同时各种汽车的前面罩、挡泥板、仪表板、轮罩等也由塑料或玻璃钢制成。对于这些基材，必须使用专用底漆或多功能底漆进行涂装，才能保证涂层的质量达到优良，并提高外表装饰性。而对于竹制底板的车辆，各种公交车、普通/中档长途客车的内部使用木制或塑料制地板，也要使用专用底漆进行涂装。"鹦鹉"牌塑料底漆的选用，可参阅表 3-3 进行。

三、涂料罐的开封与搅拌

油漆制造商供应的涂料一般均装于铁制的罐内（也有部分涂料装于塑料瓶内），其规格有 2L、1L、0.5L 等。涂料选配完成后，应将选好的涂料准备好，以方便进行下一道工序。

涂料罐的开封与搅拌

1. 不使用涂料搅拌机时的涂料准备

（1）如果涂料罐为永久性密封的包装，开罐时需用钢錾子与平头锤配合，如图3-6所示。沿着罐盖的边沿，依次将顶盖打开或大半打开，使搅漆棒能够顺利进行搅拌工作。各种防锈漆、中涂底漆等都含有较多的体质颜料，在涂料贮存过程中颜料易产生沉淀而影响施工质量，故在使用前必须充分搅拌。搅拌时，用专用的搅拌棒或调漆比例尺等，深入涂料罐的底部，用顺/逆时针方向旋转的方式将涂料充分搅拌均匀。

表3-3 "鹦鹉"塑料底漆与各类塑料的适应性

		PU-RIM	PP-EPDM	ABS	GRP/SMC	PC-PBTP	PA	PPO	rigid PVC
原子灰	839-90 鹦鹉®塑料原子灰	●	●	●	●	●	●	●	●
	839-20/20K 鹦鹉®多功能原子灰				●				
	1006-23 鹦鹉®高能聚酯喷涂原子灰				●				
底漆	934-0 鹦鹉®单组分塑料底漆	❶	❶	❶		❶	❶	❶	❶
填充底漆	285-16VOC 鹦鹉®高浓热固填充底漆	❷	❷	❷		❷	❷	❷	❷
	285-500 鹦鹉®高浓填充底漆，灰色	❷	❷	❷		❷	❷	❷	❷
	285-550 鹦鹉®高浓填充底漆，黑色	❷	❷	❷		❷	❷	❷	❷
	285-650 鹦鹉®高浓填充底漆，白色	❷	❷	❷		❷	❷	❷	❷
	285-700 鹦鹉®填充底漆，灰色	❷	❷	❷		❷	❷	❷	❷
	934-70VOC 鹦鹉®双组分塑料填充底漆	●	●	●		●	●	●	●
中涂漆	285-95VOC 鹦鹉®高浓可调色中涂漆	❷	❷	❷	●	❷	❷	❷	❷

□ 不适用
● 不需要预处理
❶ 只适用指定油漆系统——参考S3a
❷ 添加鹦鹉®522-111柔软添加剂 仅适用指定油漆系统——参考S3a

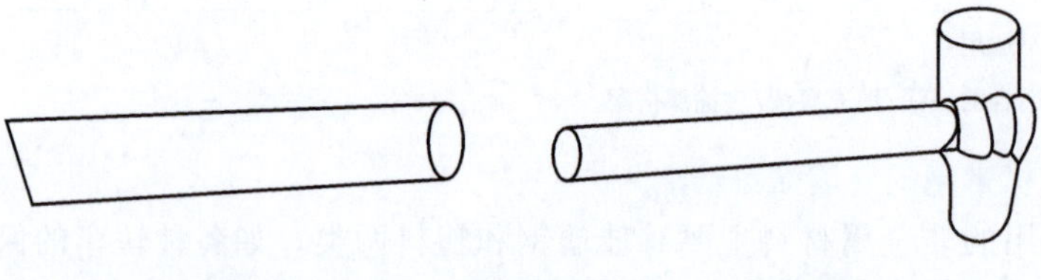

(a) 钢錾子　　(b) 平头锤

图3-6　涂料罐开盖工具

一些涂装设备制造商根据开启的需要，特别制作了用于开罐的专门工具，图3-7所示为德国萨塔公司生产的SATA dosenboy开罐器，它可以切除圆形或方形罐的密封盖，切口平整，高度可调，适于开启各种规格的封闭式涂料罐。使用时请详细阅读产品使用说明书。

（2）有些涂料桶顶部只设计有小的用于倒出涂料的小口，如图3-8所示。为防止倾倒涂料时射流不稳，出现一股一股的漆流而造成浪费（即在倾倒涂料时射流不稳而溢到地面上），有必要在涂料桶的顶部开一个通气孔。开孔时，先将包装桶的密封小盖打开，然后用平头锤（或木榔头）配合钢冲子（图3-9）在与密封小盖的对称边沿部位打一小孔，作为倾倒涂料时的回气孔。

2. 使用涂料搅拌机时的涂料准备

涂料搅拌机是专门为搅拌涂料（色母）而设计的机器，如图 3-10 所示。使用时，只需启动搅拌电动机，即可完成机架上安装的所有涂料罐的搅拌，搅拌迅速、均匀、省力。

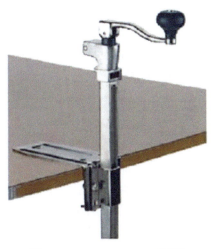

图 3-7　SATA dosenboy 开罐器

图 3-8　顶部设有倒出小口的涂料桶

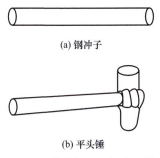

图 3-9　涂料桶开通气孔工具

图 3-10　涂料搅拌机

如果使用涂料搅拌机进行涂料的搅拌，应按下述程序准备涂料。

（1）用专用工具或一字螺丝刀（螺钉旋具），沿着涂料罐盖周边（此种涂料罐均为整体式顶盖，如图 3-11 所示）撬起顶盖并拆下。

（2）将合适规格的专用搅拌头（图 3-12）压装于涂料罐顶部，注意涂料出口的方向应朝向涂料说明签的侧面（图 3-13），以防止涂料流滴于说明签上，影响阅读说明书。

图 3-11　用专用工具打开涂料罐盖

图 3-12　搅拌头

(3)将搅拌头上面的锁紧扳手(图3-14)向中心方向拧到底,即可将搅拌头固定于涂料罐上。

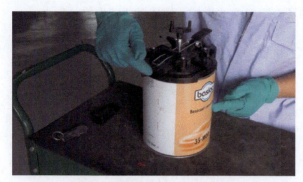

图3-13 安装搅拌头后的涂料罐

图3-14 搅拌头上的扳手

将带有搅拌头的涂料罐安装于涂料搅拌机架上。搅拌机架一般设计成4~6层,各层的高度是按照涂料罐的高度尺寸设计的。摆放涂料罐时,应根据所安装的涂料罐规格,选择合适的层,并确认机架上的搅拌蝶形头与涂料罐搅拌头上的卡口销之间位置正确,使蝶形头能够顺利带动搅拌头旋转。

 注意

> 涂料罐在涂料搅拌机架上的摆放要有一定规律,素色漆的涂料罐与金属漆的涂料罐要分开摆放,如"鹦鹉"牌汽车修补涂料中,22系列为素色色母,在涂料搅拌机架上要摆放到一起;55系列为金属漆色母,它们要摆放在一起;90系列为水性漆色母,它们要摆放在一起。同一系列的色母罐要根据色母代号的顺序摆放,以便于取用。

(4)启动搅拌机,进行涂料的搅拌,同时观察有没有被带动搅拌的涂料罐,如果有,应调整位置。

 注意

> ① 在首次启用设备之前,请认真阅读安全操作规程,不要让未成年人接近设备。
> ② 所有维护工作必须首先停机并关闭电源,严禁未拔掉插头或运转时进行维护。
> ③ 所用的涂料罐应与设备相配套,所有的涂料罐不应有变形。
> ④ 把涂料罐安装在设备上面之前,应确保涂料罐上的搅拌头已盖紧。
> ⑤ 更换任何涂料必须先手动彻底搅拌,然后再放置在搅拌机上搅拌。
> ⑥ 检查是否有障碍物影响设备的正常运转,以保证安全。
> ⑦ 不要用可燃性液体来清洁设备。
> ⑧ 设备不能用来处理其设计范围之外的任何产品。
> ⑨ 每天早晨工作前,启动搅拌机工作15min,下午工作前再搅拌10min。

四、底漆的调制

为适应涂装要求,对于双组分涂料(2K型)应加入固化剂,然后根据涂料使用说明书的要求及环境温度的不同加入稀释剂进行稀释,以达到要求的施工黏度;对于单组分涂料

（1K型）则直接加入稀释剂进行稀释。

涂料黏度的大小直接影响施工质量，黏度过高将会使表面粗糙不均、产生针孔和气孔等缺陷；黏度过低则会造成流挂、失光，使漆膜不丰满。不同的涂层对涂料的黏度要求也有所不同。所以，车身涂装作业中应根据技术要求调整黏度，并养成使用黏度计进行测量的习惯。

1. 确定调漆比例

各成分的混合比例，一定要按涂料生产商技术说明书的要求确定。为了形象描述涂料的技术特点，各涂料生产商设计了一些技术说明图标，使用者必须看懂这些图标，才能快速准确地解读技术说明书。"鹦鹉"漆技术说明书图标如图3-15所示。

"鹦鹉"环氧填充底漆（801-72）的技术说明，见表3-4。

图 3-15

打磨

人工，水磨　　　人工，干磨　　　双作用打磨机　　双作用打磨机　　轨道式打磨机
　　　　　　　　　　　　　　　　[水磨(风动)]　　[干磨(风动)]　　[水磨(风动)]

往复振动式打磨机　　抛光
[干磨]

颜色

混合　　　　在机器上搅拌　　颜色检查　　　　附件　　　　　驳口过渡

有限的遮盖力　　配方已被修改　　更适合全车喷　　颜色不易调配　　有偏差色配方

内部颜色　　　着色的原厂中涂颜色　轮缘和轮罩的颜色　配方使用的色母即　多色调混合色
　　　　　　用于发动机/后行李厢　　　　　　　　　　将淘汰

配方中含铅　　　纹理色　　　　哑光色　　　　可调色清漆

单层高光纯色或多　底涂　　　　　清漆　　　　　三层涂装
层色底色

双色车身　　　装饰条　　　　车顶色　　　　附件颜色

储存

需要防冻保护　　于阴凉处储存　　需防潮保护　　使用后立即盖紧容器　　储存寿命

图 3-15 "鹦鹉"漆技术说明书图标

表 3-4 "鹦鹉"环氧填充底漆（801-72）技术说明

应用：	填充底漆、湿对湿填充底漆、黏附底漆。
特性：	很好的防腐保护，高膜厚，对鹦鹉®541-5 除硅清洁剂有很好的抗擦性。
注意：	可作为 1006-23 的预处理黏附层，而喷涂该底漆在镀锌的底材表面；
	常温干燥的最低温度：+15℃；
	801-72 底漆被强制干燥后，最终效果才有可能达到最好；
	当被作为黏附底漆时，在 3h，20℃的干燥后，801-72 表面可以施涂鹦鹉®839-刮涂腻子或鹦鹉®839-刷涂腻子。

图标	应用	填充底漆
	涂装工艺系统	S1
—	可喷涂面积效率	425m²/L,1μm
	混合比例	4∶1∶1 100%体积比 801-72VOC
	固化剂	25%体积比 965-60
	稀释剂	25%体积比 352-91,352-216
	喷涂黏度 DIN4 在 20℃	18～20s　　活化时间 20℃；8h
	重力枪罐 喷涂气	HVLP 喷枪：1.7～1.9mm　　兼容喷枪：1.6～1.8mm 2.0～3.0bar(30～45psi)/0.7bar(10psi)在喷嘴处　2bar
	喷涂层	2　　　　　　　　　膜厚：40～50μm
	干燥　　20℃ 　　　　60℃ 红外线　（短波） 　　　　（中波）	8h 30min 11min 10～15min
	打磨 轨道式打磨机	P800 P400

注：1psi＝6894.76MPa。

从表中可以查到，其调配比例为底漆（801-72）∶固化剂（965-60）∶稀释剂（352-91 或 352-216）＝4∶1∶1。

在确定调漆比例时，除查阅涂料的技术说明外，也可在涂料罐的标签上查找。

2. 确定调漆量

调漆量的多少，主要依据涂料技术说明规定的技术数据。如表 3-4 提示可喷涂面积效率为 425m²/L 在 1μm，即环氧底漆 801-72 喷涂 1μm 膜厚时，每升底漆可喷涂 425m²。表中规定，该种底漆需喷涂 2 层，总膜厚控制在 40～50μm。

根据所要喷涂区域的估计面积及规定的总膜厚，即可估算出底漆的用量。

3. 调制

（1）将比例尺放置于调漆杯内，用手扶正，如图 3-16 所示。

（2）选择标有 4∶1∶1 的一面，假设底漆的用量为 3，把底漆倒进容器至左边第一列刻度 3，再将固化剂倒入至第二列刻度 3，其比例刚好是 4∶1。

（3）再加入稀释剂至第三列刻度虚线刻度 3，则各成分的加入比例就是 4∶1∶1。

（4）各成分加好后，一定要充分搅拌均匀。

调配单组分涂料时，根据涂料的种类和施工方式，与配套的稀释剂进行混合调配。先将

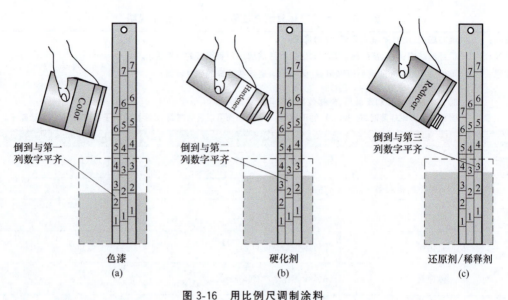

图 3-16 用比例尺调制涂料

底漆充分搅拌均匀,然后按工艺制定的黏度标准加稀释剂,然后搅拌均匀即可。

有些专用的调漆杯为透明的塑料,外表上有用于指示调漆的刻度,相当于比例尺,如图 3-17 所示,使用时加入各成分的量直接观察刻度即可。

4. 黏度测试与调整

为了检验所调制的涂料的黏度是否符合要求,需要进行黏度测试。尽管在汽车维修行业中很少进行黏度测试,但为保证涂装质量,建议进行测试。进行黏度测试时,因所用的黏度计不同,测试方法也不同。

(1)使用台式黏度计测试黏度时,可先利用黏度计台面下的四个螺栓使黏度计在工作台上调放平稳。用左手的中指堵严黏度杯底部的流孔,然后将加入稀料并充分搅拌均匀的漆料倒满黏度杯,用玻璃棒将液面刮平之后,松开堵孔的中指,并同时开动秒表,待杯中的漆料流完(断流)时,立即关闭秒表,秒表上的数据即为该漆的黏度。一般需要测试三次,取其平均值,做好记录。测试条件通常要求在室温(25±1)℃条件下进行。

(2)使用手提式黏度计测试时,可在施工现场将黏度计直接浸入调好的漆料中灌满漆液,提起黏度计,在黏度计脱离液面的同时开动秒表,观察黏度计底部的流孔,待漆料快流完且出现断流时,快速关闭秒表,表上的数据即为测试的黏度。其黏度测试方法如图 3-18 所示。

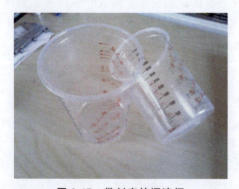

图 3-17 带刻度的调漆杯

图 3-18 用手提式黏度计测试黏度示意图

项目三 底漆的涂装

测试结束后，根据测试的结果进行微调，即补加适量的底漆或稀释剂，并充分搅拌均匀。

 小结

（1）底漆根据其使用目的的不同可分为：头道底漆、头二道合用底漆、二道底漆、封闭底漆等。

（2）用于制造底漆的树脂种类比较多，现在汽车修补涂装中以环氧树脂底漆和侵蚀底漆最为多见。

（3）到目前为止，涂装方法主要有浸涂、喷涂、刷涂、辊涂、电泳涂装、刮涂、静电喷涂、搓涂8种，其中电泳涂装、喷涂、静电喷涂和刮涂在汽车涂装中应用较多。

（4）调黏度所用工具有黏度计和调漆比例尺等。

（5）在实际生产中，涂-4 黏度计使用较为广泛，它能用于测定黏度在 10~15s 之间的各种油漆产品。

（6）在国际上通用的有 2 种涂料黏度计，即福特杯和扎恩杯。福特杯适用于大批量涂料黏度的测试，而扎恩杯适用于修补或小批量涂料黏度的测试。

（7）钢铁制品在汽车制造过程中常用的底层涂料主要有防锈漆和铁红底漆两种类型。铝材常用的底层涂料主要是锌黄底漆。

（8）在进行汽车修补漆选配时，重点考虑底漆与板材的适应性及各类底漆之间的配套性。

（9）涂料搅拌机是专门为搅拌涂料（色母）而设计的机器。

（10）为适应涂装要求，对于双组分涂料（2K 型）应加入固化剂，然后根据涂料使用说明书的要求及环境温度的不同加入稀释剂进行稀释，以达到要求的施工黏度；对于单组分涂料（1K 型）则直接加入稀释剂进行稀释。

（11）为了检验所调制的涂料的黏度是否符合要求，需要进行黏度测试。

 任务 3-2 车身的准备

 任务导入

当损伤的漆膜经过底处理后，由于打磨露出了钢板，需对钢板部位涂装底漆，如图 3-19 所示。汽车维修行业对底漆的施工常使用喷涂法，为了防止不需要喷涂底漆的部位被喷上底漆，必须对这些部位进行遮盖。同时，为了提高底漆与钢板之间的附着力，得到良好的底漆喷涂效果，需对待喷涂部位进行除尘与除油。

图 3-19 喷涂底漆

相关知识

一、遮盖材料

在准备喷涂过程中,遮盖是很重要的一步。对于不需要涂装的表面一定要遮盖好,否则会引起不必要的麻烦。遮盖需要使用遮盖材料。常用的遮盖材料为遮盖纸和遮盖胶带等。它们不仅在车身修补涂装中使用,而且在汽车生产厂涂装过程中也广泛使用。

1. 胶带

胶带在家庭中也经常用到,所以其用途较广泛,如图3-20所示。胶带用于将遮盖纸粘贴于车身表面,如图3-21所示。由于使用的环境复杂,有的适用于炎热干燥的沙漠地区,有的则适用于寒冷潮湿的区域。因此,为了很好地完成喷漆前的遮盖工作,所选用的遮盖胶带必须满足气候环境的变化和防止车间污物和灰尘对漆面造成影响。有些遮盖胶带有专门的用途,例如有的用在风干漆面的情况下,而有些遮盖胶带适合在烘干的情况下使用。

图3-20 遮盖胶带

图3-21 胶带的应用

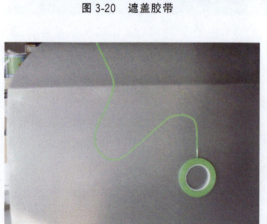

图3-22 细胶带的应用

高质量的胶带应具有防水功能,并且在湿打磨时不脱落。市场上出售的遮盖胶带有3、6、12、18、24、36、48和72(mm)宽等多种尺寸。最常用的胶带为6mm和18mm宽两种。

另外,还有一种细胶带,这种胶带常在两种颜色交界处或非专业喷漆时使用,这种胶带柔性好、较薄,并且专门的聚丙烯胶带底层允许胶带粘贴在新喷的瓷漆或清漆面上,不会留下痕迹,如图3-22所示。这种胶带具有防止溶剂浸透功能。常用的有1.5、3、5、6、10、12和18(mm)宽的胶带卷。

目前市场上还出现了各种各样的专用胶带,是专门为车身特殊部位遮盖而设计的,如风窗玻璃密封条胶带、塑料软发泡胶带、缝隙遮盖胶条等。

2. 遮盖纸

遮盖纸是一种耐溶剂的纸,喷涂时可保护较大面积的被覆盖部分不受涂料的影响。

一般制成 100cm、80cm、50cm 等不同宽度系列的纸卷。通过中间通孔可将其装于专用的遮盖纸架上。图 3-23 所示的是一种常用的遮盖纸架，架子上装有不同宽度的遮盖纸和不同规格的遮盖胶带，可以很方便地把胶带按需要粘贴到遮盖纸的边缘。同时，架子上还装有一个切刀，可以根据需要切断一定长度的遮盖纸，从而有效地提高了工作效率。

还有一种经特殊处理的遮盖纸，宽度有 8、15、23、30、38、46、69 和 91（cm）几种。这种纸的一侧采用特殊材料处理，比另一侧光滑，通常应把光滑明亮的一侧朝外。也有的遮盖纸两侧均用树脂进行浸渍处理，具有较好的防渗透功能和防污物功能，常用在基层和透明涂层喷涂过程中。

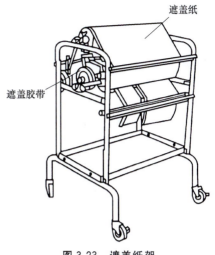

图 3-23　遮盖纸架

3. 遮盖膜

用于遮盖用的塑料薄膜通常为聚乙烯膜，如图 3-24 所示，其单位面积的价格要比专用遮盖纸低，而遮盖效率比遮盖纸高。

4. 其他遮盖材料

（1）车身罩。车身罩也称车衣，用于快速将整车遮盖，只需将待涂装部位露出，并进行必要的遮盖（用胶带及遮盖纸等）即可，如图 3-25 所示。

图 3-24　遮盖膜

图 3-25　车身罩

（2）车轮罩。按车轮外形设计制造，能够快速遮盖车轮，如图 3-26 所示。

一些小型的汽车维修企业常用报纸进行遮盖。由于报纸较易被撕裂，因此使用报纸作遮盖物时应小心。但是绝不能用报纸来遮盖清漆面，因为报纸中含有油墨，油墨可能会溶入涂料的溶剂中，然后进入漆层，使漆层颜色改变。

有时，可以自己制作一些简便的工具，进行胶带的粘贴和拆除工作。例如，在硬的表面粘贴胶带时，采用短毛的窄的油漆刷，可以很方便地把胶带展平和粘牢。如果清洗汽车后，某些难以擦到的表面上还留有脏点，这时可以采用扁嘴的工具把脏点刮去。还可以把一把小的平头螺丝刀（螺钉旋具）弯曲后，装上一个钩子，在拆除某些较难触到的表面上的胶带时，就可以用螺丝刀上的钩子刮起胶带的边缘，然后拆除胶带。

遮盖纸和胶带的使用是为了防止某些区域被喷漆，因此，不得将遮盖纸和胶带粘贴到需要喷漆的表面。

图 3-26　车轮罩的使用

喷涂清漆时，应采用双层遮盖纸进行遮盖，这样可以防止涂料中的稀料渗入，损坏原漆面。当涂料足够干燥后，应立即拆除遮盖纸和胶带。由于胶带拆除时会粘掉新喷的漆膜，所以通常不允许胶带接触或粘贴到新涂装的漆面上。

二、擦拭纸

擦拭纸用于擦拭散落的涂料，清洁擦拭喷枪，清洁工作台等，也可用于清除板件表面的灰尘。修补涂装所用的专用擦拭纸为大小不一的卷状，如图 3-27 所示。

三、黏尘布

虽然打磨后的板件经过压缩空气吹拂甚至用擦拭纸等擦拭，但不能完全清除黏附的灰尘，最好使用专用的黏尘布（图 3-28）将整个待涂装表面仔细擦拭一遍。

图 3-27　擦拭纸

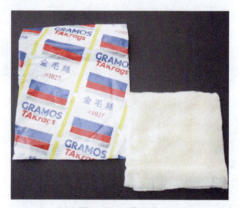

图 3-28　黏尘布

四、除油剂

汽车的主要部件为钢铁等材料制成，在加工、储运过程中常使用以矿物或动、植物油脂为基础成分，加有各种有机添加剂或无机物质的油品保护，这是汽车钢铁部件表面的主要油污来源。另外，经除旧漆处理后的裸露的金属表面，也会因操作过程（如手触摸）而沾有油脂。油污的存在，会影响酸洗除锈和磷化质量，影响涂层的干燥性能和降低涂层的附着力。

在进行正式喷涂之前，必须确保板件表面没有灰尘和油污，否则必然会造成喷涂缺陷。因此在正式喷涂之前，必须进行除油操作。

除油剂，也称为脱脂剂，一般封装于金属或塑料容器内，如图 3-29 所示。使用时可先将其倒在喷水壶内，如图 3-30 所示。

同一个涂料生产商所供应的除油剂会有不同的规格（型号），每一类型的除油剂有各自的特点和用途。以 BASF 生产的"鹦鹉"系列涂料为例，其除油剂有以下几种。

（1）360-4（金属清洁剂）。主要用于钢材、镀锌板及铝合金表面的清洁与除油。

（2）541-30（通用塑料清洁剂）。主要用于塑料表面的清洁、除油，并能清除塑料表面的脱模剂。

图 3-29　除油剂

图 3-30　喷水壶

（3）541-5（除硅除蜡清洁剂）。主要用于有原厂底漆的新板件、旧漆层的清洁，能够清除灰尘、硅油、石蜡等。

（4）700-10（水性漆除油清洁剂）。主要用于水性漆系统，能够清除硅油、油脂和打蜡的残留物以及塑料件表面的脱模剂，并可消除塑料件表面的静电。

（5）700-1（水性漆清洁剂）。主要用于"鹦鹉"1K 型中涂底漆或水性底色漆。在中涂底漆和底色漆施工前以及 90 系列水性漆驳口区域预处理时使用，能够清除灰尘。用于塑料件时可起到抗静电的作用。可以用来清洗水性漆喷枪。

技能学习

一、劳动保护与安全注意事项

（1）穿好工作服。
（2）除尘与除油操作时应戴橡胶手套。
（3）注意防火。
（4）注意施工场地卫生。

二、遮盖

1. 胶带的基本粘贴方法

胶带应选用质量好的，若质量差，使用后会出现粘贴剂残留或其他问题，造成不必要的麻烦。聚氨酯涂料需加热干燥，应使用耐热胶带纸。胶带的基本粘贴法如图 3-31 所示。

车身的遮盖

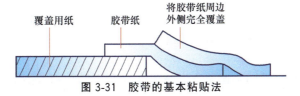

图 3-31　胶带的基本粘贴法

2. 反向遮盖

在对板件的局部修补涂装、整板涂装的过渡区域及流线形边缘进行遮盖时，应该使用反向遮盖法，如图 3-32 所示，一般在喷涂中涂底漆和面漆时运用。采用反向遮盖法，可以在待喷涂区域的边缘形成楔形间隙，喷漆时由于楔形间隙存在会形成边缘向外渐薄的漆膜，从而起到良好的过渡效果而不至于在边缘形成台阶。

图 3-32　用胶带和遮盖纸进行反向遮盖

 注　意

进行反向遮盖时，应使用软的胶带，不能使用遮盖膜。

沿流线边缘进行反向粘贴时可以采用预先粘贴好胶带的遮盖纸。首先把遮盖纸沿流线形板件边缘的最高端放置好，用胶带固定。使遮盖纸自然下垂，然后反向折叠，使反向折叠的弧线超过流线形边缘 12～20mm。最后，把遮盖纸的另一边固定到板件合适的位置上。

如果必须沿一个曲面流线形边缘进行遮盖时，必须使用遮盖胶带。首先把 19mm 宽的胶带以正确的角度分别粘贴到流线形边缘上。每条胶带应有 10～13cm 长，胶带与胶带之间应有足够的重叠量，整个胶带的粘贴边缘应形成一个与流线形边缘相平行的曲线，然后，把胶带条反折，应从最后一条胶带开始，并保证有一个正确的弧度，如图 3-33 所示。最后，用一条胶带把所有反折过来的胶带端部粘贴固定。

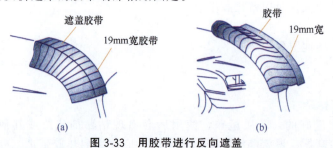

图 3-33　用胶带进行反向遮盖

3. 车身不同部位的遮盖方法

掌握上述基本遮盖法和反向遮盖法后，即可运用其中的一种或两种方法的综合，对车身需要遮盖的部位进行正确的遮盖。对车身进行遮盖的原则是：不需要喷涂的部位一定要遮盖严实，需要喷涂的部位一定要露出来。

由于采用的遮盖材料不同，遮盖方法便有所不同。下面仅以用遮盖膜来遮盖发动机罩为例，介绍一般的遮盖方法。

（1）用车身遮盖膜覆盖车身，如图 3-34 所示。

（2）将车身遮盖膜覆盖在发动机罩的部分用专用刀具割开（注意靠近前挡风玻璃一边的膜不用割破），如图 3-35 所示。

（3）打开发动机罩，将遮盖膜从发动机罩与前挡风玻璃之间穿过，覆盖在发动机上，并用遮盖胶带将遮盖膜再次连接密封，如图 3-36 所示。

图 3-34　用遮盖膜覆盖车身

图 3-35　切割遮盖膜

图 3-36　遮盖发动机

（4）为了防止飞散的油漆污染发动机罩背面（某些高档车发动机罩背面是隔热材料，颜色与车身颜色不一致），可以在发动机罩边缘使用缝隙遮盖胶条来阻挡飞漆污染，如图 3-37 所示。

（5）将发动机罩盖上，遮盖分色部位（如散热器面罩）。

① 用聚酯精细遮盖胶带遮盖分色部位边缘，如图 3-38（a）所示。

② 用遮盖膜配合聚酯精细遮盖胶带进行遮盖，如图 3-38（b）所示。

③ 散热器面罩遮盖后的状况，如图 3-38（c）所示。

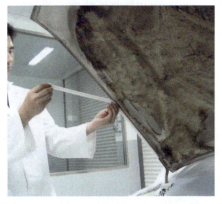

图 3-37　用缝隙胶条粘贴发动机罩边缘

4. 喷涂两种颜色时的遮盖

当汽车被喷涂成两种不同的颜色时，应首先喷涂一种颜色。涂料干燥后，用 19mm 宽的胶带把这种颜色的周边遮盖。有些车身喷漆工喜欢选用细胶带，因为细胶带薄，可以精确地把两种颜色的漆面分开，留下的条纹少。把该颜色的漆层用合适尺寸形状的遮盖纸遮盖好。遮盖纸上的胶带粘到已粘好的周边胶带上，多余的边折叠，粘贴牢固。根据需要，可以再用遮盖胶带沿遮盖纸的底部和边缘粘贴，清晰地标出另外一种颜色涂料的喷漆面。

三、除尘与除油

1. 除尘

（1）带好橡胶手套。

板件的除尘与除油

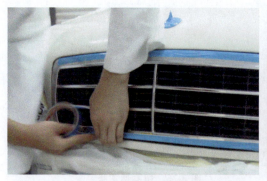
(a) 用细胶带遮盖散热器面罩周边

(b) 用胶带及遮盖纸遮盖散热器面罩

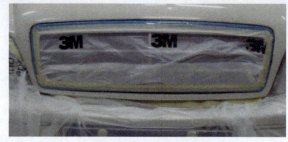
(c) 散热器面罩遮盖完后的状况

图 3-38　散热器面罩的遮盖

（2）先用擦拭纸将整个待涂装表面擦拭一遍，如图 3-39 所示。

（3）手握黏尘布，按从上到下的顺序将待涂装表面擦拭干净，如图 3-40 所示。

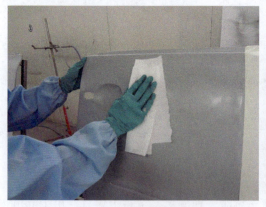
图 3-39　用擦拭纸除尘

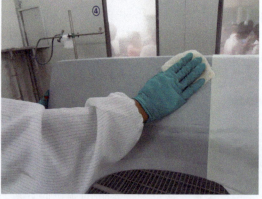
图 3-40　用黏尘布除尘

2. 除油

（1）擦拭法。

① 双手带好橡胶手套。

② 双手各持一块干净的除油擦布，其中一块浸有脱脂剂。

③ 先用带脱脂剂的擦布擦拭待除油表面，一次不要多于一个来回。

④ 紧跟着用干爽的擦布擦拭沾有脱脂剂的表面。

⑤ 重复这样的动作，直到待清理表面全部清理完毕，如图 3-41 所示。注意及时浸脱脂剂和更换擦布，并且注意不要触碰已经除过油的表面。

(2) 喷擦结合法。

① 将除油剂装入喷液壶内。

② 反复按压喷液壶操纵手柄，直到感觉有足够的反弹力。

③ 手持喷液壶，对准需除油的表面，保持 20cm 左右的距离，按压喷水开关，将除油剂均匀地喷到工件表面，如图 3-42 所示。

④ 手持一块干净的擦布，将喷淋的除油剂擦拭干净，如图 3-43 所示。

图 3-41　擦拭法除油

图 3-42　喷淋除油剂

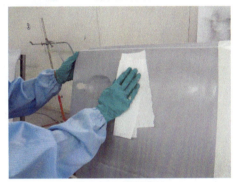

图 3-43　擦拭除油

小结

(1) 当损伤的漆膜经过底处理后，由于打磨露出了钢板，需对钢板部位涂装底漆。

(2) 汽车维修行业对底漆的施工常使用喷涂法，为了防止不需要喷涂底漆的部位被喷上底漆，必须对这些部位进行遮盖。

(3) 为了提高底漆与钢板之间的附着力，得到良好的底漆喷涂效果，需对待喷涂部位进行除尘与除油。

(4) 常用的遮盖材料为遮盖纸和遮盖胶带等。

(5) 擦拭纸用于擦拭散落的涂料，清洁擦拭喷枪，清洁工作台等，也可用于清除板件表面的灰尘。

(6) 虽然打磨后的板件经过压缩空气吹拂甚至用擦拭纸等擦拭，但不能完全清除黏附的灰尘，最好使用专用的黏尘布将整个待涂装表面仔细擦拭一遍。

(7) 在正式喷涂之前，必须进行除油操作。

(8) 在对板件的局部修补涂装、整板涂装的过渡区域及流线形边缘进行遮盖时，应该使用反向遮盖法，一般在喷涂中涂底漆和面漆时运用。

(9) 对车身进行遮盖的原则是：不需要喷涂的部位一定要遮盖严实，需要喷涂的部位一定要露出来。

任务 3-3　底漆的喷涂

任务导入

如图 3-44 所示，当损伤的漆膜经底处理（露出金属板）、遮盖、除尘及除油后，即准备喷涂底漆。原厂底漆大多采用电泳涂装方法进行涂装，而在修理厂一般采用喷涂的方式进行涂装。在进行喷涂前，应对喷枪进行必要的调整，以满足涂料的喷涂要求。喷枪的调整项目包括喷涂压力、漆流量和喷涂扇形等。

底漆喷涂完成后，应采用合理的方法进行干燥，以形成良好的漆膜。

喷涂工作完成后，应及时对喷枪进行清洗与维护。

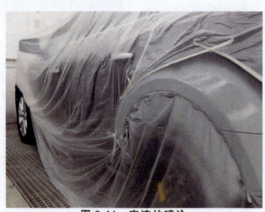

图 3-44　底漆的喷涂

 相关知识

一、压缩空气喷涂系统

空气喷涂法就是以压缩空气的气流为动力，以喷枪为用具，使涂料从喷枪的喷嘴中喷出呈漆雾而涂布到工件表面的一种施工方法，它是一种最为常用的喷涂方法。

1. 空气喷涂的特点

优点主要是：设备简单，操作容易，能够获得厚薄均匀、光滑平整的漆膜，使有缝隙、小孔的物件以及倾斜、弯曲的地方均能喷到。它的适应性强，大部分涂料品种都可用此法施工，对快干漆更为适用。其工效比刷涂高 5～10 倍。

缺点是：涂料有效利用率低，有相当一部分的涂料随溶剂在空气中飞散，飞散的漆雾污染环境，对人体有害，且易造成火灾，甚至发生爆炸，故需要有良好的通风设备。但随着新型喷枪的出现，这些缺点在逐渐改进。

2. 空气喷涂的基本原理

典型压缩空气喷涂系统的工作原理如图 3-45 所示。当扣动扳机时，压缩空气经接头进入喷枪从空气喷嘴急速喷出，在喷嘴的出口处形成低压区，涂料杯盖上有小孔使漆壶内与大

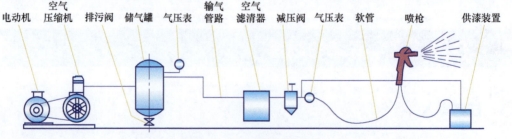

图 3-45　空气喷涂基本原理

气相通，涂料杯气压始终等于大气压。这样，在压力差的作用下使涂料从喷嘴喷出，并被压缩空气吹散而雾化，喷到工件上实现空气喷涂。

3. 喷枪

（1）喷枪的品种。喷枪的种类和型号很多，各家涂装设备制造公司的命名方法和分类也有所不同。常用的分类方法有按涂料供给方式分类、按涂料雾化技术分类和按用途分类等。

① 按涂料的供给方式分类。按此方法，可分为重力式、虹吸式和压送式3种类型，如图3-46所示。

  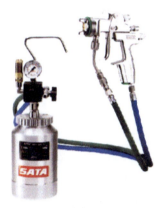

(a) 重力式（上壶式）　　　　　(b) 虹吸式（下壶式）　　　　　(c) 压送式（压力式）

图3-46　按涂料供给方式分类的3种喷枪

a. 重力式（上壶式）喷枪。涂料杯位于喷枪喷嘴的后上方，喷涂时利用涂料自重及涂料喷嘴尖端产生的空气压力差使涂料形成漆雾。杯内涂料黏度的变化对喷出量影响小，而且涂料杯的角度可由漆工在一定范围内任意调节，但是它的容量较小（约0.5L），仅适用于小物件涂装，且随着杯内涂料的减少，喷涂稳定性降低，同时不宜仰面喷涂。

b. 虹吸式（下壶式）喷枪。涂料杯位于喷枪嘴的后下方，喷涂时利用气流作用，将涂料吸引至枪体内，并在喷嘴处由压力差而引起漆雾。喷涂时出漆量均匀稳定。大面积喷涂时可换掉涂料杯，抽料皮管直接从容器中抽吸涂料连续工作，但当黏度变化时易引起喷出量的变化。

c. 压送式（压力式）喷枪。涂料喷嘴与气帽正面平齐，不形成真空。漆料被压力压向喷枪，压力由一个独立的压力瓶（罐）提供。它适合连续喷涂，喷涂方位调整容易，涂料喷出量调整范围广。缺点是需要增添设备、清洗麻烦、稀释剂损耗大，不适合汽车修理厂修补漆方面的应用。

② 按涂料雾化技术分类。按此种分类方法，可分为高气压、低流量中气压和高流量低气压3种，如图3-47所示。此三种喷枪在外形上没有多大区别，只是在内部结构上有所不同，从而产生不同的雾化效果，并且为便于区别，也会在外观颜色设计上有所不同。

高气压喷枪即为传统喷枪，其雾化气压较高，耗气量大，上漆率低。高流量低气压喷枪也称为HVLP喷枪，其雾化气压低，上漆率高（在65％以上）。低流量中气压（RP）喷枪的各项性能居中。表3-5所示为以上三种喷枪的使用技术参数差异比较。

③ 按用途分类。按此种分类方法，可分为底漆用喷枪、中涂用喷枪、面漆用喷枪、清漆用喷枪、金属漆专用喷枪、小修补用喷枪等。图3-48所示为SATA minijet 4 HVLP型小修补喷枪的外形图。其特点是体积小，操作方便，备有标准的喷嘴及独特的SR喷嘴，喷嘴采用空气扰流原理设计，采用较低的气压即可达到较好的雾化效果，特别适合小面积修补使用。

(a) 高气压喷枪　　　　(b) 低流量中气压喷枪　　　　(c) 高流量低气压喷枪

图 3-47　按涂料雾化技术分类的三种喷枪

表 3-5　三种喷枪的使用技术参数差异比较

雾化技术	传统(高压)	RP(中压)	HVLP(低压)
雾化方式	气压雾化	气压、气流雾化	气流雾化
进气压力	3~4bar	2.5bar	2bar
雾化压力	2~3bar	1.3bar	0.7bar
耗气量	380L/min	295L/min	430L/min

图 3-48　小修补喷枪

（2）喷枪的雾化原理。空气喷枪是指利用空气压力将液体转化为液滴的喷涂工具，该过程称为雾化。雾化过程就是喷枪的工作过程，雾化使涂料成为可喷涂的细小且均匀的液滴。当这些小液滴以正确的方式喷到汽车表面后，就会结合形成一层厚度极薄而平整的膜。

雾化分为以下三个阶段进行（图 3-49）。

第一阶段，涂料从喷嘴喷出后，被从环形口喷出的气流包围，气流产生的气旋使涂料分散。

第二阶段，涂料的液流与从辅助孔喷出的气流相遇时，气流控制液流的运动，并进一步使其分散。

第三阶段，涂料受到从空气帽喇叭口喷出的气流作用，气流从相反的方向冲击涂料，使其成为扇形液雾。

（3）喷枪的组成及各部分的作用。虽然不同的喷枪有许多通用的零部件，但每种类型或

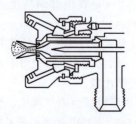 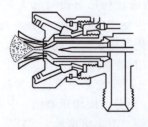 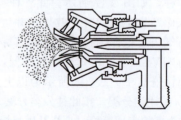

(a) 第一阶段　　　　　　(b) 第二阶段　　　　　　(c) 第三阶段

图 3-49　雾化的三个阶段

型号的喷枪只适用于一定范围的作业。选择合适的工具是以最短时间高质量完成作业的保证。

典型的喷枪由枪体和喷枪嘴组成，如图3-50所示。枪体由空气阀、漆流控制阀、扇形控制（即漆雾扇形角度调节）阀、扳机、手柄等组成。喷枪嘴由气帽、涂料喷嘴、顶针组成。

图3-51所示为虹吸式空气喷枪的结构纵剖图。

重力式喷枪的结构与虹吸式相似，如图3-52所示。

扳机为两段式转换，扣下喷枪扳机时，空气阀先开放，从空气孔以高速喷出的压缩空气在涂料喷嘴前面形成低压区，再用力扣下时，涂料孔打开，调整气流吸出涂料。

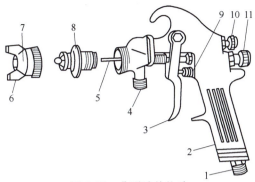

图3-50　典型喷枪构造

1—压缩空气进气口；2—手柄；3—扳机；4—涂料杯接口；
5—顶针；6—气帽角；7—气帽；8—涂料喷嘴；
9—空气阀；10—扇形控制阀；11—漆流控制阀

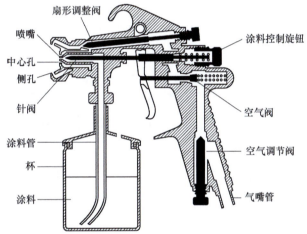

图3-51　虹吸式空气喷枪结构纵剖图

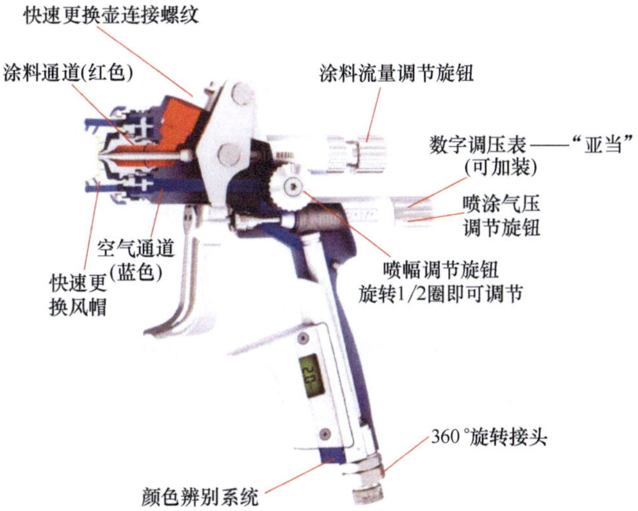

图3-52　重力式喷枪结构图

喷枪中压缩空气及涂料的流动路线如图 3-53 所示。

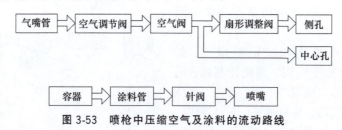

图 3-53　喷枪中压缩空气及涂料的流动路线

气帽把压缩空气导入漆流，使漆流雾化，形成扇形。涂料喷嘴上有很多小孔，如图 3-54 所示，每个小孔的作用都不同。

主雾化孔也称为主空气孔，作用是形成真空，吸出漆液，通常喷枪的口径就是指主空气孔的直径。扇幅控制孔也称为角孔，一般有 2～4 个，它借助空气压力控制雾束形状，扇形控制阀关上，雾束呈圆形；控制阀打开，雾束呈扁椭圆形。辅助雾化孔也称为侧孔，一般有 4～10 个，它促进漆液雾化。各孔的排列方式有多种，如图 3-55 所示。

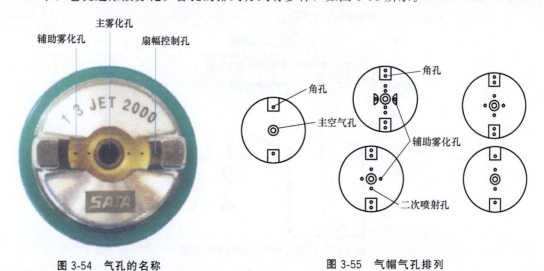

图 3-54　气孔的名称　　　　图 3-55　气帽气孔排列

辅助雾化孔对喷枪性能有明显影响，如图 3-56 所示。孔大或多，则雾化能力强，能以较快的速度喷涂大型工件；孔小或少，则需要的空气少，扇形小，涂料雾化程度差，喷涂量小，但便于小工件的喷涂或低速喷涂。

图 3-56　辅助雾化孔的大小与喷枪工作性能的关系

针阀和涂料喷嘴的作用都是控制喷漆量，并把漆流从喷枪导向气流。涂料喷嘴内有针阀座，针阀顶靠内座时可切断漆流。从喷枪喷出的实际漆流量由针阀顶靠到阀座时涂料喷嘴开口的大小决定。控制阀可以改变扳动扳机时针阀离开其阀座的距离。

涂料喷嘴有各种型号，可以适应不同黏度的涂料。涂料喷嘴的口径越大涂料喷出量越大，因此防锈底漆等下层涂装用大口径的涂料喷嘴。在选择喷枪喷嘴口径时，应查阅涂料制造商的产品说明。

喷枪的性能取决于涂料喷出量与空气消耗量的关系,即涂料喷出量少而空气消耗量大时涂料粒度较小;涂料喷出量多而空气量少时涂料粒度较大、较粗,涂面的效果较差。通常涂料喷出量小型喷枪为 10~200mL/min,大型为 120~600mL/min,空气消耗量小型为 40~290L/min,大型为 280~520L/min。涂料喷出量越大,则空气消耗量越大。

喷枪主要零件的作用列于表 3-6 中。

表 3-6 喷枪主要零件的名称及作用

序号	零件名称	作用
1	气帽	把压缩空气导入漆流,使漆液雾化,形成扇形
2	涂料喷嘴上的中心孔	形成真空,吸出漆液
3	涂料喷嘴上的角孔	借助空气压力控制雾束形状
4	涂料喷嘴上的辅助孔	①促进漆液雾化 ②孔大或多,则雾化能力强,能以较快的速度喷涂大型工件 ③孔小或少,则需要的空气少,扇形小,喷涂量小,便于小工件的喷涂或低速喷涂
5	扇形控制阀	①控制阀关上,雾束呈圆形 ②控制阀打开,雾束呈扁椭圆形
6	针阀	控制液体涂料的流量。喷涂时,通过扳机的动作来控制。连接针阀的尾部有一个螺母,用以调节针阀的伸缩幅度,这是喷枪调整的最基本的操作
7	针阀填料套	起密封作用
8	针阀弹簧	当扳机放开时,将针阀压靠喷嘴。封闭喷嘴。控制液体涂料的流动
9	漆流控制阀	当扳动扳机时,控制液体涂料的流量。当其全关时,即使扣死扳机也没有液体涂料流出。当其全开时,液体涂料的流量最大。这是调节喷枪的最为重要的元件之一
10	空气阀	空气阀的开关由扳机控制。打开空气阀所需的扳机行程可由一个螺钉控制。开始扣扳机时空气阀打开,再扣扳机,喷漆嘴打开
11	扳机	扳机用来控制空气和液体涂料的流量。扣动扳机时,最先启动的仅仅是空气,然后才带动针阀运动,开启漆流控制阀,使液体涂料喷出

4. 压缩空气供给系统

压缩空气供给系统用于提供充足的达到预定压力值的压缩空气,以确保喷涂车间所有的气动设备都能有效的工作,如图 3-57 所示。系统的规格从小型的便携式装置到大型的安装在车间内的设备应有尽有。这些系统的基本配置和安装要求都有以下相同点:一台或一组空气压缩机;动力源一般为电动机,室外工作时可使用便携式汽油机驱动的压缩机;一只或一组用于调节压缩机和电动机工作的控制器;规格合适的储气罐或容器;分配系统。分配系统是指从空气容器到需要压缩空气的分配点的软管和固定管道,或者软管和固定管道的组合,包括规格合适的软管或固定管道、接头阀、油水分离器、气压调节器、仪表和其他能使特定的气动工具以及喷涂设备有效工作的空气与流体控制装置,是压缩空气系统连接的关键。

由于各种压缩空气使用设备对所用的压缩空气的清洁度和压力要求不同,所以对通往各快换接口的连接管直径及油水分离器的要求应有所不同。图 3-58 所示为 STTA 公司建议的压缩空气管路连接示意图。

(1) 空气压缩机。在喷涂施工中常用的供气设备是空气压缩机,喷枪的喷涂、打蜡机的打蜡、打磨机的研磨等无不使用压缩空气。

空气压缩机由压缩机、储气罐和电动机组成。空气压缩机可以制成移动式和固定式。

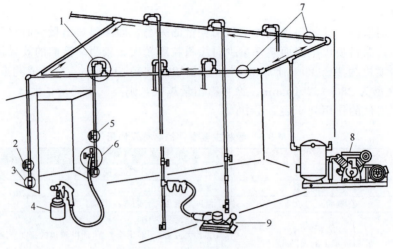

图 3-57 压缩空气供给系统

1—二级管道；2—截止阀；3—自动排水阀；4—空气喷枪；5—截止阀；6—气压调节器；
7—主供气管道；8—空气压缩机；9—轨道式打磨机

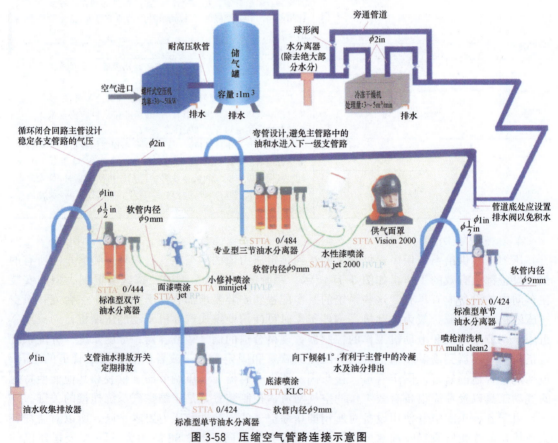

图 3-58 压缩空气管路连接示意图

注：1in=0.0254m。

空气压缩机一般常用活塞式，另外也有隔膜式和螺杆式等。

（2）空气清洁器（空气过滤器、空气转换器）。空气清洁器是将压缩空气通过金属网、PVC海绵等空气滤清器，除去微细粉尘的机器。水、气及油分在清洁器内膨胀导致降温而成为水滴、油滴,从下部的排水阀排出。

(3)分水滤气器。主要起水气分离和过滤空气的作用,为喷枪提供纯净而干燥的空气。由于空气经压缩机压缩后,气体中带有油气,这些油气和水分如果随漆雾喷涂到工件上,会使漆膜表面产生"水泡"和"麻点",影响漆膜的质量,所以在空气压缩机上都装有分水滤气器。

(4)油水分离器。油水分离器有单节式,也有两节或三节组合式。油水分离器能凝结空气中的油和水分,调节空气的压力和过滤空气中的灰尘,它的空气出口可以连接喷枪、除尘器等。变压器能借助机械装置和空气膨胀分离油和水分,只允许清洁干燥的空气到达喷枪。

油水分离器能调节和控制喷枪压力,得到理想的雾化效果。并装备有主通道压力表和工作压力表,有主通道压力出口和工作压力出口。油水分离器的旋钮能调节空气的工作压力,气缸底部的放水阀可以排出凝结的水分。油水分离器通常安装在主管路上距离压缩机至少7.75m的地方。

二、喷漆室

如果没有一个符合要求的喷漆室,即使拥有经验丰富、技术熟练的高级喷漆技师,效果良好的喷枪,高品质的汽车修补涂料等,仍可能出现意想不到的质量问题。其主要原因是在汽车修补工作中,最棘手的事情是如何避免在涂装过程中,空气中的灰尘黏附到刚刚喷涂完成但尚未达到表面干燥的涂层上。如果涂层表面黏附有粒径在 $\phi 1mm$ 以上的颗粒,这些点即使是肉眼都很容易分辨出来,给喷漆质量带来影响。同时漆雾无法排除,严重影响操作人员的身体健康。所以,设立喷漆室的主要目的是提供干净、安全、照明良好的喷漆环境,使喷漆过程不受灰尘的干扰,并把挥发性漆雾限制在喷漆室内。

汽车维修企业所采用的喷漆房通常为集喷漆与烤漆为一体的喷烤两用房,采用高性能钢组件式房体、无接缝式无机过滤棉,配合进风过滤系统及正风压,确保进入房内的空气得到良好的净化。全自动循环进风活门使烤漆时的热空气以循环方式在烤漆房内循环,配合房体的夹心式隔热棉,升温及保温效果特佳。烤漆房还采用无影灯式日光照明光管,色温与太阳光线极为接近,有利于提高颜色校对的准确性。全自动操作控制仪表一经预调,便能自动提供适当的喷漆、挥发、烘烤、冷却等工序所需的时间及温度。

喷漆时,室内温度可控制在 20~22 ℃。同时从顶棚送下暖空气,空气流速为 16~40 m/min,顺重力方向至底部并被抽出,经排风系统分离出漆雾后排出室外。

喷漆完毕后的工件静置10min左右后,随即进行加温。送进经热能转换器加温的热空气,使房内温度达到指定的烘烤温度。空气流速为3m/min左右(流速太高,会引起漆膜出现小凸包)。此时气流为封闭式循环系统,空气为加速工件干燥重复循环。

在喷烤两用房中有的还配备活动旋转台、轨道式拖车系统,便于操作人员喷涂施工、烘烤以及加速车辆的进出。一间喷烤两用房每天可喷烤7~9辆车。图3-59所示为典型的喷烤两用房外形图,其结构示意图如图3-60所示。

对于车身的局部烘烤,常采用红外线烤灯。红外线烤灯也称为IRT灯,通常由1~4

图 3-59 喷烤两用房外形图

个短波（或中波）红外线灯管组合而成，其可移动的特点非常适合车身任何部位的局部烘烤。图3-61为一种典型的红外线烤灯外形图。

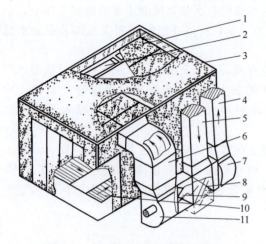

图3-60　热空气对流式喷烤两用房

1—顶部过滤网；2—日光灯；3—房体；4—排气管；5—进气管；6—加热器；7—排风机；8—工作状态选择活门；9—二次过滤网；10—底沟；11—进气机

图3-61　红外线烤灯

三、喷涂操作要领

1. 喷枪与工件表面的角度

喷涂时，喷枪与工件表面必须保持垂直（90°），如图3-62所示。

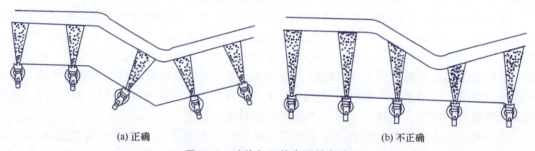

(a) 正确　　　　　　　　　　(b) 不正确

图3-62　喷枪与工件表面的角度

即使对于弧形表面，也应掌握这一要领，如图3-63所示。

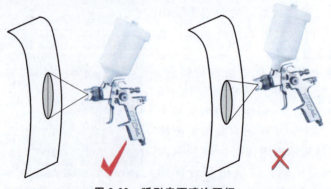

图3-63　弧形表面喷涂要领

绝对不可用手腕或手肘做弧形的摆动，如图 3-64 所示。

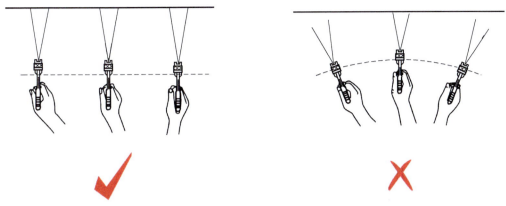

图 3-64 喷枪的运行

2. 喷枪嘴与工件表面的距离

正常的喷涂距离应与喷枪的气压、喷枪的扇面调整大小以及涂料的种类相配合。一般喷涂距离为 20 cm 左右（应按涂料供应商提供的工艺条件操作）。实际距离可通过对贴在墙上的纸张试喷而定，如图 3-65 所示。如果喷涂距离过短，喷涂气流的速度就较高，从而会使涂层出现波纹；如果距离过长，就会有过多的溶剂挥发，导致涂层出现橘皮纹或发干，并影响颜色的效果。

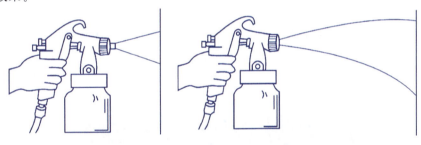

(a) 涂料堆积　　　　　　　　(b) 喷雾落到喷涂表面时已经无力

图 3-65 喷枪与工件表面的距离

喷涂距离还与喷枪的类型有关，传统高气压喷枪与 HVLP 喷枪喷涂距离的差别如图 3-66 所示。

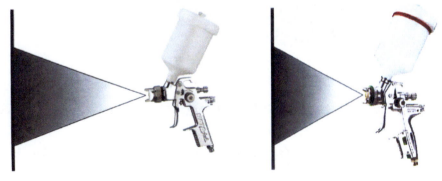

(a) 传统高压喷枪：18～23cm　　　　(b) HVLP高流量低气压喷枪：10～25cm

图 3-66 传统高气压喷枪与 HVLP 喷枪喷涂距离的差别

3. 喷枪的移动速度

喷枪的移动速度与涂料干燥速度、环境温度、涂料的黏度有关，约以 30cm/s 的速度匀速移动。喷枪移动过快，会导致涂层过薄，而喷枪移动过慢，会出现流挂的现象。

4. 喷枪扳机的控制

扳机扣得越深，液体流速越大。为了避免每次走枪行程结束时所喷出的涂料堆积，有经验的漆工都要略微放松一点扳机，以减少供漆量。

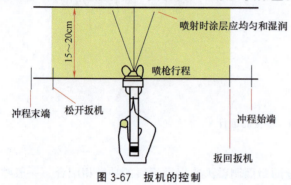

图 3-67　扳机的控制

如图 3-67 所示，扣扳机的正确操作一般分 4 步：先从遮盖纸上开始走，扣下一半扳机，仅放出空气；当走到喷涂表面的边缘时，完全扣下扳机，喷出涂料；当走到另一头时，松开一半扳机，涂料停止流出；反向喷涂前再往前移动几厘米，然后重复上述操作步骤。

在"斑点"修补或者新喷涂层与旧涂层的边缘润色加工时都要进行"收边"操作。意思就是在走枪开始时不扣死扳机，也就是说，开始时的供漆量很小，随着喷枪的移动，逐渐加大供漆量，直到走枪行程结束时再将扳机放开，使供漆量大大减少，从而获得一种特殊的过渡效果。

5. 喷涂方法、路线的掌握

喷涂方法有纵行重叠法、横行重叠法、纵横交替喷涂法。喷涂路线应按从高到低、从左到右、从上到下、先里后外的顺序进行。在行程终点关闭喷枪，喷枪第二次单方向移动的行程与第一次相反，喷嘴与第一次行程的漆膜带边缘平齐，使第二次走枪行程的漆膜带的上半部与第一次行程漆膜带的下半部重叠，两次走枪漆膜带重叠幅度应为 1/3 或 1/2 左右，如图 3-68 所示。

图 3-68　喷程的重叠方式

6. 走枪的基本动作

汽车修补涂装中，被涂物的情况不同，喷漆走枪的手法也不同，以下叙述几种常用的喷漆走枪手法。

（1）构件边缘的走枪手法。在构件边缘喷涂时，一般采用由右至左喷涂，并采用纵喷（喷出扇形呈垂直方向扁椭圆），如图 3-69 所示。

（2）构件内角的走枪手法。在构件内角喷涂时，一般采用由下而上，再由上而下喷涂，并采用横喷（喷出扇形呈水平方向扁椭圆），如图 3-70 所示。

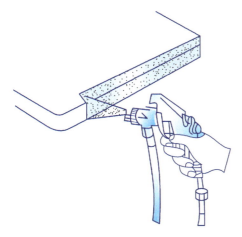

图 3-69　构件边缘喷涂

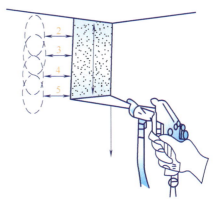

图 3-70　构件内角的喷涂

（3）小而直立的构件平面的走枪手法。喷涂小而直立的构件平面时如图 3-71 所示，是由上而下的行程进行（1—2），然后由左至右（2—3），再由下而上进行（3—4），依次完成（4—5—6—7—8—9）。

（4）长而直立的构件平面的走枪手法。如图 3-72 所示，喷涂长而直立的构件平面时也是由上而下行程进行，再由左至右，依次沿横向行程，每行程 45～90 cm，即按板长方向分段进行，每段之间交接处，有 10cm 左右的行程重叠。

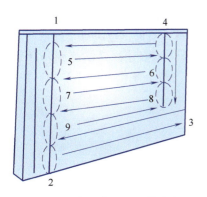

图 3-71　小而直立平面的喷涂

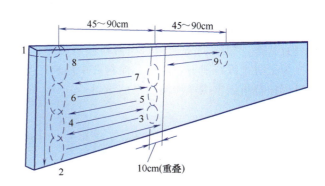

图 3-72　长而直立平面的喷涂

（5）小圆柱、中圆柱构件的走枪手法。如图 3-73 所示，喷涂小圆柱构件时，由圆柱顶自上往下再自下往上，分 3～6 道垂直行程喷完。

（6）大圆柱构件的走枪手法。喷涂大圆柱体时，则由左至右再由右至左，水平行程，依次喷完，如图 3-74 所示。

（7）棒状构件的走枪手法。喷涂较长的、直径不大的棒状构件时，最好将雾束调窄一些与之配合。然而很多漆工为了省事，不愿经常调整喷枪，而是将喷枪雾束的方位与棒状构件相适应。这样可达到完全覆盖又不过喷的目的，如图 3-75 所示。

（8）大型水平表面的走枪手法。喷涂大型水平表面如发动机罩、车顶、行李厢盖等，可以采用长而直立构件平面的走枪手法。即由左向右移动喷枪至临近基材表面时扣扳机，继续移动喷枪至离开基材表面时放开扳机。这样可以获得充分润湿的涂层，而不过喷或干喷最少。

图 3-73　小圆柱体、中圆柱体的喷涂　　　　图 3-74　大圆柱体的喷涂

图 3-75　狭长面的喷涂

在喷枪使用上,最好使用压送式喷枪,如果采用的是虹吸式喷枪,也应尽量保持与板件呈垂直状态,如图 3-76 所示。当需要倾斜喷枪时,千万小心,不要让涂料滴落到构件表面上。为了防止涂料泄漏、滴落,涂料杯中涂料不要装得太满,整个操作过程要平稳、协调,随时用抹布或纸巾擦净泄漏出来的涂料。

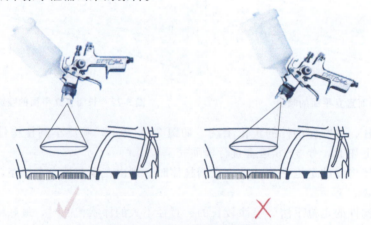

图 3-76　水平板件的喷涂要领

7. 不同板件的走枪顺序

在不同的板件上喷涂走枪时,要遵循的一个原则就是:先喷周边,然后喷中间大面。例如喷涂车门时,如图 3-77 所示,首先喷涂车门框的顶部,然后下移直到车门的底部。如果只喷涂一个车门,首先应喷涂车门边缘;喷涂门把手时应该特别小心,因为某点的涂料太多将会导致流挂。

对于像发动机罩这样的大型板件，可采用长而直立构件的喷涂方法，即分段喷涂。如图3-78所示，首先喷涂发动机罩的边缘，然后是发动机罩的前部，下一步是在前翼子板的侧面，从中心开始向边缘进行喷涂；另一侧也使用相同的方法喷涂。

当修整整个汽车时，对汽车不同部位喷漆顺序可能不同。通常，在横向排风的房间里，距排风扇最远的地方首先喷涂，从而保证落在喷漆表面的灰尘最少，使漆面更光滑。具体操作如图3-79所示。

在向下排风的喷涂房里，因为空气是从棚顶向汽车底部的检修坑流动，所以喷漆工必须改变喷漆方法。为了能够保持漆膜边缘的湿润，车顶盖应该首先喷漆，接着是发动机罩和行李厢盖，然后对车身右侧喷涂，跟着是后围板，最后是车身左侧，并逐渐向前移动直到全部完成。

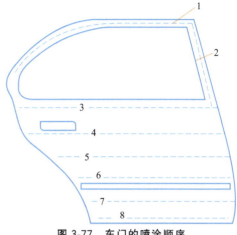

图3-77 车门的喷涂顺序

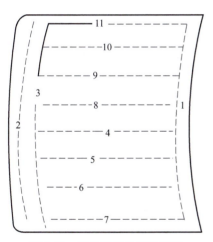

图3-78 发动机罩的喷涂顺序

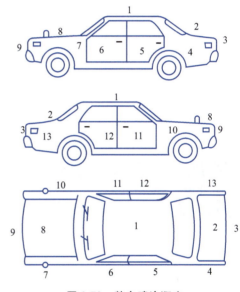

图3-79 整车喷涂顺序

四、涂料的干燥方式

涂料的干燥成膜是指涂料施工后，由液态或黏稠状漆膜转变成固态漆膜的化学和物理变化过程。为了达到预期的涂装目的，除了合理地选用涂料、正确地进行表面处理和施工外，充分而适宜的干燥过程也是重要的环节。涂料的干燥方式主要有自然干燥、加速干燥和高温烘烤干燥3种。

1. 自然干燥

自然干燥也称空气干燥，它是指漆膜可以在室温条件下干燥，其干燥条件是温度为15～20℃，相对湿度不大于80%。可自然干燥的涂料包括溶剂挥发型、氧化聚合型和双组分型涂料等。自然干燥型涂料由于在自然环境下就可以固化，对促进漆膜固化的设备要求不高或不要求，因此应用广泛。

2. 加速干燥

为了缩短涂装的施工周期，加快生产速度和效率，常常在自然干燥型涂料中加入适量的催干剂以促进固化。另一种加速干燥的方法是将自然干燥型涂料在一定的温度下（50～80℃）低温烘烤。例如醇酸瓷漆在常温下完全干燥需要24h，而在70～80℃时仅仅需要3～4h。适于低温烘烤加速干燥的涂料与一般自然干燥型涂料有一定的区别。由于涂料的主要成膜物质不同，有些树脂具有热塑性，即在常温下是固体形状，而加温到一定程度时会变软，恢复或部分恢复其可塑性。以这类树脂为主要成膜物的涂料，要加速干燥只能用加入催干剂的方法，而不能用低温烘烤的方法。

3. 高温烘烤干燥

有许多涂料在常温下是不能干燥结膜的，一定要在比较高的温度下（120～180℃），涂料中的树脂才会在高温的作用下引起化学反应而交联固化成膜，这一类涂料称为热聚合型涂料。热聚合型涂料经烘烤干燥后的涂层在硬度、附着力、耐久性、耐腐蚀、抗氧化和保光、保色以及涂料的鲜映性等方面都要比自然干燥型和加速干燥型涂料要好得多，许多高品质、高装饰性的原厂涂层多用这种涂料。

自然干燥型和加速干燥型涂料由于干燥温度比较低，所以又称为低温涂料。在汽车修补涂装中由于车身上许多部件不耐高温的烘烤，所以通常采用低温涂料。而大型的汽车制造厂家在新车制造的自动喷涂流水线上通常使用高温烘烤型涂料。

五、底漆喷涂操作流程

底漆喷涂操作流程如图3-80所示。

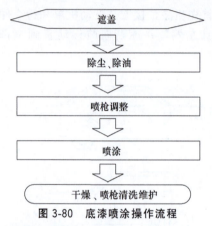

图3-80　底漆喷涂操作流程

喷涂手法练习

技能学习

一、喷漆房的准备

典型的喷烤漆房控制柜面板，如图3-81所示。

（1）使用烤漆房首先要打开电源开关9，电源指示灯4点亮，电压表显示380V。

（2）打开照明开关13，照明指示灯8点亮，烤房内的光线达到施工要求。

（3）常温喷漆时，顺时针旋转喷漆开关11，需要加温喷漆时，逆时针旋转开关11，同时调整温控仪2，设定恒定的喷涂温度到18℃即可。

> **注意**
>
> 喷漆完毕后风机再工作5min，使喷烤漆房内的漆雾彻底排净。

二、劳动安全与卫生

1. 防火安全措施

（1）每个工作人员应会使用防火设备，懂得各种灭火方法。

（2）涂装场地严禁烟火，不准携带各种火种进入施工现场。

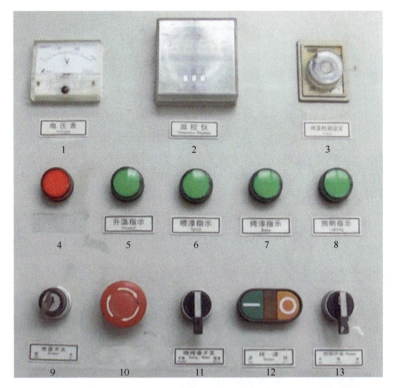

图 3-81 喷烤漆房控制柜

1—电压表；2—温控仪；3—烘烤时间设定；4—电源指示灯；5—升温指示灯；6—喷漆指示灯；7—烤漆指示灯；8—照明指示灯；9—电源开关；10—急停开关；11—喷漆开关；12—烤漆开关；13—照明开关

（3）擦拭涂料用的脏污棉丝、棉布等物品应集中，并应妥善存放在装有清水的密封桶中，不要放置在暖气管或烘房附近，以免引起火灾。

（4）施工操作时，应避免铁器之间敲打、碰撞、冲击、摩擦，以防发生火花而引起火灾。

（5）易燃物品如涂料、稀释剂等，应存放在贮藏柜内，施工场地不得贮存。

（6）清洗工具后的稀释剂，应集中存放，不得倒入下水道或随意乱倒。

（7）各种电气设备开关不得随意操作，有专人定期检查和维修。

（8）确保紧急通道、门窗等出口畅通。

（9）工作区域内不要存放太多的涂料，一般够半天使用的量即可。

2. 个人劳动保护

喷涂底漆时危害及应该穿戴的劳动保护用品如图 3-82 所示。

3. 发生意外情况的应对措施

（1）着火。在安全距离内用灭火器灭火。对于一般的涂料着火，可以用水进行灭火。

（2）涂料撒落。用膨胀云母（蛭石、珍珠岩）吸收，然后用塑料板铲除，用大量的水冲洗。

（3）皮肤接触涂料、溶剂等。用肥皂水彻底清洗，涂抹羊毛脂的护肤膏。

（4）眼睛和嘴接触涂料、溶剂等。立刻用水或5%的抗坏血酸钠或2%的苏打水冲洗，然后找医生。不要使用油膏和油类物质处理。

（5）过氧化物残渣处理。用膨胀云母吸收，然后小心焚毁（远离建筑物和可燃物）。

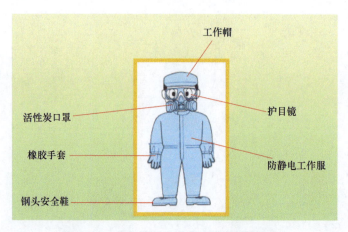

图 3-82　喷底漆时应穿戴的劳动保护用品

三、喷枪的检查与调整

1. 喷枪选择

喷涂底漆时，首先应选择底漆专用喷枪，主要是喷枪口径要大。正确的选择喷枪，应查阅涂料生产商的涂料技术说明。例如从"鹦鹉"801-72 环氧底漆的技术说明（表 3-4）中可以查到，该涂料适合的喷枪口径为：1.7～1.9mm（HVLP 喷枪）或 1.6～1.8mm（兼容喷枪，即其他可以使用的高气压喷枪）。

图 3-83　涂料的过滤与添加

2. 检查

（1）涂料杯上的气孔无污垢堵塞。

（2）涂料杯上密封圈无渗漏等。

3. 添加涂料

（1）将调好黏度的中涂底漆通过漏斗过滤后装入喷枪涂料杯内，如 3-83 所示。

 注意

存放主剂和固化剂的容器，使用之后一定要盖严实。

（2）将喷枪通过快速接头接入压缩空气系统。

4. 喷枪调整

（1）气压调整。手握喷枪柄，压扣扳机到 1 挡位，压缩空气阀门首先打开，如图 3-84 所示。当喷涂气压调节旋钮处于与枪体平行位置（最大雾化状态）时，顺时针旋转喷涂气压调节旋钮，喷涂气压变小；当喷涂气压调节旋钮处于与枪体垂直位置（最小雾化状态）时，逆时针旋转喷涂气压调节旋钮，喷涂气压变大。调整过程中，观察气压表直到气压符合规定。调整气压的大小，一定要按涂料说明书的规定。例如从"鹦鹉"801-72 环氧底漆的技术说明中可以查到，该涂料适合的气压为：HVLP 型，2.0～3.0bar（0.2～0.3MPa）；兼容喷枪，为 2bar（0.2MPa）。

（2）扇幅调整。扇幅调节旋钮的位置如图 3-85 所示。增大扇幅，需要逆时针旋转扇幅调节旋钮；减小扇幅，需要顺时针旋转扇幅调节旋钮，如图 3-86 所示。扇幅的大小主要取决于修补面积的大小。一般情况下对于整板（或整车）喷涂，为了获得良好的喷涂效果，建议将喷枪扇幅调节到最大状态。

图 3-84　调整气压

图 3-85　扇幅调节旋钮

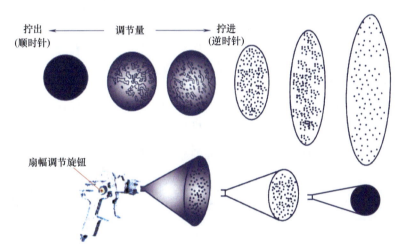

图 3-86　调节原理

图 3-87　漆流量调节旋钮

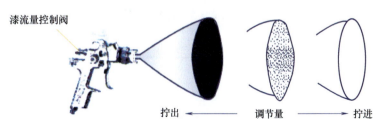

图 3-88　漆流量调节原理

（3）漆流量调整。漆流量调节旋钮的位置如图3-87所示。增大涂料流量，需要逆时针旋转漆流量调节旋钮，增大针阀行程，从而增大涂料流量；减小涂料流量，需要顺时针旋转漆流量调节旋钮，减小针阀行程，从而减小涂料流量，如图3-88所示。

（4）扇形测试与调整。将气帽角调整至垂直位置，使扇形呈水平状态，如图3-89所示，进行扇形测试，并视情况调整。

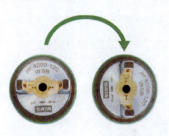

图3-89 气帽位置与扇形

通过扇形测试，看流挂情况，检查调整是否正确。松开气帽定位环并旋转气帽，使喇叭口处于竖直位置，此时喷出的图案是水平的，见图3-90所示。再喷一次，按住扳机直到涂料开始往下流，即产生流挂，检查流挂情况。如果各项调整正确，各段流挂的长度应近似相等。如果流挂呈分开的形状，是由于扇形太宽或气压太低。把扇形控制阀拧紧半圈或把气压提高一些，交替进行这两项调整直到流挂长度均匀；如果流挂中间长两边短，则是因喷出的漆太多，应把漆流量控制阀拧紧，直到流挂长度均匀。

(a) 合适的喷涂图形　　(b) 分离的喷涂图形　　(c) 中间过重的喷涂图形

图3-90 扇形测试

扇形测试时，可能会出现故障扇形，不同的故障扇形特点及产生的原因，见表3-7。

表3-7 不同的故障扇形特点及产生的原因

喷幅中央油漆太多	倾向一边的圆形喷幅，严重弯曲	喷幅不连续，跳动	喷幅破裂，呈燕尾状	喷幅朝一边扭曲
雾化压太低，增加气压；黏度太高，应加稀释剂；涂料太多，应选用较小直径喷嘴	雾化气孔没有清洁干净；用专用的喷嘴清洁工具清洁喷嘴，或更换喷嘴组	喷嘴或喷针松，应将它们旋紧；枪壶通风口堵塞，应清洁	稀释剂太多，气压太高，喷幅太宽	其中一边雾化孔不干净；清洁雾化孔或如有必要，更换喷嘴组

四、底漆的喷涂

1. 喷第一层底漆

根据板件的特点，选择正确的操作要领，实施底漆的喷涂，注意第一层一定要薄喷，以提高底漆和板件表面的附着力。

2. 闪干

不同的底漆，闪干时间要求不同，例如从"鹦鹉"801-72环氧底漆的技术说明（表3-4）中可以查到，该涂料需要喷涂2层，每层之间不需要闪干，即喷涂完第一层后，马上就能喷涂第二层。

3. 喷涂第二层底漆

这一层一定要厚喷，以达到要求的漆膜厚度，如"鹦鹉"801-72环氧底漆的技术说明要求两层底漆总厚度为40～50μm（见表3-4）。不同的底漆要求喷涂的层数和总漆膜厚度是不同的。施工时应严格按照涂料技术说明执行。

底漆的喷涂

注意

底漆是直接喷涂于板件表面的，故对于局部喷底漆时，一定要遮盖好，以使底漆只能喷涂在裸板表面，如图3-91中箭头所指处。

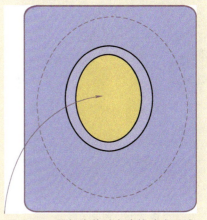

图3-91 局部涂装时底漆的喷涂区域

在喷涂过程中，如果喷枪的出漆量明显减少，应及时检查涂料是否已用完，如果用完了，则应及时补充。如果还有涂料，则应检查是否有堵塞之处，若有应检查疏通。普通喷枪补充涂料与开始时涂料添加操作相同。

每种涂料均有其适合喷涂的时间限制，这个时间也称为活化时间。如"鹦鹉"801-72环氧底漆的技术说明规定的活化时间为常温（20℃）8h。超过这个活化时间，所调制的涂料就不能使用了。

对于普通喷枪，如果有较多的剩余涂料没用完，可以倒入合适的罐内密封保存，但期限也不能超过其规定的活化期。

五、底漆的干燥

不论是常温干燥还是烘烤干燥，最好在进行干燥之前拆下遮盖。拆除遮盖的最佳时机为最后一层喷涂的闪干时间结束时，通常为15～20min。

1. 常温干燥

当采取常温干燥时，喷涂结束后，即可关闭喷漆室电控箱上的喷漆、照明开关，关好门，使板件（整车）在喷漆室内自然干燥至规定的时间［具体数据参阅涂料使用说明书，如"鹦鹉"801-72环氧底漆的技术说明（见表3-4）规定的常温干燥时间为8h］。

2. 用烤漆房烘烤干燥

喷涂完成后需要加温烘烤时，首先设定温控仪到合适的温度［具体数据参阅涂料技术说明，如"鹦鹉"801-72环氧底漆的技术说明（见表3-4）规定的烘烤干燥时间为温度60℃，30min；短波红外烤灯烘烤，11min；中长波红外线烤灯烘烤，10～15min]，然后设定合适的烘烤时间。关闭照明开关，打开烘烤开关，进行加温烘烤。

烘烤完毕，风机再工作10min。关闭各操作开关。

3. 用红外线烤灯干燥（以IRT400型烤灯为例）

（1）调整灯光的位置。通过调节活动支臂的高低来适应不同高度的烘烤要求，烤灯头部可以做任何角度的调整，以适应车身不同的形状要求。如图3-92所示。

（2）控制面板的操作。烤灯的控制面板如图3-93所示。打开电源后，数字面板1上会显示运行程序，系统提供了：底层原子灰、中层原子灰、表层原子灰、底漆、水基、面漆、光漆、塑料件和自设程序等多个程序供选择。打开电源6根据实际工作情况通过上翻键2或下翻键3选择合适的程序，按确定键5进入该程序。

图3-92 调节角度

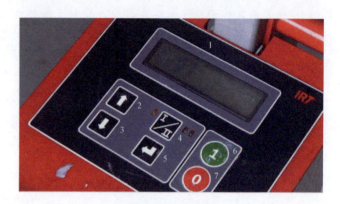

图3-93 控制面板
1—显示屏；2—上翻键；3—下翻键；4—挡位选择键；
5—确定键；6—电源开；7—电源关

如果需要重新设定烘烤功率和烘烤时间可以长按5键进入重新设定，如图3-94所示。此时上排第1位表示时间的数字会闪烁，可以按2键或3键在0～30min之间选择，按5键确定。此时第2位表示功率的数字会闪烁，可以在1～8之间选择，按5键确定。此时下排第1位表示时间的数字会闪烁，可以按2键或3键在0～30min之间选择，按5键确定。此时第2位表示功率的数字会闪烁，可以在1～8之间选择，按5键确定。

图3-94 烘烤程序设定

全部设定完成后，或者不需要重新设定时，按键6，屏幕会显示"人工检查距离"，此时需要通过使用烤灯头部的卷尺测量烤灯与被烤工件之间的距离，如图3-95所示。确定好烘烤距离后，按6键进行烘烤，如图3-96所示。

烘烤过程分两个阶段，第一阶段为闪烁烘烤，屏幕显示闪烁关闭的剩余时间，单位为s，倒数计时。闪烁关闭后进入下一阶段。第二阶段为烘干，屏幕显示烘干剩余时间，单位为s，倒数计时。烘烤结束后烤灯自动关闭，并有蜂鸣提示。此时切记不要关闭电

图 3-95 测量烘烤距离

图 3-96 开始烘烤

源,因为烤灯风机还需要运转 1min 使自身散热,当风机停机后再关闭电源,同时要整理好电线,将烤灯支臂升起,轮子锁止,防止烤灯自己移动。

六、底漆的打磨

汽车修补所使用的底漆大多为填充底漆,喷涂干燥后应进行适当的打磨,以便为面漆喷涂提供良好的表面。

填充底漆的打磨可用手工湿打磨和干磨机打磨两种方法,选用时主要考虑底漆的特点,参阅涂料的技术说明书进行。"鹦鹉"系列填充底漆的打磨技术说明见表 3-8。从表中可以看出,部分底漆适合手工水磨,部分底漆适合干磨机打磨,还有部分底漆两种方法都适合。

表 3-8 填充底漆的打磨说明

填充底漆		使用干磨机粗打磨	使用干磨机细打磨	手工湿磨
	76-71 鹦鹉®单组分填充底漆			P800
	283-150 VOC 鹦鹉®磷化填充底漆			P800
	285-16 VOC 鹦鹉®高浓热固填充底漆			P800
	285-500 鹦鹉®高浓填充底漆,灰色		P400	
	285-550 鹦鹉®高浓填充底漆,黑色		P400	
	285-650 鹦鹉®高浓填充底漆,白色		P400	P800
	285-700 鹦鹉®填充底漆,灰色		P400	P800
	285-85 鹦鹉®中浓填充底漆,灰色		P400	P800
	801-72 VOC 鹦鹉®环氧填充底漆		P400	P800

□ 不需要进行打磨

填充底漆的打磨,无论是水磨还是干磨,其操作方法与除旧漆相似,不同点体现在以下几个方面:

(1) 手工水磨时,通常选用 P800 的水砂纸。

(2) 手工水磨时,必须使用磨块,对于有软硬面的磨块,应选用软面。

(3) 手工水磨时，磨块必须保持与板件表面平贴，以获得平滑的表面。

(4) 用干磨机打磨时，选用的砂纸为 P400。

(5) 打磨时，必须保证磨头与板件表面平贴，以获得平滑的表面。

(6) 无论是手工水磨还是干磨机打磨，千万注意不要打磨过度，只轻轻打磨至光滑即可。

七、喷枪的维护

1. 喷枪的清洗

喷枪的维护

使用后，应立即清洗喷枪及其附件，不注意维护和不清洗喷枪是喷枪发生故障的主要原因。

以虹吸式喷枪为例，清洗吸力式喷枪时，首先应卸下涂料杯，将吸料管留在杯内。接着松开气帽2～3圈，用一块叠好的抹布挡住气帽，然后扣扳机，如图 3-97 所示。这能使喷枪内的涂料流回涂料杯内。

注意

使用的气压要低，当涂料杯还装在枪上时，不要进行上述操作，否则涂料会从罐内飞溅出来。

重新将气帽拧紧，并把涂料杯中的涂料倒回废料罐中。用溶剂和软毛刷清洗杯内和杯盖，用一块浸过溶剂的抹布擦掉残余物。然后向杯内倒入少许干净的清洁剂，扣动扳机，将清洁剂喷出，清洗输料管，如图 3-98 所示。

图 3-97 利用压缩气使枪内的漆流回涂料杯

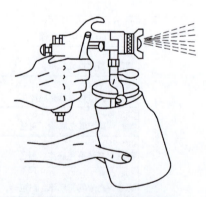

图 3-98 用清洁剂冲洗喷枪

旋下气帽，用专用工具卸下喷漆嘴，如图 3-99 所示。

将拆下的气帽泡在稀释剂或溶剂中，用塑料针清理各类小孔，如图 3-100 所示。注意，绝不能用铁丝或铁钉类的东西清理这些小孔，因为这些小孔都是精加工钻出的。用软毛刷和溶剂清洗喷嘴。用泡过稀释剂的抹布将枪体外部擦干净，注意擦掉所有涂料的痕迹。

目前，一些维修厂开始使用喷枪自动清洗机，如图 3-101 所示。利用喷枪清洗机，结合人工手洗来清洗喷枪，清洗效果非常好。将喷涂设备（包括喷枪、涂料杯、搅拌器和滤网等）放到喷枪清洗机的大桶内相应位置上，接好喷嘴（具体方法参阅相关设备使用说明书），盖上桶盖，然后打开气动泵使清洗桶内的清洗液循环流动。不用1min，该设备就能清洗干净各部件。

项目三　底漆的涂装

图 3-99　用专用工具拆下喷漆嘴

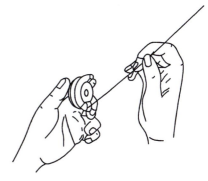

图 3-100　通气帽的孔

新型超声波清洗机清洗效果更好。只要在机器内注入清洗液，将零件放入容器中，打开开关即可，并可以人工设定清洗时间，如图 3-102 所示。注意，如果喷枪选装了数字式气压表，则不能放入超声波清洗机中清洗。

图 3-101　喷枪自动清洗机

图 3-102　用超声波清洗机清洗喷枪

2. 喷枪的润滑

最好每天工作完后进行喷枪的润滑，用轻机油润滑如图 3-103 所示的各部件。由于正常的磨损和老化，密封圈、弹簧、针阀和喷嘴必须定期更换。更换应按生产厂家的说明进行。由于机油过量就会流入涂料和机油通道，造成喷涂缺陷，因此润滑时必须非常小心，机油和涂料混合后就会降低喷涂质量。

不要把整把喷枪长时间泡在清洗液中，这样会使密封圈硬化，并破坏润滑效果。

为了获得最佳的修补效果，在不同的涂层和情况下要使用不同的喷枪。建议每人配备四把喷枪，一把用于底漆、中涂层喷涂，一把用于面漆、清漆层喷涂，一把用于银粉漆喷涂，还有一把小

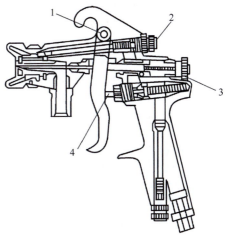

图 3-103　喷枪需要润滑的部位
1—扳机转轴；2—喷雾扇形控制钮；
3—涂料控制旋钮；4—空气阀

111

修补喷枪用于点修补。如果这些喷枪保持良好的清洗和工作顺序，就会节省大量的换枪时的调整和清洗时间。

小结

(1) 当损伤的漆膜经底处理（露出金属板）、遮盖、除尘及除油后，就准备喷涂底漆了。

(2) 在进行喷涂前，应对喷枪进行必要的调整，以满足涂料的喷涂要求。

(3) 喷枪的调整项目包括喷涂压力、漆流量和喷涂扇形等。

(4) 底漆喷涂完成后，应采用合理的方法进行干燥，以形成良好的漆膜。

(5) 喷涂工作完成后，应及时对喷枪进行清洗与维护。

(6) 空气喷涂法就是以压缩空气的气流为动力，以喷枪为用具，使涂料从喷枪的喷嘴中喷出呈漆雾而涂布到工件表面的一种施工方法。

(7) 按涂料的供给方式分类。喷枪可分为重力式、虹吸式和压送式 3 种。

(8) 按雾化技术分类。喷枪可分为高气压、低流量中气压和高流量低气压 3 种。

(9) 按用途分类。喷枪可分为底漆用喷枪、中涂用喷枪、面漆用喷枪、清漆用喷枪、金属漆专用喷枪、小修补用喷枪等。

(10) 典型的喷枪由枪体和喷枪嘴组成。

(11) 枪体由空气阀、漆流控制阀、扇形控制（即漆雾扇形角度调节）阀、扳机、手柄等组成。

(12) 喷枪嘴由气帽、涂料喷嘴、顶针组成。

(13) 压缩空气供给系统用于提供充足的达到预定压力值的压缩空气，以确保喷涂车间所有的气动设备都能有效的工作。

(14) 汽车维修企业所采用的喷漆房通常为集喷漆与烤漆为一体的喷烤两用房。

(15) 对于车身的局部烘烤，常采用红外线烤灯。

(16) 喷涂时，喷枪与工件表面必须保持垂直。

(17) 正常的喷涂距离应与喷枪的气压、喷枪的扇面调整大小以及涂料的种类相配合。一般喷涂距离为 20cm 左右。

(18) 喷枪的移动速度与涂料干燥速度、环境温度、涂料的黏度有关，约以 30cm/s 的速度匀速移动。

(19) 扣扳机的正确操作一般分 4 步：先从遮盖纸上开始走，扣下一半扳机，仅放出空气；当走到喷涂表面的边缘时，完全扣下扳机，喷出涂料；当走到另一头时，松开一半扳机，涂料停止流出；反向喷涂前再往前移动几厘米，然后重复上述操作步骤。

(20) 喷涂方法有纵行重叠法、横行重叠法、纵横交替喷涂法。

(21) 喷涂路线应按从高到低、从左到右、从上到下、先里后外的顺序进行。

(22) 涂料的干燥方式主要有自然干燥、加速干燥和高温烘烤干燥 3 种。

(23) 为了缩短涂装的施工周期，加快生产速度和效率，常常在自然干燥型涂料中加入适量的催干剂以促进固化。另一种加速干燥的方法是将自然干燥型涂料在一定的温度下（50～80℃）低温烘烤。

(24) 喷涂底漆时，首先应选择底漆专用喷枪，主要是喷枪口径要大。正确的选择喷枪，应查阅涂料生产商的涂料技术说明

(25) 不论是常温干燥还是烘烤干燥，最好在进行干燥之前拆下遮盖。拆除遮盖的最佳时机为最后一层喷涂的闪干时间结束时，通常为 15～20min。

(26) 填充底漆的打磨可用手工湿打磨和干磨机打磨两种方法，选用时主要考虑底漆的特点，参阅涂料的技术说明书进行。

(27) 使用后，应立即清洗喷枪及其附件，不注意维护和不清洗喷枪是喷枪发生故障的主要原因。

项目四
原子灰的涂装

任务 4-1　原子灰的刮涂与干燥

任务导入

如图 4-1 所示，车门板处的漆膜损伤经打磨处理后，由于板件表面不平，且旧漆膜较厚，所以应刮涂原子灰，以填充不平并快速建立足够的涂层厚度。

旧漆膜较厚，通过表面预处理打磨到露出金属底材时，底材表面凹凸不平度较大但在 3mm 以内以及对塑料件打磨露出塑料底材时，通常需要刮涂原子灰。

对于非常平整的板件，喷涂完底漆后，即可进行中涂底漆或面漆的涂装。但是，对于不够平整的表面，特别是经过钣金处理后的表面，由于凹凸较大，底漆很难将其填平，如图 4-2 所示。此时就应用施涂原子灰的方法来处理。

图 4-1　刮涂原子灰

图 4-2　底漆的填平能力

在国外的一些汽车维修业中，施涂原子灰的工作是由钣金工来完成的，即原子灰的施工属于底处理项目。而在国内，原子灰施工通常是由涂装工来完成的，故把原子灰施工归入中涂层施工。

相关知识

一、原子灰的组成

原子灰又称为聚合型腻子，是一种膏状或厚浆状的涂料，它容易干燥，干后坚硬，能耐砂磨。原子灰一般使用刮具刮涂于底材的表面（也有使用大口径喷枪喷涂的浆状原子灰，称为"喷涂原子灰"），用来填平底材上的凹坑、缝隙、孔眼、焊疤、刮痕以及加工过程中所造成的物面缺陷等，使底材表面达到平整、匀顺的状态，使面漆的丰满度和光泽度等能够充分的显现。

严格地讲，这里所说的原子灰与通常所指的原子灰是有区别的。通常所指的原子灰一般是用油基漆作为黏结剂，加以熟石膏粉等填充料，并加入少量的颜料和稀释剂调和。这种原子灰干燥时间长，干燥后质地比较软而且会出现不同程度的凹陷，对其上面的涂膜具有一定的吸收作用，不利于涂装修补和面漆的美观，现已很少使用。20世纪80年代我国研制出了水性原子灰，用水作为稀释剂调和后使用，该种原子灰在一定程度上对油性原子灰的性能有所改善，但仍存在塌陷、吸收、质软等缺点，现在也已少用。而现使用的原子灰硬化时间短，常温下0.5h即可干燥硬化，可以进行打磨；经打磨后的原子灰表面细腻、光洁、坚硬，基本无塌陷，对其上面的涂料吸收很少甚至不吸收；附着能力强，耐高温，正常使用时不出现开裂和脱落现象，因此现在被广泛应用于汽车的制造和修补工作中。

原子灰是涂料，所以也是由树脂、颜料、溶剂和填充材料等组成的。现在较为常用的原子灰树脂有聚酯树脂和环氧树脂等。环氧树脂原子灰具有良好的附着力、耐水性和防化学腐蚀性能，但涂层坚硬不易打磨，由于其附着力优良，可以刮涂得较厚而不脱落、不开裂，多用于涂有底漆的金属或裸金属表面。聚酯树脂原子灰也有着优良的附着力、耐水性和防化学腐蚀性能，而且干后涂膜软硬适中，容易打磨，经打磨后表面光滑圆润，适用于很多底材表面（不能用于经磷化处理的裸金属表面，否则会发生盐化反应造成接触面不能干燥而影响附着力），经多次刮涂后，膜厚可达20mm以上而不开裂、脱落，所以是应用最为广泛的一种。现在常见的原子灰基本都是聚酯树脂原子灰。

原子灰中的颜料以体质颜料为主要物质，配以少量的着色颜料。填充材料主要使用滑石粉、碳酸钙、沉淀硫酸钡等，起填充作用并提高原子灰的弹性、抗裂性、硬度以及施工性能等。着色颜料以黄、白两色为主，主要是为了降低彩度，提高面层的遮盖能力。

原子灰多为双组分产品，需要加入固化剂后方能干燥固化，以提高硬度和缩短干燥时间。聚酯树脂原子灰多用过氧化物作为固化剂，环氧树脂原子灰多用胺类作为固化剂。

二、原子灰的种类

原子灰的种类很多，经常使用的有：普通原子灰、合金原子灰、纤维原子灰、塑料原子灰和幼滑原子灰等。

1. 普通原子灰

普通原子灰多为聚酯树脂型，膏体细腻，操作方便，填充能力强，适用于大多数底材。例如良好的旧漆层、裸钢板表面等。因其具有良好的附着力和弹性，也可用于车用塑料保险杠和玻璃钢件，但刮涂不宜过厚。普通型原子灰不适用于镀锌板、不锈钢板和铝板等以及经磷化处理的裸金属表面，否则易造成附着能力不够而开裂。但在这些金属表面喷涂一层隔绝底漆（通常为环氧基）后即可正常使用。

2. 合金原子灰

合金原子灰也称金属原子灰，比普通原子灰性能更加良好，除可用于普通原子灰所用的一切场合外，还可以直接用于镀锌板、不锈钢板和铝板等裸金属而不必首先施涂隔绝底漆，但不适用于经磷化处理的裸金属表面。合金原子灰因其性能卓越，使用方便，所以应用也很广泛，但价格要高于普通原子灰。

3. 纤维原子灰

纤维原子灰填充材料中含有纤维物质，干燥后质轻但附着能力强、硬度很高，因此能够一次刮涂得很厚，可以直接填充直径小于 50mm 的孔洞或锈蚀而无须钣金修复，对孔洞的隔绝防腐能力也很强。用于有比较深的金属凹陷部位，填补效果非常好。但表面呈现多孔状，需要用普通原子灰来填平。

4. 塑料原子灰

塑料原子灰专用于柔软的塑料制品的填补工作。调和后呈膏状，可以刮涂也可以揩涂，干燥后像软塑料一样，与底材附着良好。虽然干后质地柔软，但打磨性很好，可以机器干磨也可以用水磨，常用于塑料件的修复。

5. 幼滑原子灰

幼滑原子灰也称填眼灰，有双组分的也有单组分的，以单组分产品较为常见。填眼灰膏体极其细腻，一般在打磨完中涂层之后，喷涂面漆之前使用，主要用途是填补极其微小的小坑、小眼等，提高面漆的装饰性。因其填补能力比较差且不耐溶剂，易被面漆中的溶剂咬起，所以不能作为大面积刮涂使用。但它干燥时间很短（几分钟），干后较软易于打磨，用于填补小坑非常适合，可以提高生产效率并能保证质量，所以也是涂装必备的用品。

不同涂料生产厂家对其生产的原子灰分类方法不同，所生产的各类型原子灰的特点与用途也各有差异。如立邦油漆公司生产的"耐可施（Nax）"系列汽车修补原子灰主要有修补原子灰（为单组分硝基原子灰，主要用于细小凹陷修补）、中间原子灰（为双组分不饱和聚酯原子灰，主要用于防锈钢板和浅度或中度凹陷修补）、钣金原子灰（为双组分不饱和聚酯原子灰，主要用于防锈钢板和深度凹陷修补）。德国 BASF 油漆公司生产的汽车修补用原子灰有多功能原子灰（839-20/20K，米色）、超细原子灰（839-25）、原子灰（893-53，粗整平，浅灰）、通用原子灰（839-70/70K，浅灰）、刷涂型原子灰（839-80）、塑料件原子灰（839-90）、玻璃纤维原子灰（901-21）、高浓聚酯喷涂原子灰（1006-23，灰色）等。每一种原子灰都具有各自的特点、适用范围及工艺要求，选择及使用时，一定要认真阅读技术说明书。

三、原子灰的施工方法

原子灰是一种加有添加剂的底层涂料，填充在表面缺陷部位，提高表面质量。所谓填充就是把足够的填充材料堆积到一个表面上，当填充物干燥、收缩后，可以对多余的填充物进行打磨，从而减小整个表面的不平度，便于施涂面漆层，如图 4-3 所示。

为达到上述目的，要求原子灰中要包含大量的固体成分，包括颜料等物质，涂抹在板件表面上后，能够快速固结，形成有一定厚度的涂层。

原子灰还可以采用刷涂、喷涂等方法施工，但所选用的原子灰必须能够适应相应的施工方法。施工时，具体的操作请参阅涂料的技术说明。

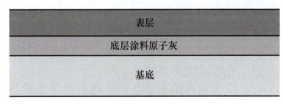

图 4-3 施涂原子灰的作用

刮原子灰又称打原子灰，是一项手工作业。常用工具有原子灰调拌盒（木制或金属制作）、原子灰托板、原子灰铲刀、原子灰刮刀（又分牛角刮刀、橡胶刮刀、钢片刮刀）、嵌刀等，如图4-4所示。

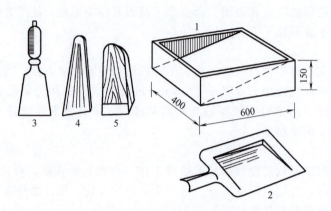

图4-4 刮原子灰的常用工具

1—原子灰调拌盒；2—钢制原子灰托板；3—原子灰铲刀；4—牛角刮刀；5—橡胶刮刀

钢片刮刀由木柄和刀板构成。木柄可用松木、桦木等制作，刀板用弹性较好的钢板制作。要求刃口平直。

橡胶刮刀采用耐油、耐溶剂的橡胶板制成，外形尺寸和形状根据需要确定。新制的橡胶刮刀用P100砂纸将刃口磨齐磨薄，不得有凹凸。

橡胶刮刀有很好的弹性，对于刮涂形状复杂面非常适用，尤其是圆角、沟槽等处特别适用。还可根据工件形状将刃口做成相应形状。用后擦净保管。

嵌刀用普通钢制成，两端有刃口，一端为斜刃，另一端为平刃。也有用钳工手锯条磨出刃口缠上胶布制作。用于将原子灰嵌入孔眼、缝隙或剔除转角、夹缝中的异物。

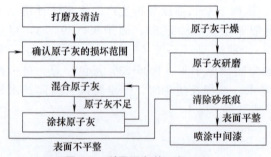

图4-5 刮原子灰的一般工序

原子灰调拌盒采用1.0～1.5mm低碳钢板制成，用于调配原子灰或盛装原子灰用。

原子灰托板用钢板或木板等制成，在刮涂时放少量原子灰以方便施工。也可用较厚的大型钢刮刀代用。

四、原子灰的施涂工艺

常用的刮原子灰的工序如图4-5所示。

🔧 **技能学习**

一、刮原子灰

原子灰的刮涂

1. 劳动安全与卫生

操作前，必须牢记以下劳动安全事项。

（1）必须穿好工作服。

（2）原子灰在固化中会产生热。如果遗留在混合板上的原子灰在原子灰施涂工作以后立即放在垃圾筒里，原子灰产生的热可能引燃易燃物品。因此，一定要确认原子灰已经凉透了，才能将之弃置。

（3）报废的砂纸不要随地乱扔，应丢弃在废物箱内。

2. 准备工作

（1）板件（车身）的准备。清除掉受损伤或老化的旧涂膜，修整好与保留旧涂膜的边缘交接的部位。对于需刮涂原子灰的表面，必须用压缩空气彻底清除粉尘。对于裸露的金属表面，要用除油剂进行脱脂处理。

雨天和湿度高的季节，金属表面往往比较潮湿，应该用红外线灯和热风加热器提高金属表面温度，除去湿气。寒冷季节也可采用相同的办法处理，这既可以提高原子灰的附着力，又可以避免面漆涂装后出现起层、开裂等质量事故，同时原子灰层的干燥速度也可以加快。

（2）原子灰的准备。

① 原子灰的选择。挑选原子灰一是要求原子灰与金属和旧涂膜的附着性能好；二是要求原子灰的耐热性，要能在120℃条件下承受30min以上，不产生起层、开裂、气泡等现象；三是原子灰的施工作业性能，刮原子灰后要求30min左右就能进行打磨，原子灰的刮涂和打磨作业性能好。

如果打磨性能差，会使作业时间变长、操作者疲劳，难以保证表面打磨质量，砂纸的消耗量也会增加。这些时间和材料的浪费，都将直接导致经济性下降。

如果原子灰过硬难以打磨，就会过多地磨掉周围的漆膜，形成图4-6所示的情况，使表面凹凸不平，不得不再次补涂原子灰。

易产生气孔的原子灰，也会导致作业效率下降。如图4-7所示，如果出现了气孔，不仅必须重新补原子灰，还会导致起泡和起层等质量事故。

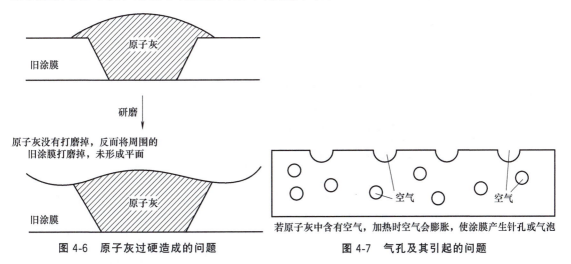

图4-6 原子灰过硬造成的问题　　　　图4-7 气孔及其引起的问题

耐水性也是选择原子灰的重要条件之一。当然如果对原子灰采用干磨，可以免去这一条件，如果采取湿磨，就必须考虑这一因素，对原子灰进行耐水性试验。

在实际汽车修补涂装工作中，选择原子灰重点考虑的因素是被涂物面材料，因为不同类型的原子灰与板材之间的适用性是不同的。表4-1所示为"鹦鹉"原子灰与不同材料的适用性。

各涂料生产商均为自己所生产的汽车修补涂料开发设计了多个修补涂装系统，在各系统中均对采用的处理工艺、各类涂料的选用及其涂装要求等做了详细的规定。实际运用中，根据修补损伤的具体情况首先应选择合适的涂装系统，然后根据系统的建议选择各种需要的涂料。"鹦鹉"高浓系统技术说明如图4-8所示，从图中可知应选用多功能原子灰（839-20/20K），其技术说明见表4-2。

表 4-1 "鹦鹉"原子灰与不同材料的适用性

		钢材	镀锌钢板	铝镁	有电泳底漆的原厂件	旧涂层
原子灰	839-20/20K 鹦鹉®多功能原子灰	●	●	●	●	●
	839-25 鹦鹉®超细原子灰	●	●	●	●	●
	839-53 鹦鹉®原子灰			●	●	●
	839-70/70K 鹦鹉®通用原子灰	●	●	●	●	●
	839-80 鹦鹉®刷涂型原子灰	●	●	●	●	●
	901-21 鹦鹉®玻璃纤维原子灰	●	●			
	1006-23 鹦鹉®高浓聚酯喷涂原子灰	●	S1	●	●	●

□ 不适用
□ 可以直接使用
S1 参考指定的涂装系统

表 4-2 "鹦鹉"多功能原子灰(839-20/20K)技术说明

应用：　粗细兼用的多功能原子灰。
特性：　高固体分；普遍适合用于铁板、镀锌钢板、铝材；快干、易磨，附着力好。
注意：　施涂前充分混合原子灰和催化剂(要求颜色均匀，无大理石效果)；
　　　　不要添加超过3%的催化剂；
　　　　过多的过氧化物会造成面漆表面有浮色现象。

图标	应用	839-20 粗整平原子灰和细整平原子灰	829-20K 粗整平原子灰和细整平原子灰
	涂装系统	RATIO-AQUA 水性系统，RATIO-CLASSIC 经典，RATIO-HS 高浓系统	
	混合比例	100%质量比　839-20(罐装)	100%质量比 839-20K(火箭筒式包装)
	固化剂	2%～3%质量比　948-36	948-52 由催化剂筒自动控制添加量
	稀释剂	—	—
—	活化时间　在20℃	4～5min	4～5min
	干燥　　在20℃ 　　　　在60℃	20～30min	20～30min
	红外线　（短波） 　　　　（中波）	4min 5～10min	4min 5～10min
	打磨： 轨道式打磨机	P80/150 581-40 指导层 P240 整平区域和周边旧漆层	P80/150 581-40 指导层 P240 整平区域和周边旧漆层

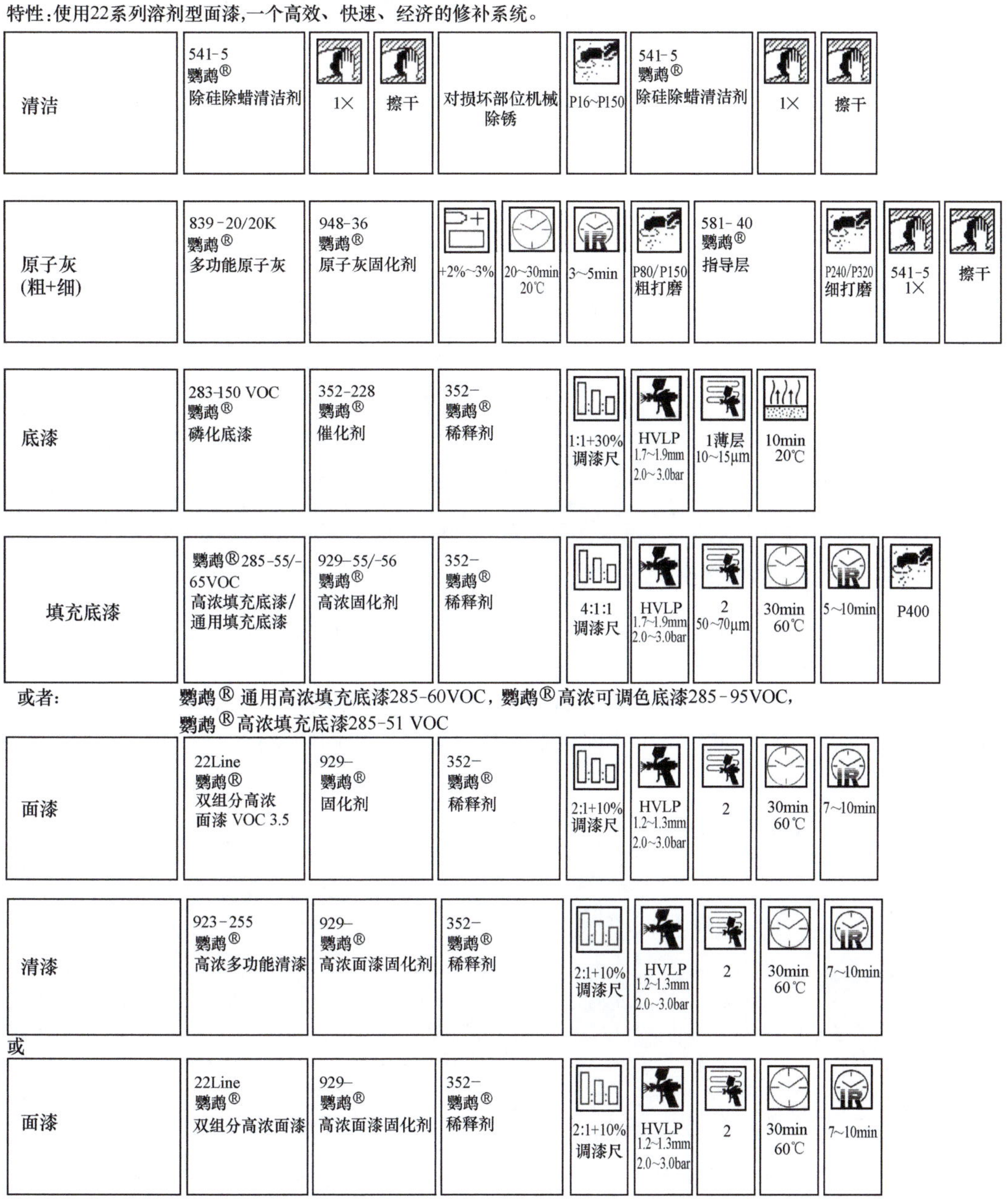

特性：使用22系列溶剂型面漆，一个高效、快速、经济的修补系统。

工序									
清洁	541-5 鹦鹉® 除硅除蜡清洁剂	1×	擦干	对损坏部位机械除锈	P16~P150	541-5 鹦鹉® 除硅除蜡清洁剂	1×	擦干	
原子灰(粗+细)	839-20/20K 鹦鹉® 多功能原子灰	948-36 原子灰固化剂	+2%~3%	20~30min 20℃	3~5min	P80/P150 粗打磨	581-40 鹦鹉® 指导层	P240/P320 细打磨	541-5 1× 擦干
底漆	283-150 VOC 鹦鹉® 磷化底漆	352-228 鹦鹉® 催化剂	352- 鹦鹉® 稀释剂	1:1+30% 调漆尺 1.7~1.9mm 2.0~3.0bar	HVLP	1薄层 10~15μm	10min 20℃		
填充底漆	鹦鹉®285-55/-65VOC 高浓填充底漆/通用填充底漆	929-55/56 鹦鹉® 高浓固化剂	352- 鹦鹉® 稀释剂	4:1:1 调漆尺 1.7~1.9mm 2.0~3.0bar	HVLP	2 50~70μm	30min 60℃	5~10min	P400

或者：鹦鹉® 通用高浓填充底漆285-60VOC，鹦鹉® 高浓可调色底漆285-95VOC，
鹦鹉® 高浓填充底漆285-51 VOC

面漆	22Line 鹦鹉® 双组分高浓面漆 VOC 3.5	929- 鹦鹉® 固化剂	352- 鹦鹉® 稀释剂	2:1+10% 调漆尺 1.2~1.3mm 2.0~3.0bar	HVLP	2	30min 60℃	7~10min	
清漆	923-255 鹦鹉® 高浓多功能清漆	929- 鹦鹉® 高浓面漆固化剂	352- 鹦鹉® 稀释剂	2:1+10% 调漆尺 1.2~1.3mm 2.0~3.0bar	HVLP	2	30min 60℃	7~10min	

或

面漆	22Line 鹦鹉® 双组分高浓面漆	929- 鹦鹉® 高浓面漆固化剂	352- 鹦鹉® 稀释剂	2:1+10% 调漆尺 1.2~1.3mm 2.0~3.0bar	HVLP	2	30min 60℃	7~10min	

图4-8 "鹦鹉"高浓系统技术说明

② 原子灰用量的确定。

a. 检查需刮涂原子灰的表面面积及凹凸不平度大小。

b. 确认原子灰的刮涂范围。原则上原子灰只刮涂在裸金属表面及其羽状边范围内，特别是对于单组分旧漆膜及热塑型旧漆膜，其表面不允许刮涂原子灰（双组分），否则容易因附着力不足而产生开裂。为此最好做旧漆膜类型测试，如图4-9所示，用棉布配合稀释剂检查羽状边是否有热塑型的涂层（可被溶解），如果有热塑型涂层，则原子灰只能刮涂在该涂层范围以内。

c. 根据以上检查，最终确定应拌和多少原子灰，这类数据通常需要凭经验确定。

③ 取原子灰。原子灰通常装于铁制的罐内，固化剂装在软体的管内，如图4-10所示。

> **注意**
>
> 原子灰罐每次用后必须盖好，以防溶剂挥发。如果溶剂挥发了，要向罐中倒入专用的溶剂。

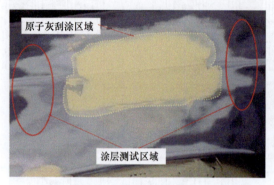

图4-9　旧漆膜类型测试

图4-10　原子灰与固化剂的盛装

原子灰装在罐中的时候，其各种成分如溶剂、树脂及颜料会分离。由于原子灰不可以以这种分离的形态使用，故使用前必须将罐盖打开并充分搅拌。用专用工具撬开原子灰盒盖，可使用长柄原子灰刮刀或搅拌棒之类工具将原子灰充分搅拌均匀，如图4-11所示。装在管中的固化剂也是如此，应充分挤压装固化剂的胶管，使管中的固化剂在使用前充分混合，如图4-12所示。

图4-11　盒装原子灰的搅拌

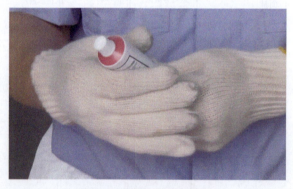

图4-12　管装固化剂的搅拌

将适量的原子灰基料放在混合板上，然后按规定的混合比添加一定量的固化剂。固化剂的加入量一般为（100∶2）～（100∶3），具体数据应以涂料技术说明书为准。"鹦鹉"839-20/20K原子灰的技术说明（见表4-2），从表中可以查到，原子灰839-20适合的配合比例为2%～3%质量比（固化剂为948-36）。

> **注意**
>
> 若固化剂过多，干燥后就会开裂；如果固化剂过少，就难以固化干燥。近来有一种方法将主剂和固化剂采用不同的颜色区别，通过混合后的颜色来判断其混合比。原子灰主剂与固化剂拌和时，固化剂的容许量有一定范围，可以随气温的变化作适当调整，具体数值应以产品说明书为准。

一次不要取出太多的原子灰调和,因为调和后的原子灰会很快固化,如果还没刮涂到规定部位原子灰就固化,则调和的原子灰不能再用,造成浪费。

④ 拌和原子灰(图 4-13)。

a. 用刮刀的尖端舀起固化剂,将其均匀散布在原子灰基料的整个表面上(图 4-13②)。

b. 抓住刮刀,轻轻提起其端头,再将它滑入原子灰下面,然后将它向混合板的左侧提起。

c. 在刮刀舀起大约 1/3 原子灰以后,利用刮刀右边为支点,将刮刀翻转(图 4-13③)。

d. 将刮刀基本上与混合板持平,并将它向下压(图 4-13④)。一定要将刮刀在混合板上刮削,不要让原子灰留在刮刀上。

e. 拿住刮刀,稍稍提起其端头,并且将上述的在混合板上混合的原子灰全部舀起。

f. 将原子灰翻身,翻的方向与 c. 中的相反(图 4-13⑤)。

g. 与 d. 相同,将刮刀基本上与混合板持平,并将它向下压,从 b. 开始重复。

h. 在进行 b. 到 f. 时,原子灰往往向上朝混合板的顶部移动。在原子灰延展至混合板的边缘时,舀起全部原子灰,并且将它向混合板的底部翻转。重复 b. 到 d.,直到原子灰充分混合。

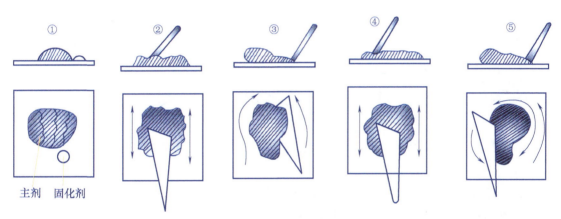

图 4-13 原子灰的拌和法

注 意

原子灰有可用时间的限制。所谓可用时间是指主剂和固化剂混合后,保持不硬化,能进行刮涂的时间。通常在 20℃条件下,可以保持 5min 左右。因此应根据拌和所需时间和刮涂所需时间,决定一次拌和的量。如果总是拌和不好,反复长时间拌和,超过可用时间(或留给涂抹的时间过短),就会使其固化而不能使用,因此拌和的关键是速度要快,动作要熟练。

拌和是否良好,主要通过混合物的颜色是否均匀来判定(不呈现大理石效果)。如果拌和不良,就会引起固化不良和附着不良等问题。有的原子灰随季节不同,固化剂的配合比要变化,应根据产品说明书要求操作。

3. 刮原子灰

(1) 刮刀的握法。刮原子灰时,左手握原子灰托板,右手拿刮刀。刮刀有以下几种握法:

① 直握法。如图 4-14 所示，直握时食指压紧刀板，拇指和另外四指握住刀柄。适用于小型钢片刮刀。

② 横握法。如图 4-15 所示，横握时拇指和食指夹持住刮刀靠近刀柄的部分或中部，另外三指压在刀板上。

图 4-14　刮刀的直握法

图 4-15　刮刀的横握法

③ 其他握法，如图 4-16 所示。对于右手握刀的人，图 4-17 所示是较常用的握法。

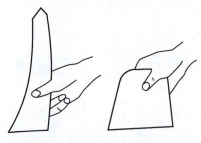

图 4-16　刮刀的其他握法

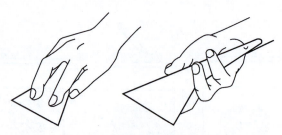

图 4-17　右手握刀人常用的握法

（2）刮原子灰的手法。

① 往返刮涂法。往返刮涂法是先把原子灰敷在平面的边缘成一条线，刮刀尖成 30°～40°向外推向前方，将原子灰刮涂于凹陷处，多余原子灰挤压在刮刀口的右面成一条线。这种方法适合于刮涂平面物体。

② 一边倒刮涂法。一边倒刮涂法就是刮刀只向一面刮涂。汽车车身刮涂原子灰的顺序是从上往下刮，或从前往后刮。手持刮刀的方法有两种，一种是用拇指与中指握住刮刀，食指压在刮刀的一面，原子灰打在托板上，刮刀将原子灰刮涂于物面，即从上往下刮涂，依次进行，最后将多余原子灰刮回到托板上。另一种是用拇指与食指握刮刀，原子灰黏附在刮刀口内面，从外向里刮涂，依次进行。这种方法适合于刮涂汽车翼子板、发动机罩等，如图 4-18 所示。

刮涂原子灰时应将刮刀轻度向下按压，并沿长轴方向运刮，如图 4-19（a）所示。每次刮涂原子灰的量要适度，避免造成蜂窝和针孔。对于区域性填补应按图 4-19（b）中所示的方向运刮。

刮涂原子灰的方式有满刮和软硬交替刮两种，其中：满刮又分填刮和靠刮；软硬交

图 4-18　一边倒刮涂法

替刮又分"先上后刮""带上带刮";另外还有"软上硬收""硬上硬收"和"软上软收"等。

填刮:目的是用较稠的原子灰分若干次将构件表面凹陷填平,填刮时主要用硬刮刀借助刀口上部有弹力的部位与手劲配合进行操作。

靠刮:所用的原子灰稠度稍低,用于最后一两次的刮涂,用于平滑的表面。刮涂时用硬刮刀借助刀口的作用将原子灰刮涂到板件表面,使原子灰刮得薄,刮得亮。

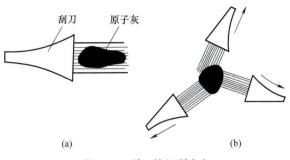

图 4-19 刮刀的运刮方向

先上后刮:先将原子灰逐一填满或挂平,然后再用硬刮具将其收刮平整,适用于较大面积的刮涂。

带上带刮:边上原子灰边将其收刮平整,适用于较小面积或形状较复杂部位的刮涂。

软上硬收:先用软刮刀在垂直平面上刮涂原子灰,然后再用硬刮刀将原子灰收刮平整,这样原子灰不容易发生掉落现象。

硬上硬收:上原子灰和收原子灰都用硬刮具以使刮涂面平整,适合刮涂有平面又有曲面的构件。

软上软收:上原子灰和收原子灰时均采用软刮具,以利于按构件表面的图形刮出圆弧形来,适合刮涂单纯曲面构件。

(3) 不同表面刮原子灰的操作。拌和结束后,用刮刀刮涂。原子灰的刮涂关键在于要仔细地刮出平面,同时尽量避免出现气孔。

平面局部修补原子灰时,一般采用填刮的刮涂方法,如图 4-20 所示。第一步先将原子灰往金属表面上薄薄地抹一层,刮刀上要加一定的力,以提高原子灰与金属表面的附着力;第二步逐渐用原子灰填满修补的凹坑,刮涂时刮刀的倾斜角度,随作业者的习惯而存差异,通常以 35°～45°为好。要注意原子灰中不要混入空气,否则会产生气孔和开裂;第三步用刮刀轻轻刮平修补表面。如果是曲面,第一和第二步可采用填刮,第三步应换用橡胶刮刀进行刮涂,以刮出正确的曲面形状。

大面积刮原子灰时,使用宽刮刀比较方便。比如车顶、发动机罩、行李厢盖、车门等,使用宽的刮板,可以提高刮涂速度。

曲面刮涂,应使用橡胶刮刀。如图 4-21 和图 4-22 所示,根据被刮涂面的形状,使用弹性不同的刮刀,可以促使作业合理化。

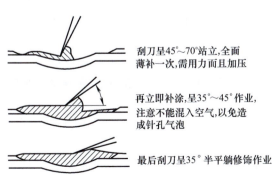

图 4-20 局部修补原子灰刮涂法

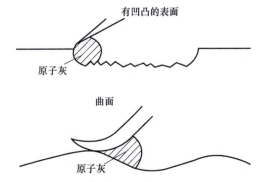

图 4-21 根据刮涂面的形状选用不同弹性的刮刀

对于冲压形成的按一定角度交接的两个面，若需在冲压线部位进行刮原子灰修补，其方法如图 4-23 所示。沿着交接线贴上胶带纸遮盖住一侧，刮好另一侧的原子灰；稍隔片刻（约 5min）待原子灰干了，揭下胶带，再在已刮好的一侧贴上胶带纸遮盖，接着刮涂余下的一侧。如此进行，可很好地恢复冲压线的线形。

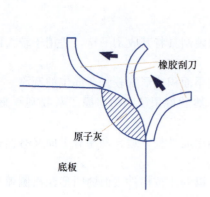

图 4-22 带曲面的刮刀使用方法

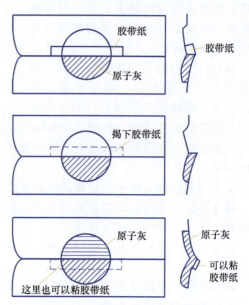

图 4-23 冲压线部位的原子灰修补

冲压线部位的原子灰修补严重，或原来的旧漆膜较厚，一次刮涂填不满时，如图 4-24 所示那样，可以分成 2~3 次刮涂。这种情况下，可以在前一层处于半干的状态下，刮上新的一层。一次刮涂过厚，会形成气孔等问题。

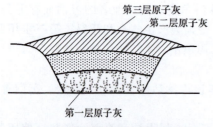

图 4-24 填补较厚时的原子灰刮涂

对于较大平面，可以按下述步骤进行原子灰刮涂：

① 如图 4-25（a）所示，刮涂第一层原子灰时，将原子灰薄薄地刮涂在整个表面上。

② 为了最大限度地减少在后续打磨工序中的工作量，刮涂第二层原子灰时，边缘不要厚。如果刮刀处于图 4-25（b）所示的位置时，用食指向刮刀的顶部施力，以便在顶部涂一薄层。

③ 在刮涂下一道原子灰时，如图 4-25（c）所示，要与在第二层中覆盖的部分稍有重叠。为了在这一道开始时涂一薄层，要用一点力，将刮刀抵压在工件表面上，然后释放压力，同时滑动刮刀。此外，在刮涂结束时，要向刮刀施加一点力，以便涂一薄层。

④ 重复第③步，如图 4-25（d）所示，直到在整个表面上刮涂的原子灰达到要求。

较大平面刮涂也可采用图 4-26 所示方法，首先将原子灰施涂于待刮涂区域中间，然后用刮刀向四周摊开。

在进行刮涂操作时，一定要注意，各次运刮应有一定的重叠（约 1/3），如图 4-27 所示，以防止出现"刮棱"而影响表面平整度及打磨。

无论是大平面，还是局部刮涂原子灰，最后完工后，原子灰的表面一定要比周边的旧漆膜要高，以便在后续的打磨后获得与旧漆膜等高的表面。

项目四 原子灰的涂装

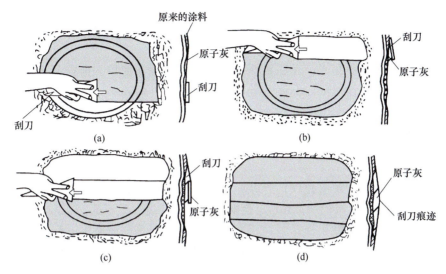

图 4-25 平面刮涂原子灰步骤

在向平面刮涂原子灰时，要注意以下事项：

① 如果刮刀在各道刮涂中，仅向一个方向移动，原子灰高点的中心就有所移动。这种情况很难打磨，所以刮刀在最后一道中必须反向移动，以便将原子灰高点移回中心部位。

② 原子灰必须比原来的表面高。但是，最好只略微高一点，因为如果太高了，在打磨过程中，就要花许多时间和力气来清除多余原子灰。

③ 原子灰刮涂在工件表面上的范围，必须以在磨缘过程中所留下的打磨划痕为限。如果没有打磨划痕，原子灰就粘不牢，日后可能剥落。

④ 刮涂原子灰要快，必须在混合以后大约 3min 以内刮涂完。如果花费时间太长，原子灰就可能在该道刮涂完成前固化，影响刮涂。

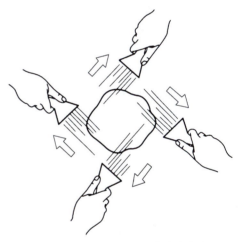

图 4-26 由中间向四周的刮涂方法

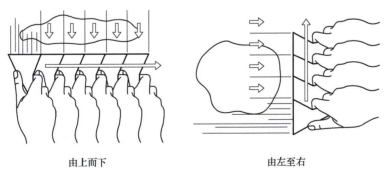

图 4-27 各次运刮的重叠

⑤ 原子灰在固化中会产生热。如果遗留在混合板上的原子灰在原子灰刮涂工作以后立即放在垃圾筒里，原子灰产生的热可能引燃易燃物品。因此，一定要确认原子灰已经凉透了，才能将之弃置。

125

(4) 刮原子灰时应注意的事项。

① 刮涂前被涂装表面必须干透,以防产生气泡或龟裂。若被涂装表面过于光滑,可先用砂纸打磨,以使原子灰与底面结合良好。

② 应在一两个来回中刮平,手法要快要稳,且不可来回拖拉。拖拉刮涂次数太多,原子灰易于拖毛,表面不平不亮,还会将原子灰里的溶剂挤到表面,造成表干内不干,影响性能。

③ 洞眼缝隙之处要用刮刀尖将原子灰挤压填满,但一次不宜刮涂太多太厚,防止干不透。

④ 刮涂时,四周的残余原子灰要及时收刮干净,否则表面留下残余原子灰块,干燥后会增加打磨的工作量。

⑤ 如果需刮涂的原子灰层较厚,要多层刮涂时,每刮一道都要充分干燥,每道原子灰不宜过厚,一般要控制在0.5~1.0mm,否则容易收缩开裂或干不透。

⑥ 在板件连接处或对整车外观影响较小处,原子灰的总刮涂厚度(打磨后)不允许超过3mm;而在对整车外观影响较大处,特别是车身侧面,原子灰总刮涂厚度(打磨后)不允许超过1mm。

⑦ 原子灰刮涂工具用完后,要清理干净再保存。刮刀口及平面应平整无缺口,以保证刮涂原子灰的质量。

⑧ 夏季天气炎热,温度较高,原子灰容易干燥,成品原子灰可用稀料盖在上面,自配的石膏原子灰可用湿布或湿纸盖住。冬季放在暖处,以防冻结,用时可加些清漆和溶剂,但不宜久放。

⑨ 原子灰不能长期存放于敞口的容器中,以免黏结剂变质,溶剂挥发,造成粘挂不住,出现脱落或不易涂刮等问题。

二、原子灰的干燥

新刮涂的原子灰会由于自身的反应热而变热,从而加速固化反应。一般在刮涂以后20~30min即可打磨。如果气温低或湿度高,原子灰的内部反应速率降低,从而要较长的时间来使原子灰固化。为了加快固化,可以用红外线灯加热。

加热时间的控制请查阅涂料的技术说明。如从"鹦鹉"原子灰839-20/20K的技术说明(表4-2)中可查到,原子灰839-20的干燥时间为:常温(20℃),20~30min;短波红外线烤灯烘烤,4min;中波红外线烤灯烘烤,5~10min。

用红外线烤灯烘烤原子灰的操作方法,请参阅本书"项目二"中底漆干燥部分内容。

 注意

在使用红外线灯或干燥机来加热和干燥原子灰时,一定要使原子灰的表面温度控制在50℃以下,以防止原子灰分离或龟裂。如果表面热得不能触摸,则说明温度太高了。

涂层薄的地方的温度,往往比涂层厚的地方低。这种较低的温度会减慢涂层薄的地方的固化反应。因此,一定要检查涂层薄的部分,以确保原子灰的固化良好。

检测原子灰是否完全干燥,通常用刮刀在原子灰表面轻划,如果有轻微的划痕即完全干燥。注意重点检查原子灰的周边区域,如图4-28所示,因为边缘区域干

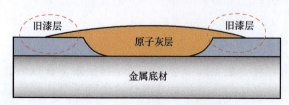

图4-28 检查原子灰干燥的区域

燥慢（反应热少）。

小结

（1）旧漆膜较厚，通过表面预处理打磨到露出金属底材时，底材表面凹凸不平度较大但在 3mm 以内以及对塑料件打磨露出塑料底材时，通常需要刮涂原子灰。

（2）原子灰又称为聚合型腻子，是一种膏状或厚浆状的涂料，它容易干燥，干后坚硬，能耐砂磨。

（3）原子灰多为双组分产品，需要加入固化剂后方能干燥固化，以提高硬度和缩短干燥时间。

（4）原子灰的种类很多，经常使用的有：普通原子灰、合金原子灰、纤维原子灰、塑料原子灰和幼滑原子灰等。

（5）挑选原子灰一是要求原子灰与金属和旧涂膜的附着性能好；二是要求原子灰的耐热性，要能在 120℃ 条件下承受 30min 以上，不产生起层、开裂、气泡等现象；三是原子灰的施工作业性能，刮原子灰后要求 30min 左右就能进行打磨，原子灰的刮涂和打磨作业性能好。

（6）在实际汽车修补涂装工作中，选择原子灰重点考虑的因素是被涂物面材料，因为不同类型的原子灰与板材之间的适用性是不同的。

（7）实际运用中，根据修补损伤的具体情况首先应选择合适的涂装系统，然后根据系统的建议选择各种需要的涂料。

（8）刮涂原子灰的方式有满刮和软硬交替刮两种。

（9）平面局部修补原子灰时，一般采用填充的刮涂方法。

（10）刮涂前被涂装表面必须干透，以防产生气泡或龟裂。若被涂装表面过于光滑，可先用砂纸打磨，以使原子灰与底面结合良好。

（11）如果需刮涂的原子灰层较厚，要多层刮涂时，每刮一道都要充分干燥，每道原子灰不宜过厚，一般要控制在 0.5～1.0mm，否则容易收缩开裂或干不透。

（12）在板件连接处或对整车外观影响较小处，原子灰的总刮涂厚度（打磨后）不允许超过 3mm；而在对整车外观影响较大处，特别是车身侧面，原子灰总刮涂厚度（打磨后）不允许超过 1mm。

（13）一般在刮涂以后 20～30min 即可打磨。

任务 4-2　原子灰的打磨与修整

任务导入

如图 4-29 所示，刮涂后的原子灰表面非常不平，必须经过充分打磨后才适合进行下一涂层的涂装。

另外，刮涂的原子灰干燥后，其表面要比周围的旧漆膜高，所以必须经过打磨，使其有合适的涂膜厚度，保证在其上涂装中涂底漆和面漆后，总漆膜厚度与周围的旧漆膜接近。

原子灰打磨后的表面，会有一些气孔和大的砂纸痕，必须进行修整。

图 4-29　刮涂原子灰后的状况

相关知识

一、填眼灰

原子灰表面经打磨后，会出现气孔及打磨留下的划痕，如图 4-30 箭头所指。对这类缺陷，应该用填眼灰（或原子灰）进行填充，打磨后方可形成平整表面，以适合喷涂中涂底漆或面漆，如图 4-31 所示。

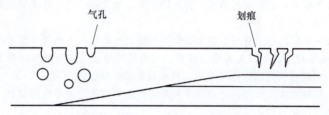

图 4-30　原子灰打磨后的表面缺陷

填眼灰，也称为填麻眼灰、填沙眼灰、幼滑原子灰、油灰、红灰等，是专门用来填充原子灰或中涂底漆打磨后留下的气孔、划痕等缺陷的涂料，通常有装在罐内和胶管内两种包装形式，如图 4-32 所示。

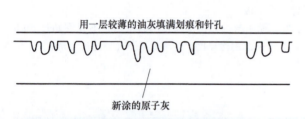

图 4-31　填眼灰填平后的表面

图 4-32　填眼灰

 注意

由于填眼灰多为单组分涂料，其性能低于原子灰，所以涂料生产商均建议不使用填眼灰。如果刮涂的原子灰表面有缺陷，应再次刮涂原子灰。

二、打磨指导层

图 4-33　打磨指导炭粉

为了使原子灰打磨平整，有时需要施涂打磨指导层，用于指导原子灰的打磨。

打磨指导层有打磨指导炭粉和打磨指导涂料两种。

打磨指导炭粉如图 4-33 所示，由粉扑和粉盒两部分组成。粉扑用于将黑色的炭粉施涂与待打磨表面，粉盒内盛装炭粉。

打磨指导涂料，也称为指导层漆。使用时应在打磨前，将指导层漆喷涂于待打磨表面。"鹦鹉"指导层漆有使用喷枪喷涂式和手喷罐式两种,其技术说明,见表4-3和表4-4。

表4-3 "鹦鹉"指导层漆(581-40)技术说明

	修补涂装工艺系统	—	
—	VOC应用含量	<804g/L	
	混合比例	10%体积比 581-40	
	释释剂	90%体积比 352-50/-91	
	重力喷枪 喷涂气压	HVLP喷枪:1.7~1.9mm 2.0~3.0bar(30~45psi)/0.7bar (10psi)风帽气压	兼容喷枪: 1.2~1.4mm 2bar
	喷涂层数	1雾喷层	
	刷涂	1层	

注:鹦鹉®581-40指导层可用于底漆和中涂底漆,以及聚酯腻子的打磨效果检查。

表4-4 "鹦鹉"指导层漆(581-90)技术说明

	修补涂装工艺系统	—		喷涂层数	1~2雾喷层
	摇动	2min			

注:鹦鹉®581-90指导层漆,黑色可以用于底漆和中涂底漆及聚酯腻子,以便于检查打磨的效果。该产品是自喷罐式包装。

技能学习

一、劳动安全与卫生

(1) 穿好工作服。
(2) 戴好棉手套。
(3) 打磨原子灰时必须佩戴防尘口罩。
(4) 用干磨机打磨原子灰时,须佩戴护目镜。

二、手工干磨原子灰

在汽车涂装施工过程中,原子灰打磨操作通常采用手工打磨和机械打磨两种方式。手工打磨适用于对小面积原子灰的粗磨和大面积的细磨以及需精工细磨部位(如对型线、曲面、转角及圆弧和弯曲等部位)的修整。手工打磨是用磨块上包砂布(纸)的方法进行打磨的。

手工干打磨原子灰

手工打磨又分为手工干磨法和手工湿磨法两种。手工湿磨法也称水磨法,操作时无粉尘飞扬,工作效率高,打磨质量好,但水磨后的涂层上有水分,需经烘干后方可进行下道工序施工,故生产周期长,而且会由于水分清理不彻底而形成影响后续施工的缺陷。故几乎所有的涂料生产商均建议采用干磨法。

(1) 选择合适的磨料,采用氧化铝磨料的疏式砂纸比较适合干磨,粒度为P80。

(2) 准备好气枪,将气枪连接到压缩空气管道上。
(3) 戴好手套和防尘口罩。
(4) 裁好砂纸。
(5) 粗磨。打磨时砂纸的递进程序如图4-34所示。

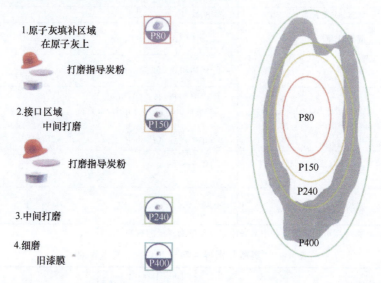

图 4-34　手工干磨时砂纸的递进程序

① 用P80砂纸打磨。只打磨原子灰中部较高的表面,直到整个原子灰表面略高于旧漆膜为止。打磨时注意不应始终按一个方向打磨,即应经常改变打磨方向,以"米"字形交叉打磨可获得较为平滑的表面。

② 换用P150砂纸打磨。此次打磨应扩展到整个涂了原子灰的区域。

(6) 检查原子灰表面。如果原子灰表面有明显的凹陷等缺陷或整体/局部表面高度不够(低于旧漆膜),则应再次补涂原子灰→干燥→粗打磨,直到确认原子灰表面平整,高度符合要求(比旧漆膜高)。注意再次补涂原子灰前,需清洁表面,因为原子灰表面多孔容易有水或灰尘残留在孔中,如图4-35所示。因此打磨以后需要用压缩空气吹去灰尘,才可以再次

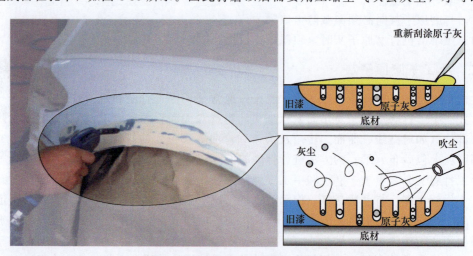

图 4-35　用压缩空气吹净原子灰表面

刮涂原子灰。

（7）细磨。

① 施涂打磨指导层。将粉扑按压在粉盒上面，上下摇晃粉盒使粉扑上粘上炭粉，然后用粉扑将炭粉涂抹在原子灰表面，如图4-36所示。

如果采用自喷罐式指导层漆（如"鹦鹉"581-90），只需将自喷罐充分摇匀后，在原子灰表面薄喷1～2层，待其闪干约5min后即可打磨。

如果采用喷涂式指导层漆（如"鹦鹉"581-40，见表4-3），则需将581-40与稀释剂（352-50或352-91）以1∶9体积比配比并搅拌均匀后，选用HVLP喷枪（口径1.7～1.9mm，喷涂气压2.0～3.0bar）或兼容喷枪（口径1.2～1.4mm，2bar），以雾状薄喷一层或刷涂一层，待其闪干后即可进行打磨。

② 用P240砂纸整体打磨，区域限制在底处理留下的羽状边以内。此时应重点关注原子灰与旧漆膜交接处，因为此处往往有较深的砂纸痕，必须仔细打磨，如图4-37所示。

图4-36　涂抹打磨指导炭粉

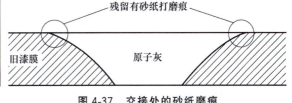

图4-37　交接处的砂纸磨痕

③ 换用P400（或P320）的砂纸整体打磨，如图4-38所示。打磨的区域应扩展到旧漆膜上准备喷涂中涂底漆的范围，如图4-39所示。此时还需重点关注原子灰与旧漆膜的交接处，如果此处不打磨平滑，则会在后续喷涂中涂底漆时，由于砂纸痕内易存留溶剂而产生起泡现象，如图4-40所示。

（8）清洁表面。用吸尘器吸净表面的灰尘（或用压缩空气吹净）。

图4-38　打磨原子灰周边的旧漆膜

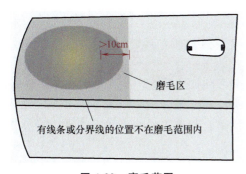

图4-39　磨毛范围

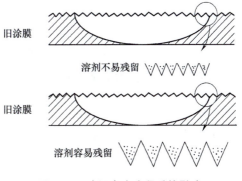

图4-40　砂纸磨痕残留后的影响

三、用干磨机打磨原子灰

1. 干磨系统准备

用干磨机打磨原子灰

干磨系统准备工作请参阅本书"项目一　表面预处理"的相关内容。砂纸的递进程序与手工干打磨时相同。

打磨机最好选用往复式，用双作用式也可。

无论什么打磨机，选择好打磨头是提高作业效率的重要因素。其中包括砂纸的装卸应简单容易，安装砂纸的表面应平整，能与涂膜接触良好，硬度要适宜等。

另外，原子灰的技术说明书中，也有关于打磨机选择的建议，尽量按建议选择。

2. 打磨

（1）穿戴好安全劳保用品。

（2）戴好手套，然后轻轻地摸一遍待打磨表面，这有助于操作工人决定如何进行打磨。

（3）握紧打磨机，将打磨机轻压在原子灰层表面，打开开关进行打磨。

打磨时应注意，打磨头的工作面应保持与原子灰表面平行，如图4-41所示。打磨时不能施力过大，应将打磨机轻轻压住，依靠旋转力进行打磨。若施力过大，就不能形成平整表面。打磨机应采用米字形打磨。

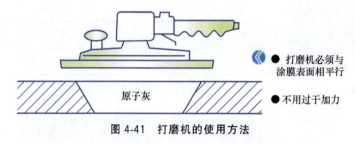

图4-41　打磨机的使用方法

用打磨机打磨原子灰时的操作程序与手工干磨相似，一般包括以下操作步骤：

① 用P80砂纸打磨。只打磨原子灰区域的中部较厚处，整个原子灰表面略高于旧漆层为止。

② 换用P150砂纸打磨。此次打磨应扩展到接口区域即底处理留下的羽状边区域。

③ 根据需要补涂原子灰，待原子灰干燥后用P150砂纸手工打磨原子灰表面及羽状边区域。

④ 施涂打磨指导层。

⑤ 换用P240砂纸打磨。此次打磨应扩展至旧漆膜，区域不要太大，按P150打磨区域向外扩约3～5 cm，重点关注原子灰与旧漆膜交接处。

⑥ 换用P400砂纸打磨。此次打磨扩展至旧漆膜，区域为需要喷涂中涂底漆的整个表面。

 注意

> ① 无论是手工打磨还是用打磨机打磨，原子灰最终打磨完成后，如果下道工序为喷中涂底漆，则原子灰表面应与周边的旧漆膜等高。
>
> ② 因干磨机的打磨效果不是很好，而且对边角区域打磨困难，故在用干磨机打磨时，常配合手工干磨，彻底清除细小的凹凸不平及打磨边角区域。通常从第一级砂纸打磨开始，至最后一级砂纸打磨过程中，更换每一级砂纸前，均要用同型号的砂纸进行手工打磨，重点是打磨机打磨不到的地方。

（4）清洁车身。最好使用压缩空气吹净打磨灰尘，必要时可配合使用除尘布除尘。

小结

(1) 刮涂后的原子灰表面非常不平，必须经过充分的打磨后才适合进行下一涂层的涂装。

(2) 刮涂的原子灰干燥后，其表面要比周围的旧漆膜高，所以必须经过打磨，使其有合适的涂膜厚度，保证在其上涂装中涂底漆和面漆后，总漆膜厚度与周围的旧漆膜接近。

(3) 原子灰打磨后的表面，会有一些气孔和大的砂纸痕，必须经过修整。

(4) 为了使原子灰打磨平整，有时需要施涂打磨指导层，用于指导原子灰的打磨。

(5) 打磨指导层有打磨指导炭粉和打磨指导涂料两种。

(6) 手工湿磨法也称水磨法，磨后的涂层上有水分，需经烘干后方可进行下道工序施工，故生产周期长，而且会由于水分清理不彻底而形成影响后续施工的缺陷。

(7) 打磨机最好选用往复式，用双作用式也可。另外，原子灰的技术说明书中，也有关于打磨机选择的建议，尽量按建议选择。

(8) 无论是手工打磨还是用打磨机打磨，原子灰最终打磨完成后，如果下道工序为喷中涂底漆，则原子灰表面应与周边的旧漆膜等高。

(9) 通常从第一级砂纸打磨开始，至最后一级砂纸打磨过程中，更换每一级砂纸前，均要用同型号的砂纸进行手工打磨，重点是打磨机打磨不到的地方。

项目五
中涂底漆的涂装

任务导入

原子灰表面打磨完成后,通常需要喷涂中涂底漆,如图5-1所示,以填平原子灰表面缺陷,为面漆喷涂建立良好的表面质量。但如果在原子灰的表面整体施涂了细原子灰,经打磨平整后检查,表面符合喷涂面漆的要求,可不喷涂中涂底漆。

对于施涂了底漆的表面,如果无须施涂原子灰,可在其表面直接喷涂中涂底漆,以封闭底层缺陷,并快速建立涂层厚度。

对旧漆膜起细微皱纹的部位,喷涂中涂底漆,填平凹陷,然后经打磨平整后即可喷涂面漆。

当中涂底漆干燥后,即可进行打磨,如图5-2所示。

图5-1 喷中涂底漆

图5-2 中涂底漆的打磨

原子灰表面残留的气孔、划痕、油污,以及不正确的喷涂施工方法等,均会在中涂底漆的表面留下缺陷,故在打磨之前,需要对缺陷进行修整(也可在粗磨中涂底漆后修整)。待修整完成后再进行打磨,为面漆喷涂准备良好的表面。

相关知识

一、中涂底漆的作用

将原子灰层表面的气孔用填眼灰填平后,由于填眼灰干燥后收缩,会在表面留下凹凸不平的点，如图 5-3 所示。尽管经过手工精磨操作，也不能满足喷涂面漆的需要。另外，原子灰表面打磨后，仍会留下细小的划痕，也不适合直接喷涂面漆。此时一般需要喷涂中涂底漆。

中涂底漆的主要作用一是填补平整表面，二是防锈保护。作为汽车修理涂装，主要偏重于前者，而且一直是以作业性为中心来选择使用。因此，对于中涂底漆，一直受到重视的是如何提高其厚涂性、干燥性、打磨性、防渗透性等施工性能，对涂层自身的质量性能要求居于其次。

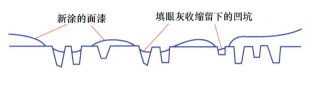

图 5-3 填眼灰收缩时的情形

但是近年来，随着合成纤维素丙烯酸硝基涂料、丙烯酸聚氨酯、聚酯-聚氨酯等各种面漆涂料的使用，出现了更加强调漆膜质量保证的倾向。为此，要求使用打磨性、耐水性优良的原子灰，厚涂性好、不吸水的中涂底漆与之匹配。

例如起泡问题，当各涂层耐水性不均衡时，水分（溶剂）就会集中到耐水性差的部位，使漆膜膨胀起泡。在图 5-4 中，中涂底漆层被夹在耐水性能较好的原子灰层和水难以透过的面漆层之间，因此水分将会聚集在耐水性差的中涂底漆层。

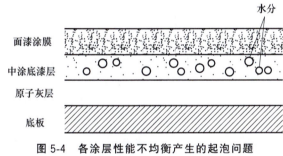

图 5-4 各涂层性能不均衡产生的起泡问题

由此可见，随着对漆膜质量要求的提高，中涂底漆层的耐水性和附着性显得更为重要。尤其是当面漆涂料使用丙烯酸聚氨酯这一类漆膜性能和表面质量好的涂料时，应使用耐水性和附着力高的中涂底漆。

除上述功能之外，中涂底漆还有覆盖作用。有皱纹的旧漆膜，如果直接喷涂面漆，会使旧漆膜溶解，打磨痕会渗到表面，或引起开裂、气孔等质量问题。先喷涂中涂底漆，形成漆膜层，可以抑制面漆溶剂向旧漆膜的渗透，防止质量事故的出现。另外，如果中涂底漆漆膜硬化后再喷面漆，防止溶剂的渗透效果会更好。

由于上述原因，在国外汽车修理业，双组分的聚氨酯类中涂底漆很受欢迎。

二、中涂底漆的选择

目前使用的中涂底漆有硝基类中涂底漆（1K 型）、丙烯酸中涂底漆（1K 型）和聚氨酯中涂底漆（2K 型）。各类型中涂底漆的特点对比，见表 5-1。

表 5-1 常用中涂底漆的特点对比

性能	1K 丙烯酸类中涂	2K 聚氨酯类中涂	1K 硝基类中涂
附着力	○	◎	×
填充性	○	◎	#
隔离性	○	◎	×
抗水性	#	◎	×
干燥性	○	#	◎
打磨性	◎	○	◎

续表

性能	1K 丙烯酸类中涂	2K 聚氨酯类中涂	1K 硝基类中涂
防吸收性	♯	◎	X
配合面漆颜色	♯	◎	X

注：◎—优越；○—良好；♯——般；X—不良。

随着面漆种类的不同，与之配套使用的中涂底漆也应不同。中涂底漆的合理选用，是避免涂装出现质量问题的关键。

当旧漆膜是烤漆涂料或丙烯酸聚氨酯涂料时，选用硝基类中涂底漆的问题不大，但要注意其质量、层间附着力和耐水性一定要满足要求。

当旧漆膜是改性丙烯酸或合成纤维素丙烯酸硝基漆时，采用聚氨酯类中涂底漆为宜。这种中涂底漆，漆膜性能好，覆盖效果好，即使旧漆膜有轻微缺陷，也不易出现质量问题。但应注意，这种中涂底漆不适宜用于局部修补，因为局部喷涂了聚氨酯类中涂底漆后，再喷涂面漆，往往会在修补原子灰与旧漆膜的边缘交接处出现起皱现象，故这种中涂底漆只适宜对旧漆膜或原子灰的整块覆盖。

厚涂型合成树脂中涂底漆的漆膜性能比不上聚氨酯中涂底漆，但由于其所使用的溶剂溶解力较弱，不会侵蚀底漆，干燥速度也比较快，因而常常被采用。对这种中涂底漆，重点应检查其层间附着力和耐起泡性。

硝基类和丙烯酸类中涂底漆，通常若耐起泡性和层间附着力好，则覆盖效果差；反之若覆盖效果好，则前两种性能差。因此有必要检查其溶剂挥发性能、覆盖效果、耐水性、丰满度、施工性能等。

在全涂装、原子灰涂装面积宽的场合以及当旧漆膜起皱时，使用聚氨酯类中涂底漆效果最好。除此之外，从作业性方面考虑，厚涂型合成树脂中涂底漆也很方便。这些中涂底漆的使用方法，有时随厂家不同而有若干差异，故应注意不要弄错。若需对中涂底漆进行稀释时，应使用指定的专用稀释剂，否则会影响性能。

有的聚氨酯中涂底漆被称为无须打磨型中涂底漆，但实际上随着中涂底漆层的不断硬化，层间附着力往往会下降，为提高层间附着力，仍需轻轻打磨，在表面留下打磨痕，以提高与面漆层的附着力。

实际施工中，只要购买了质量合格的涂装产品，均能满足上述性能要求。表5-2所示为"鹦鹉"系列中涂底漆与板件材料的适用性说明。从表5-2中可以看出，中涂底漆是不能直接施涂在板件表面上的，必须经过适当的处理后使用（如喷涂填充底漆）。因而实际工作中，选择中涂底漆重点关注的是中涂底漆与底漆的搭配。不同涂料生产商的产品，搭配情况是不同的。"鹦鹉"系列中涂底漆与底漆的搭配，见表5-3，从中可以看出，除水性底漆外，中涂底漆与底漆基本上均能相互搭配。

当接下来准备喷涂的面漆采用聚氨酯涂料时，中涂底漆也应采用聚氨酯类。如图5-5所示，当面漆采用聚氨酯涂料而中涂底漆采用硝基涂料时，漆膜形成就会不完全，引起起泡和开裂。另外，以双组分丙烯酸聚氨酯硝基漆作为面漆时，也以聚氨酯类中涂底漆为好。

下列场合尤其应使用聚氨酯类中涂底漆：首先是全涂装（尤其是电泳涂装），除此之外，车顶和行李厢等大面积涂装，旧漆膜为硝基漆的涂装等。

三、中涂底漆的涂装程序

中涂底漆的涂装程序如图5-6所示。

表 5-2 "鹦鹉"系列中涂底漆与底材的适用性

中涂底漆	钢材	镀锌钢板	铝镁	有电泳底漆的原厂件	旧涂层
285-0 VOC 鹦鹉®高浓透明中涂底漆VOC				❶	❶
285-31 VOC 鹦鹉®高浓免磨中涂底漆(VOC)	❶	❶	❶	❶	❶
285-38 VOC 鹦鹉®高浓免磨中涂底漆,白色	❶	❶	❶	❶	❶
285-49 VOC 鹦鹉®高浓免磨中涂底漆,黑色	❶	❶	❶	❶	❶
285-95 VOC 鹦鹉®高浓可调中涂底漆	❸	❸	❸	❸	❸
285-100 VOC 鹦鹉®快干中涂底漆	❶	❶	❶	❶	❶

- 不适用
- ● 可以直接使用,甚至在裸露的金属表面也可使用
- ❶ 在打磨至裸露金属/或裸露金属表面,使用:鹦鹉®283-150 VOC磷化填充底漆或鹦鹉®285-16 VOC高浓热固填充底漆
- ❷ 在打磨至裸露金属/或裸露金属表面,使用:鹦鹉®70-2双组分水性底漆或鹦鹉®285-16 VOC高浓热固底漆
- ❸ 在打磨至裸露金属/或裸露金属表面,使用:鹦鹉®285-16 VOC高浓热固底漆

表 5-3 "鹦鹉"系列中涂底漆与底漆的搭配

中涂底漆	70-2 VOC	283-150 VOC	285-16 VOC	801-72 VOC
285-0 VOC 鹦鹉®透明底漆		●	●	●
285-31 VOC 鹦鹉®高浓免磨中涂		●	●	●
285-38 VOC 鹦鹉®高浓免磨中涂白色		●	●	●
285-49 VOC 鹦鹉®高浓免磨中涂黑色		●	●	●
285-95 VOC 鹦鹉®高浓可调色中涂		●	●	●
285-100 VOC 鹦鹉®快干中涂		●	●	●

- 不适用
- ● 适合的底漆/填充底漆/中涂底漆搭配

注:表中 70-2 VOC 为鹦鹉双组分水性底漆;283-150 VOC 为鹦鹉磷化填充底漆;285-16 VOC 为鹦鹉高浓热固填充底漆;801-72 VOC 为鹦鹉环氧填充底漆。

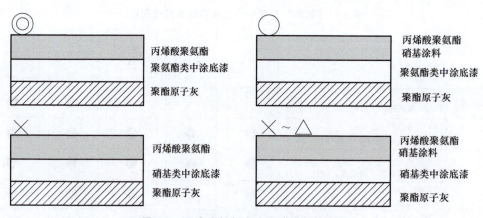

图 5-5　面漆涂料与中涂底漆涂料的组合

◎—良好；○—较好；△—一般；×—不好

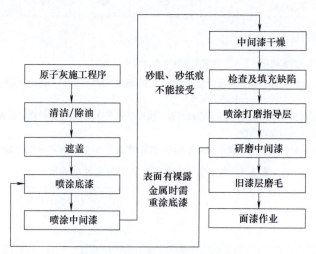

图 5-6　中涂底漆的涂装工艺程序

技能学习

一、劳动安全与卫生

中涂底漆施工时的劳动保护与安全卫生注意事项与底漆施工相同。

二、准备工作

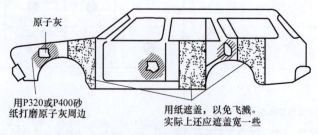

图 5-7　喷涂中涂底漆前的遮盖与打磨

（1）先用压缩空气清除表面粉尘。

（2）若进行过湿打磨，应作去湿处理，使被喷涂表面干燥。

（3）对于不需喷涂的部位，可按图 5-7 所示的方式遮盖，重点应注意喷涂时可能产生飞溅的部位。

注意

对于局部遮盖,一定要使用反向遮盖法,以使喷涂的中涂底漆有平滑的过渡,如图5-8所示。

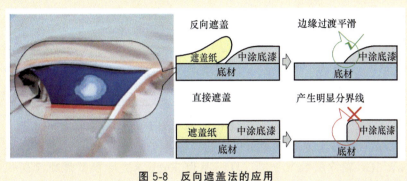

图5-8 反向遮盖法的应用

(4)除尘与除油。

① 用除尘布将需喷涂表面进行一次细致的除尘。

② 用脱脂剂进行脱脂处理。

(5)调制中涂底漆。

① 因准备涂装中涂底漆的表面为原子灰,之后要进行打磨以获得更为平滑的表面,故在"鹦鹉"系列中涂底漆中,选择快速中涂底漆(285-100 VOC),其技术说明见表5-4。

表5-4 "鹦鹉"快速中涂底漆(285-100 VOC)技术说明

应用:	打磨中涂漆(3层涂装系统);湿对湿中涂,塑料件涂装的填充底漆;图案喷涂的附着力增强剂;TPA修补时,整个板的填充底漆。
特性:	良好的填充性,抗溶剂性和附着力;快干;最终涂膜完美;
注意:	针对磨穿区域,要先喷涂鹦鹉®283-150 VOC磷化底漆(以1:1的比例混合352-228,再加30%352-);最低常温干燥温度:15℃,当作为表面图案喷涂层下的黏附层或用于热塑性旧涂膜(TPA)表面时,仅喷涂薄层,并且给予较长的闪干时间。

图标	应用	快速打磨中涂	
	涂装工艺系统	—	
—	可喷涂面积	375m²/L 1μm	
	混合比例	4:1:1 100%体积比 285-100 VOC	
	固化剂	25%体积比 929-56/55	
	稀释剂	25%体积比 352-91	
	喷涂黏度 DIN 4 在 20℃	18～21s	活化时间20℃:2h
	重力喷枪 喷涂气压	HVLP喷枪:1.7～1.9mm 2.0～3.0bar(30～45psi)/0.7bar(10psi)在喷嘴处	兼容喷枪:1.6～1.8mm 2bar

续表

图标	应用		快速打磨中涂	
	喷涂层数	2	膜厚：	50μm
	干燥 20℃ 60℃	2h 30min		
	红外线 （短波） （中波）	8min 10～15min		
	打磨	P800		

② 确定中涂底漆用量。根据涂料技术说明的参考数据来确定。从"鹦鹉"快速中涂底漆（285-100 VOC）的技术说明表中可以查得，该中涂底漆的可喷涂面积效率为当膜厚为 $1\mu m$ 时，$375m^2/L$；喷涂层数为2层，总膜厚为 $50\mu m$。然后根据需喷涂面积的大小（估算）及喷涂的总膜厚即可估算出漆的用量。

③ 根据涂料说明书建议的各成分比例（主剂、固化剂和稀释剂），利用调漆比例尺进行涂料的调制，视需要进行黏度测试。中涂底漆的喷涂黏度随厂家而异。采用4号福特杯时，硝基类中涂底漆16～20s，丙烯酸类中涂底漆13～15s为宜。聚氨酯类中涂底漆适宜喷涂的黏度，一般为16～18s，但随厂家不同有所差异，应注意使用说明书要求。从表5-4中可以看出，"鹦鹉"快速中涂底漆（285-100 VOC）的调制比例（体积比）为4∶1∶1，即中涂底漆（285-100 VOC）∶固化剂（929-56/55）∶稀释剂（352-91）＝4∶1∶1。黏度在常温下为18～21s。

（6）选择合适的喷枪。硝基类和丙烯酸类中涂底漆（1K型）选用的喷枪口径一般在1.3～1.8mm，采用虹吸式和重力式都可以。聚氨酯类中涂底漆所用喷枪若是重力式，喷孔直径为1～3mm，若是虹吸式则为1.5～1.8mm。具体要求还需查阅使用涂料的产品说明书。从表5-4中可以查到，喷涂"鹦鹉"中涂底漆（285-100 VOC）选用重力式喷枪，用HVLP喷枪时，口径为1.7～1.9mm；用兼容喷枪时，口径为1.6～1.8mm。

（7）将调好黏度的中涂底漆充分搅拌后通过漏斗过滤后装入喷枪涂料杯内。

中涂底漆的喷装

三、中涂底漆的喷涂

因中涂底漆涂料种类的不同，其作业方式有一定差异。同一种中涂底漆也可以有两种施工工艺，图5-9所示为"鹦鹉"2K型中涂底漆的两种不同的施工工艺及其作用差异。在本任务中，选择研磨型喷涂工艺。

1. 调整喷枪

（1）根据涂料的产品说明书调整喷枪的气压。从表5-4中可以查到，喷涂"鹦鹉"中涂底漆（285-100 VOC）选用重力式喷枪，用HVLP喷枪时，气压2.0～3.0bar（0.2～0.3MPa，1bar＝0.1MPa）；用兼容喷枪时，气压为2.0bar（0.2MPa）。

（2）根据喷涂面积调整扇形大小。

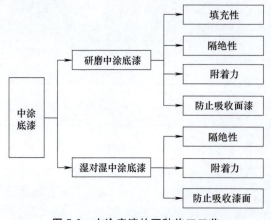

图5-9　中涂底漆的两种施工工艺

（3）调整漆流量（最好做雾形测试）。

2. 喷涂

（1）按正确的喷涂要领（喷涂距离、走枪速度、扳机控制、雾形重叠比例等），先在原子灰与旧漆膜边缘交接部位薄喷涂，使旧漆膜与原子灰的交接面融合，如图5-10所示。

（2）待其稍干之后，给整个原子灰表面薄喷一层，喷涂后形成的表面应平整光滑。

（3）取适当的时间间隔，分几次薄喷，一般要喷3～4层，注意每层之间需留出足够的闪干时间（一般为5min）。

中涂底漆涂料的喷涂面积如图5-11所示，应比修补的原子灰面积宽，而且要达到一定的程度。喷第二遍比第一遍宽，第三遍比第二遍宽，逐渐加大喷涂面积。

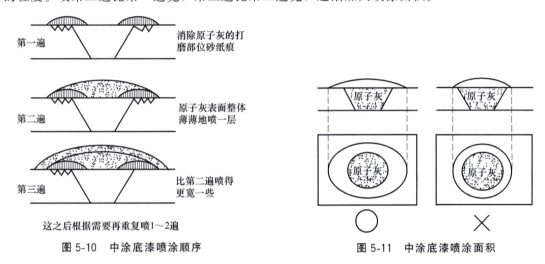

图5-10 中涂底漆喷涂顺序　　　　图5-11 中涂底漆喷涂面积

如图5-12所示，相邻的几小块原子灰修补块，可先分别预喷两遍，然后再整体喷涂2～3次，连成一大块，这样处理，可以取得良好的效果。这种场合不宜一次喷得过厚，而且应取适当的时间间隔，分几次喷涂。

当旧漆膜是改性丙烯酸硝基漆等易溶性涂料时，对黏度和喷涂时间间隔应十分注意。若采用硝基类中涂底漆，黏度应取18～20s，要反复薄薄地喷涂，以免喷涂后表面显得粗糙。如果用丙烯酸类中涂底漆，黏度可取14～15s。

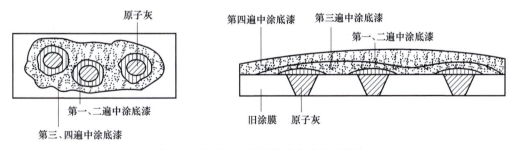

图5-12 相邻油灰修补块的中涂底漆喷涂

聚氨酯类中涂底漆的喷涂方法与硝基类中涂底漆一样，但聚氨酯类中涂底漆每道形成的漆膜较厚，一般喷两遍就够了，若需更厚可喷三遍。比如旧漆膜剥离后的表面，如果直接喷涂中涂底漆，就需喷涂三遍。

当旧漆膜是硝基类涂料时，如果只在修补了原子灰的部分喷涂聚氨酯类中涂底漆的话，则在中涂底漆与硝基旧漆膜的交接处，在喷涂了面漆之后，往往会起皱。为防止这一点，应在整块板上全部喷涂聚氨酯类中涂底漆。如图 5-13 所示，旧漆膜为硝基漆时应整体喷涂中涂底漆，应先在补原子灰处薄薄地喷一层，然后整体喷涂两遍。

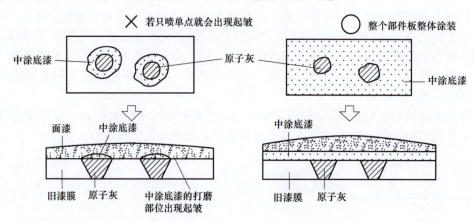

图 5-13　旧漆膜为硝基漆时应整体喷涂中涂底漆

3. 中涂底漆喷涂注意事项

（1）中涂底漆一次不能喷涂太厚。分几次喷涂表面看起来更花时间，但实际上，喷涂两道涂料时，边喷边用吹风机加快溶剂的挥发，比一次厚厚地喷涂干燥速度快，作业效率也高。其原因是若漆膜厚，溶剂会滞留在漆膜内难以挥发。溶剂的挥发速度，与膜厚的二次方成反比。比如将分三次涂装的膜厚一次喷涂，挥发速度反而大大减慢，打磨和修补无法进行，最终结果是作业速度下降。

如果一次喷涂过厚，使溶剂残留在漆膜内难以挥发，如图 5-14 所示，原子灰边缘的旧漆膜会被浸润膨胀，在喷涂了面漆之后就会起皱，所以中涂底漆涂料切忌一次喷涂过厚。就是所谓的厚涂型中涂底漆，也并不是指一次喷涂就很厚，而是分几次喷涂，最终形成的中涂底漆涂层较厚。

（2）寒冷季节和雨天喷涂中涂底漆的注意事项。当气温低和湿度大的时候，应采用红外线灯管或热风加热器，将涂装面加热到 25℃ 左右，以除去湿气。喷涂的中涂底漆黏度取 18~20s 为宜，其他做法基本不变。加热干燥时，不能突然提高温度，而要渐渐加热，否则易产生大量的气孔。

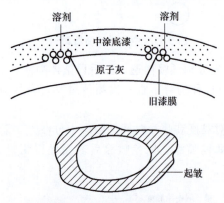

图 5-14　原子灰边缘起皱的原因

四、中涂底漆的干燥

（1）中涂底漆喷涂完后，闪干 10~15min，即可拆除遮盖纸。

（2）若采用常温干燥，则关好喷漆间的门，关闭相关电源即可。从表 5-4 中可查到，"鹦鹉"中涂底漆（285-100 VOC）的常温（20℃）干燥时间为 2h。

（3）若采用烤房烘烤干燥，则应先关闭喷漆开关，根据涂料产品说明书的规定，调好烘烤温度和时间，启动"烘烤"，关好喷漆间的门即可。从表 5-4 中可查到，"鹦鹉"中涂底漆（285-100 VOC）的烘烤干燥温度为 60℃，时间为 30min。

（4）若采用红外线烤灯烘烤（图 5-15），操作方法需参阅烤灯的说明书。从表 5-4 中可查到，"鹦鹉"中涂底漆（285-100 VOC）采用短波红外线灯烘烤时，时间为 8min；使用中波红外线灯烘烤时，时间为 10～15min。

如果干燥不充分，不仅打磨时涂料会填满砂纸，使作业难以进行，而且喷涂面漆之后，往往会出现漆膜缺陷。

五、中涂底漆喷涂效果检查

中涂底漆喷涂干燥后，应达到下列要求。

（1）涂层丰满，达到规定厚度。

（2）橘皮纹理均匀，能将所有缺陷部位完全遮盖、边缘过渡平顺、无明显凸台。

图 5-15　中涂底漆的烘烤干燥

（3）无明显流挂产生，流挂高度不超过 1mm，长度不超过 10mm。

（4）无咬底、油点等漆膜缺陷。

（5）车身其他部位保护良好，无漆雾附着。

如果不能达到上述要求，视情况进行补喷。

六、中涂底漆涂层的打磨

1. 干磨

（1）手工干磨。用手工打磨块干磨时，应使用软磨头或橡胶块。先用 P240 砂纸，将凸出部分磨平，然后用 P400 或 P600 砂纸将整个表面打磨平整（包括需喷涂面漆的旧漆膜）。

注：目前，涂料制造商基本不建议手工干磨中涂底漆。

（2）干磨机打磨。采用双作用式和往复式打磨机均可，开始所用砂纸粒度以 P240～P280 为宜。往复式打磨机打磨，比双作用式速度慢，但操作比较简单。

干磨时，先用 P240 砂纸将凸起部位打磨平，随后用 P320 砂纸整体打磨，最后用 P400 砂纸整体打磨（包括需喷涂面漆的旧漆膜）。不同的涂料，要求的打磨砂纸粒度有所不同。由"鹦鹉"中涂底漆（285-100 VOC）的技术说明可知，采用干磨机打磨时，应选用 P400 砂纸。但这并不是开始就必须使用 P400 砂纸，而是可以先用 P240 或 P320 砂纸，然后逐步过渡至 P400。

不论使用哪种打磨机打磨，都不用太大的力压在漆膜上，只能稍用点力沿着车身表面移动。用力过大，砂纸磨痕就会过深。

打磨时应注意不能只打磨喷涂了中涂底漆的部位，旧漆膜及其与中涂底漆的交接区域也应进行打磨。

打磨过程中可配合使用炭粉作为打磨指导，以便获得良好的打磨效果。

干磨结束后，拆去遮盖，用吹风机进行清洁。也可用黏性抹布擦拭打磨表面。

2. 湿磨

湿磨一般采用 P320～P600 耐水砂纸。当面漆为金属闪光涂料时，可以用 P400 砂纸；如果面漆是硝基涂料时，要用 P600 砂纸，若用 P400 砂纸，漆膜表面往往会有较深的砂纸磨痕。当面漆为素色时，可以用 P320 砂纸，但如果是素色硝基涂料，应用 P400 以上砂纸打磨。

从"鹦鹉"中涂底漆（285-100 VOC）的技术说明可知，采用手工水磨时，应选用 P800 的砂纸。

打磨时使用的垫块应柔软。手工打磨时应避免手指接触被打磨表面。打磨要仔细，不能有遗漏。

打磨结束后,如图 5-16 所示,对玻璃滑槽缝隙、门把手、玻璃四周等边缘部位,要用刷子蘸上研磨膏进行打磨,清除残余的污物。也可以使用 P2000 美容砂纸打磨。

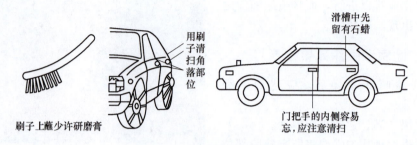

图 5-16　边缘部位的清扫打磨

现在许多涂料生产商制造了免磨中涂底漆,这类型的中涂底漆喷涂完后,表面非常平整光滑,因此无须进行打磨,如"鹦鹉"285-31 VOC、285-38VOC 和 285-49 VOC,均为免打磨型中涂底漆,"鹦鹉"285-31 VOC 的技术说明见表 5-5。但如果表面有灰点等喷涂缺陷,还是应用细砂纸(可选用 P800)打磨,表面效果会更好。

表 5-5　"鹦鹉"高浓免磨中涂底漆(285-31 VOC)技术说明

应用:	经济型修补的湿碰湿中涂底漆。		
特性:	无须打磨,无须强制干燥;漆膜丰满;喷涂性能可靠,有较好的耐候性。		
注意:	在喷涂该中涂底漆前,要对腻子整平处用 P320(干磨)细磨,并使用 581-90 指导层;使用鹦鹉®283-150 磷化底漆喷涂于磨穿处,然后再喷涂此底漆。		
	涂装工艺系统	S.4	
	可喷涂面积效率	$331m^2/L(1\mu m)$	
	混合比例	3:1:1 100%体积比 285-31	
	固化剂	33%体积比 929-56/55	
	稀释剂	30%体积比 352-91/216	
	喷涂黏度 DIN 4(20℃)	16~18s	活化时间(20℃):2h
	重力喷枪 喷涂气压	HVLP 喷枪:1.2~1.3mm 2.0~3.0bar(30~45psi)/0.7bar (10psi)在喷嘴处	兼容喷枪:1.2~1.4mm 2bar
	喷涂层数	2(先喷一层于腻子整平处,再喷涂于整个需要喷涂的区域)	膜厚:20~35μm
	闪干时间　(20℃)	10min,纯色面漆;15~20min,底色漆(闪干至亚光)	

七、收尾工作

若采用的是湿磨,就要用清水冲洗干净打磨部位,然后用红外线烤灯和热风加热器等将表面除湿干燥。

若采用的是干磨,应用吸尘器将打磨粉尘彻底清除干净。如果是局部修补涂装,周围的旧漆膜,要用粗颗粒的研磨膏进行研磨,以彻底清除污物和油分。

最后应仔细检查漆膜表面，不能遗漏未经打磨的部位，如果有，再用 P400~P600 砂纸打磨。

八、中涂底漆施工质量检查

中涂底漆施工结束后，应达到下列要求。

（1）打磨彻底。对于整板喷涂，打磨露底范围要控制在 20mm×20mm 范围内，并且露底情况不明显。

（2）打磨后表面光滑，无橘皮纹。

（3）所有需要喷涂的部位都要打磨到，不能有遗漏，尤其是窗口装饰条、板件边缘等部位更要打磨到。

小结

（1）原子灰表面打磨完成后，通常需要喷涂中涂底漆，以填平原子灰表面缺陷，为面漆喷涂建立良好的表面质量。

（2）如果在原子灰的表面整体施涂了细原子灰，经打磨平整后检查，表面符合喷涂面漆的要求，可不喷涂中涂底漆。

（3）对于施涂了底漆的表面，如果无须施涂原子灰，可在其表面直接喷涂中涂底漆，以封闭底层缺陷，并快速建立涂层厚度。

（4）对旧漆膜起细微皱纹的部位，喷涂中涂底漆，填平凹陷，然后经打磨平整后即可喷涂面漆。

（5）当中涂底漆干燥后，即可进行打磨。

（6）中涂底漆的主要作用一是填补平整表面，二是防锈保护。

（7）目前使用的中涂底漆有硝基类中涂底漆（1K型）、丙烯酸类中涂底漆（1K型）和聚氨酯类中涂底漆（2K型）。

（8）随着面漆种类的不同，与之配套使用的中涂底漆也应不同。

（9）在全涂装、原子灰涂装面积宽的场合以及当旧漆膜起皱时，使用聚氨酯类中涂底漆效果最好。

（10）中涂底漆是不能直接施涂在板件表面上的，必须经过适当的处理后使用（如喷涂填充底漆）。因而实际工作中，选择中涂底漆重点关注的是中涂底漆与底漆的搭配。

（11）硝基类和丙烯酸类中涂底漆（1K型）选用的喷枪口径一般在 1.3~1.8mm，采用虹吸式和重力式都可以。聚氨酯类中涂底漆所用喷枪若是重力式，喷孔直径为 1~3mm，若是虹吸式则为 1.5~1.8mm。

（12）中涂底漆一次不能喷涂太厚。

（13）中涂底漆喷涂完后，闪干 10~15min，即可拆除遮盖纸。

（14）中涂底漆喷涂干燥后，应达到下列要求。

① 涂层丰满，达到规定厚度。

② 橘皮纹理均匀，能将所有缺陷部位完全遮盖，边缘过渡平顺、无明显凸台。

③ 无明显流挂产生，流挂高度不超过 1mm，长度不超过 10mm。

④ 无咬底、油点等漆膜缺陷。

⑤ 车身其他部位保护良好，无漆雾附着。

（15）中涂底漆施工结束后，应达到下列要求。

① 打磨彻底。对于整板喷涂，打磨露底范围要控制在 20mm×20mm 范围内，并且露底情况不明显。

② 打磨后表面光滑，无橘皮纹。

③ 所有需要喷涂的部位都要打磨到，不能有遗漏，尤其是窗口装饰条、板件边缘等部位更要打磨到。

项目六

面漆的调色

 任务 6-1　素色漆的调色

 **任务导入**

中涂底漆打磨完成后，即准备喷涂面漆。如图 6-1 所示，为了使修补区域喷涂的面漆颜色与周边的旧漆膜一致，必须对准备喷涂的面漆进行颜色调配，即所谓调色。

图 6-1　准备喷涂面漆表面

涂料本身有一定的颜色，但在实际使用中，特别是在汽车的涂装维修中，往往是购得的涂料与维修汽车的表面颜色不同。这就必须对涂料的颜色进行调配，尽量使之与汽车原色漆颜色一致。根据色彩的基本知识和原理，再结合涂料使用的具体要求，进行色漆的调配。

在涂装工业中，调色是一种非常重要的基本技法，也是一种不容易掌握的技法。在涂料的调色中，首先要将材料的化学性质搞清，不同性质的涂料是不能进行色彩调配的。

由于素色漆中不含有金属粉粒（铝粉、云母粉等），漆面色彩呈单一性，从各角度观察基本一致，所以素色漆的调色工作也相对简单。

 相关知识

一、色彩的性质

色彩的性质就是指色调、明度、彩度，也称为颜色的 3 个空间或颜色三属性，要想完整、准确地描述一个颜色,需要包含这三方面的内容,缺一不可,如图 6-2 所示。

1. 色调

色调(也称为色相,通常用 H 表示)是颜色之间的区别,是一定波长单色光的颜色相貌,它取决于光源的光谱组成以及物体表面对各种波长可见光的反射比例,是表示物体的颜色在"质"的方面的特性。

色相是色彩的第一种属性,这一特性使我们可将物体描述为红色、橙色、黄色、绿色、蓝色和紫色等。色彩系统中最基本的色调是红色、黄色和蓝色,它们也称为"三原色",几乎所有的颜色都可以用它们调配出来。而橙色、绿色、紫色又是红、黄、蓝三原色按 1∶1 的比例混合调配出来的,称为"三间色"。这 6 种颜色又统称为颜色的六种基本色调。把这些色调排列成一个圆环,沿着圆环的周边每向前一步,色调都会产生变化,如图 6-3 所示。若从色光的角度来看,色调又随波长变化而变化,紫红、红、橘红等都是表明红色类中各个特定色调,这三种红色之间的差别就属于色调差别。同样的色调可能较深或较浅。

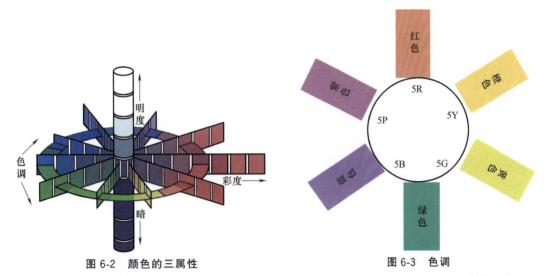

图 6-2　颜色的三属性　　　　　　　图 6-3　色调

颜料的三原色可以配成数不胜数的其他各种颜色。每两种原色混合就可得到一种间色。如黄+蓝=绿,红+黄=橙,蓝+红=紫。两种原色混合时,有多些的和少些的,混合成的复色就带有多原色色相。如黄和蓝混合,当黄色较多时成为黄绿,蓝色较多时成为蓝绿;同理,黄和红混合,会得到黄橙、红橙;红和蓝混合,会得到蓝紫、红紫。而红、黄、蓝加在一起可成黑色。

2. 明度

明度是人们看到颜色所引起视觉上明暗(深浅)程度的感觉(通常用 L 表示),也称为亮度、深浅度、光度或黑白度,是说明从有色物体表面反射能量的数量,是表示物体的颜色在"量"方面的特性。

明度随光辐射强度的变化而变化,是色彩的第二个最容易分辨出的属性。明度是一种计量单位,它表明某种色彩呈现出的深浅或明暗程度。同一色调可以有不同的明度,例如红色就有深红、浅红之分。不同色调也有不同的明度,如在太阳光谱中,紫色明度最低,红色和绿色明度中等,黄色明度最高,人们感到黄色最亮就是这个道理。明度可标在刻度尺上,从黑至白依次排列,如图 6-4 所示。愈近白色,明度愈高;愈近黑色,明度

图 6-4　明度尺

愈低。因此无论哪个颜色加上白色，都会提高混合色的明度；而加入灰色，则要根据灰色深浅而定。

3. 彩度

彩度是表示颜色偏离具有相同明度的灰色的程度，是颜色在心理上的纯度感觉（通常用 C 表示）。彩度还有纯度、鲜艳度或饱和度之称。彩度是色彩的第三个性质，也是一种不易觉察并经常受到曲解的性质。除非我们比较同一色调和明度的两种颜色，我们才会意识到它的表现形式。做这种比较时，我们通常会使用"鲜艳"或"黯淡""鲜亮"或"浑浊"这样一些词语来进行描述。如图 6-5 所示，在图表中心，颜色看上去很黯淡，沿着图的中心每向外一步，彩度的值就会相应增加，而颜色看上去也更加鲜亮。当某一颜色浓淡达到饱和，而又无白色、灰色或黑色渗入其中时，即为正色。若有黑、灰渗入，即为过饱和色；若有白色渗入，即为未饱和色。

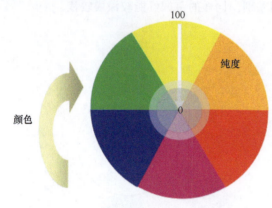

图 6-5 彩度变化

物体反射出的光线的单色性越强，物体颜色的彩度值越高。每个色调都有不同的彩度变化，标准色的彩度最高（其中红色最高，绿色低一些，其他居中），黑、白、灰的彩度最低，被定为零，称为消色或无彩色。除此之外其他颜色称为有彩色，有彩色有色调、明度和彩度变化；无彩色只有明度变化，没有色调和彩度。无彩色从白到黑的黑白层次为明度等级，从 0~10 共 11 个等级。如果将色调连续起来，并且每个色调均以其标准色为最高彩度等级，再按明度连续变化，则构成了颜色立体球，如图 6-6 所示。由于各色调的彩度值不同，所以实际的颜色立体球并不是标准的球形。

为了准确地描述某一个颜色，人们发明了颜色三维坐标，如图 6-7 所示。其中"L"明度，相当于空间三维坐标的垂直轴（Z 轴），共分 100 个等级；"a"值表示红绿值，相当于空间三维坐标的 X 值；"b"表示黄蓝值，相当于空间三维坐标的 Y 值。这样在颜色三维坐标中的任何一点，均可用 L、a、b 三个具体的数值来表示；同样，任何一组 L、a、b 数值，则确切地表示某一个颜色。

图 6-6 不同色调的彩度（颜色立体球）

图 6-7 颜色三维坐标

二、颜色的命名

1. 颜色的系统命名

（1）消色（无彩色）类的系统命名规则。色相修饰语＋消色基本色名＝色名

色相修饰语分为：带红的，带黄的，带绿的，带青的，带紫的。

消色基本色名分为下列 5 个等级：白色，明亮的灰色，灰色，暗灰色，黑色。

例如：带青的＋明亮的灰色＝带青的明灰色

（2）有彩色类的系统命名规则。色相修饰语＋明度及饱和度修饰语＋彩色基本色名＝色名

彩色的基本色名为 10 种：红色、黄红色、黄色、黄绿色、绿色、青绿色、青色、青紫色、紫色、红紫色。

例如：带红的＋暗灰色＋紫色＝带红的暗灰紫

在使用色相修饰语时有一定的适用范围，一般不能修饰相反色相和相同色相的基本色名。例如带绿的红色实际不存在，带绿的绿色也不合理。

2. 颜色的习惯命名

以花、草、树木、果实的颜色命名。例如玫瑰红、桃红、草绿、荷叶绿、橄榄绿、檀紫、竹叶绿、苹果绿、葱绿、橙黄等。

3. 以动物的特色命名

例如鹅掌黄、鼠背灰、鸽灰、孔雀蓝、蟹青等。

4. 以天、地、日、月、星辰等的颜色命名

例如天蓝、土黄、月灰、水绿、金黄、银灰、石绿、翠绿、钴蓝、铅白、锌白、湖蓝、石青等。

5. 以染料或颜料色的名称命名

例如苯胺紫、甲基红等。

6. 以形容色调的深浅、明暗等形容词命名

例如朱红、蓝绿、紫灰、明绿、鲜红等。

7. 以古今中外词汇中常用的抽象名词或形容词命名

例如枯绿、满江红等。习惯称呼的颜色名称有酱紫、肉色等。

三、颜色的变化

所有这些颜色都有着它们最基本的颜色，即原色。万千颜色都是以原色按一定规律混合而调配成的成色。成色之间相互交错混合，产生了色的无穷变化。颜色按照其三属性的基本特征，按有彩色与无彩色的规律进行多种变化，形成无数色的组合。

人对颜色的视觉感是光刺激人的眼睛后，由人的视觉生理本能反应的结果，因此，人能看得到各种颜色。光的波长不同，其强度也不一样，同一种光源能产生不同的颜色。所以辨别颜色仅靠人的眼睛是比较困难的，人们必须找出基本颜色，由此进行混合成色，才能使配色有规律可循。颜色的三个原色是红、黄、蓝。称红、黄、蓝为原色，是因为这三个颜色是用其他任何色也不能调出来的，而以这三个基本色混合调配可以调出其他无数的颜色。

（1）三原色。红、黄、蓝是三原色。用色彩的产生和颜色的色调、明度和饱和度来解释三原色，以及两个原色相调配并继续再用其中的两个色相相调配，如此下去，其颜色的名称含义十分复杂，只能概念性地了解它们的配色与成色的规律，以供配色之用。

（2）间色。以 1∶1 比例将两种原色调配而形成的颜色称为间色。间色也只有 3 个，即

红色＋蓝色为紫色，黄色＋蓝色为绿色，红色＋黄色为橙色。

(3) 复色。两种间色混合或三原色按不同比例混合而形成的颜色为复色。

(4) 补色。两个原色形成一个间色，另一个原色即为补色；两个间色混合调为复色，与其相对应的另一个间色也称为补色。

(5) 消色。在原色、复色中加入一定量的白色，可调出粉红、浅红、浅蓝、浅天蓝、淡蓝、浅黄、牙黄、奶黄等深浅不一的多种颜色。加入黑色可调出棕色、灰色、褐色、墨绿等不同的颜色。由于白色和黑色起到了削弱颜色的作用，因此将白色和黑色称为消色。

四、颜色的调配

1. 颜色调配的定义

将两个颜色调节到视觉上相同或等同的方法称为颜色匹配或颜色调配，具体到涂料工业便是复色漆的配制，简称配色。

2. 颜色调配的类型

颜色调配有两种类型，即相加混合和相减混合。

(1) 颜色相加混合。色光相加后的混合色光，其明度是原来各单色光的明度之和，所以加色混合，明度与饱和度都提高，颜色鲜艳。譬如，彩色电视机的呈色是通过红、绿、蓝三色电子枪将彩色光束射在荧光屏上，依靠颜色叠加而获得各种各样颜色的。在颜色相加混合中，我们称红、绿、蓝为三原色。

(2) 颜色相减混合。色料混合的实质是色料的选择性吸收，使色光能量削弱。故色料相加，能量减弱，越加越暗，饱和度下降。涂料呈色就属于这一类。

3. 色彩的基本色

与涂料颜色匹配的三原色是品红、黄、青，而不是通常所讲的红、黄、蓝。但是在涂料配色实践中因为没有品红、青这两种颜色的颜料，所以颜色的配制只能用红、黄、蓝三色来配制，红、黄、蓝称为三基色，橙、绿、紫称为次级色。这六种颜色构成了一个颜色圆环，称为色环，如图 6-8 所示。

色环中，相互对应的颜色称为补色，比如红和绿、黄和紫、橙和蓝互为补色，如图 6-9 所示。

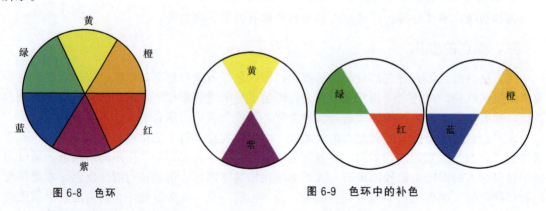

图 6-8　色环　　　　　　　　图 6-9　色环中的补色

如果混合两个补色，将得到一个灰暗的颜色，这两个颜色相互减弱对方。所以在实际调色工作中，尽量不要使用补色。

在从事颜色系统的工作时需要用到红色、黄色、蓝色、绿色、黑色和白色，这 6 个颜色称为基本色。

4. 颜色对比

颜色的对比调和需用对比色来进行检验，如果没有对比色就很难说颜色调和得准确与否。颜色的对比方法有两种，一种是同光谱色对比，即同色调的颜色进行对比，这种方法可采用光泽计、光电比色仪、分光光度计等仪器进行检测对比；另一种是不同色调、不同明度、不同纯度的对比方法，即在没有检测设备、仪器的情况下用目测对比，多数是根据标准色卡对比，其关键是标准色卡要制作得非常准确。标准色卡应按照光谱色作为标准制作。颜色的对比内容包括色调、明度和纯度。对比时所用的色板面积不宜过小，应在具有足够自然光的条件下或人工照明的条件下才能对比得更为准确。

5. 调色的次序

以基本色调配成色时，首先要找出主色，并依次找出调配时使用的其他颜色，最后才可加入补色和消色。两相近色调配时，一般都可以调配出鲜艳明快的颜色，其颜色柔和协调。补色是调整灰色调，所有颜色与其补色调配都会调出灰色调，是较为沉着的色调，因此在调配颜色时，补色一定要慢慢地、少量地加入，加入量过大则很难再调整过来。消色同样也要慎重、少量、慢慢地加入，一次加入量过多也很难调整过来。复色调配时应将主、次色搞清楚，按比例顺序逐步加入。用实色调整的颜色应在色调调好后，再调明度，最后调整纯度，颜色调配时有顺序、有层次、按步骤地进行，才能调得又快又准确。

当需要调配某种颜色的涂料时，首先应分析判断是由哪几种色漆组成的，哪种是主色，哪种是副色，拟出配方，再经过认真细致的小样调试对比，找出正确的配比情况，再进行调配。

五、颜色的同色异谱现象

当一对颜色在某一光源下，所呈现的颜色是相同的，而在另外的光源下，其呈现的颜色有差异，此现象称为同色异谱（亦称为照明体同色异谱）。如果颜色不匹配是由观察者的变化所引起的，则产生的现象称为观察者同色异谱。如果一对颜色在某一检测角度下相匹配，但角度改变则不匹配，这现象称为几何同色异谱。例如，在 D65 光源下对比两块板，颜色一致，而在荧光灯下却出现明显的色差，如图 6-10 所示。

图 6-10 同色异谱现象

物体常处在各种不同光源的照明下，最重要的光源是日光和灯光。照明光源不同，物体的颜色就会有差异，为了统一测量标准，CIE（国际照明委员会）规定了标准光源。CIE 对颜色的评价是在它规定的光源下进行的。D65 光源、A 光源、F 光源等为 CIE 规定的标准光源。所以在天气情况良好的前提下，调色的最佳时间是上午 10 点到下午 3 点这段时间。当太阳光线的条件不具备，而还需要调色时就要使用 CIE 规定的标准光源进行颜色对比，使所调配的颜色尽可能准确。

六、素色漆光谱特性

在汽车涂装中，汽车面漆的颜色可分为两大类：素色（也称为本色、纯色）和金属色（也称为闪光色）。素色按其色彩又可分为有彩色（系指红、黄、蓝、绿等带有颜色的色彩）和无彩色（系指白、灰、黑等不带颜色的色彩）。闪光色也可细分为金属闪光色和珠光色，并有彩色化的倾向。

素色面漆是用一般着色颜料配制的面漆，其着色均一，漆膜不透明。光线照射到素色漆漆膜表面，颜料对其选择性吸收后，再经过颜料颗粒散射到各个方向，如图 6-11 所示。只要在入射光的一侧观察，观察的角度对颜色影响不大。一般取 45°的角度作为对比颜色的观察角度。

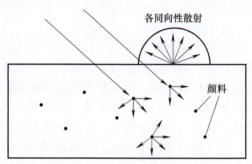

图 6-11 素色漆光谱特性

七、色母

色母是涂料生产厂家提供的调色的基本原料，厂家会将各种色母编好号码作为该色母的代号，形成一个系列，各个系列之间的色母不能通用。比如德国"鹦鹉"牌汽车漆 22 系列代表素色面漆色母；55 系列代表金属面漆色母；90 系列为水性漆色母。

八、颜色配方

涂料的调配可分为两类：质量制与容量制，两者特性对比见表 6-1。车身涂料大部分都是采用质量制来调配的，但是包装都以容量（L）为单位。

表 6-1 质量制与容量制调配涂料法特性对比

项 目	质 量 制	容 量 制
容器选择	漆料倒入在天平秤上的容器内，无须特殊容器	涂料倒入容器直到预先设定的容积记号，也有用压缩空气警示系统代替记号的。两者均需使用平底且在可用高度内有均一横断面的容器
质量、容量到达所需值时的操作	操作员倒漆时，应注视天平指针（或数字）。需要小心，决定何时停止的技巧则靠经验。电子秤可使此操作变得较容易	操作员注视涂料水平面，在到达刻度时停止倾倒。刻度在小容器内部时，不易观察。加装液面表可帮助操作，但操作人员的反应快慢仍会影响效果

车身涂料的颜色大都是通过几种色母按比例混合后获得的，所使用的各种色母及其用量，即为该种油漆的颜色配方。混合 1L 涂料需要的配方称为标准配方，表 6-2 所示为 BASF 百士利牌汽车修补漆的一个标准配方。标准配方中包含 1L 单量配方（各个色母后的容积数代表它的实际容积）和 1L 累积配方（色母后的容积数为本身和以前色母的容积和）。还需要注意的是，在配方中涂料是按体积计算的，而色母的加入量是按质量计算的，由于涂料的体积比例与质量比例几乎是正比关系，所以实际操作中虽然按质量比调配，但最终获得的颜色是一致的。

涂料供应商提供的都是标准配方，实际工作中可以根据需要调的油漆量，按比例去调整。比如需要调 LB5N 油漆 0.2L，需要将配方中所有色母的量除以 5 得到 0.2L 油漆的配方。

表 6-2 色卡背面的标准配方

色号：LB5N		
车色：珠光靛蓝（偏浅红）		
车型：捷达/宝来		
色母	1L 单量/mL	1L 累积/mL
35-M00	267.6	267.6
35-M1510	331.1	598.7
35-M351	172.1	770.8
35-M1910	61.0	831.8
35-M1540	45.9	877.7
35-M1920	33.3	911.0
35-M1120	9.8	920.8
35-M1010	1.0	921.8

九、调色工具

1. 色母特性表

由于素色漆不存在随角异色的问题，所以对素色漆色母特性只要能判定出它的色相、明度和饱和度就可以了。为了调色方便，油漆经销商都会提供配套的色母特性表（也称为色母挂图），如图 6-12 所示为德国"鹦鹉"汽车修补漆 22 系列色母特性表，从表中很容易找到各个色母的特性。其中 M326、M43、M40、M68、M52、M30 分别为红、橙、黄、绿、青、紫六种基本色母，它们的色相最纯，饱和度最好。色母挂图的中心明度最低。这样就能很容易地判定出其他任何一个色母的特性，比如色母 A146 为偏绿黄。

各涂料生产商提供的色母特性图表形式不一，但基本原理是一样的。图 6-13 所示为 PPG 公司提供的色母特性图。

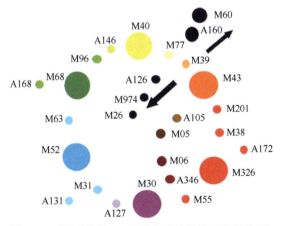

图 6-12 "鹦鹉"漆 22 系列色母特性表（色母挂图）

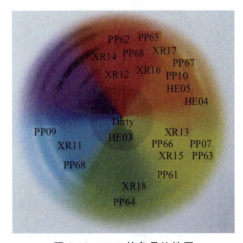

图 6-13 PPG 的色母特性图

2. 标准色卡

色卡根据车辆的产地分成几册，有国产车色卡、欧美车色卡、日本车色卡等，如图 6-14 所示为 BASF 公司提供的国产汽车色卡册（也称色卡扇）。每一册又根据车辆制造商或颜色组别分类,例如国产车色卡里根据厂名分为上海大众车色卡、一汽丰田车色卡、北京现代车色卡等,根据车型去查找需要的颜色。色卡的正面是标准油漆小样和颜色代号,背面为对应的油漆配方。

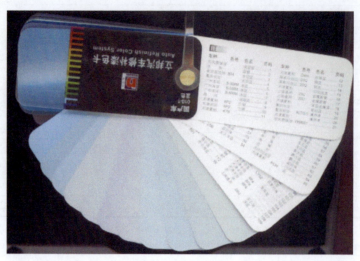

图 6-14 色卡扇

3. 电子秤

如图 6-15 所示,电子秤为精确的称量工具,其精确度为 0.1g,调色时利用电子秤称量颜色配方中各色母的质量。

4. 试板

为了进行颜色对比,需要喷涂试板。汽车维修业常用扑克牌作为试板,因为是纸质材料,与实际车身板件相差较大,而且面积太小,故易产生调色误差。标准的试板也有不同的形式,其材料均为钢板,表面已喷涂了底漆,并且有黑色条纹(有的为黑白相间的方格),如图 6-16 和图 6-17 所示。

图 6-15 电子秤

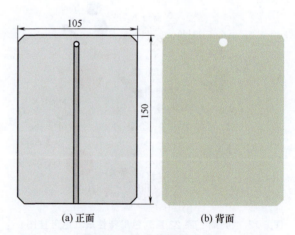

图 6-16 标准试板样(一)

喷涂试板时,最好选择有条纹的一面,要求喷涂面漆的厚度使黑白底色达到完全遮盖,即正、侧面观察看不出底漆的黑白颜色。

5. 配色灯

车间的光线有时不能满足比色的需要，因此，调漆间有必要配备配色灯。配色灯是以标准光源制作的，形式多种。图 6-18 所示为简单的配色灯外形图。

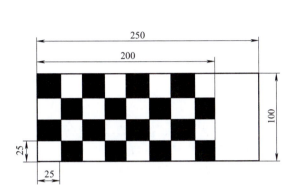

图 6-17　标准试板样（二）

图 6-18　配色灯

精确的比色，需要将试板与标准板（车身板）在不同的标准光源下对比，所以还应配备标准比色灯箱，如图 6-19 所示。常用的配色灯箱有三种光源，即白炽灯光源、相当于午间太阳光的光源和 D65 光源，如图 6-20 所示。

6. 计算机调色工具

如图 6-21 所示，计算机调色工具由颜色光盘、光盘读取器、终端、专用电子秤等组成。

（1）颜色光盘软件由涂料生产商提供，软件内包含所有本品牌涂料的颜色说明、调色配方以及国际代码、厂商代码、生产代码等颜色信息，并且会定期更新，适应车身颜色变化的需求。

（2）光盘读取器读取颜色软件内的数据，连接终端。

（3）终端连接读取器，显示操作界面，选择产品系列和油漆数量，指导调色。

图 6-19　标准比色灯箱

(a) 白炽灯

(b) 相当于午间太阳光的光源

(c) D65光源

图 6-20　标准比色灯箱的三种光源效果

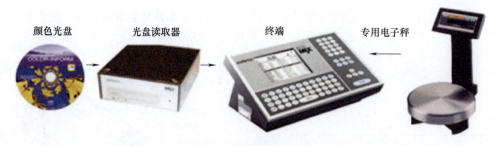

图 6-21 计算机调色工具

（4）专用电子秤与终端相连，通过终端确定质量，也可以单独称量。

7. 其他调色工具

调色时，为了喷涂试板，还需要调漆杯（罐）、调漆比例尺、搅拌棒、烘箱等。

（1）调漆杯（罐）最好使用铁质或塑料，且高度方向为上下等粗，如图 6-22 所示。但如果调漆杯的外表面带有容积刻度，一般制成上口大底部小的形状，如图 6-23 所示。

(a) 调漆杯　　　　　　　　　(b) 调漆罐

图 6-22 调漆杯（罐）

（2）搅拌棒最好使用专用的，实际调漆中经常使用比例尺来代替搅拌棒，如图 6-24 所示。

图 6-23 带容积刻度的调漆杯

图 6-24 搅拌棒与比例尺

项目六　面漆的调色

(3) 烘箱是一种强制烘干试板的烘干设备,如图6-25所示。

十、调色工艺流程

调色的工艺流程如图6-26所示。

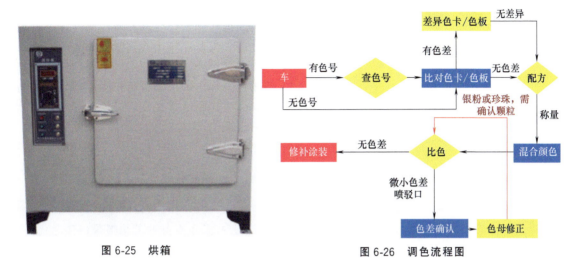

图6-25　烘箱　　　　　　　　图6-26　调色流程图

技能学习

一、准备工作

1. 劳动保护与安全
调色的劳动保护与安全注意事项与底漆喷涂相同。

2. 试板准备
(1) 如果试板有涂层或有锈蚀等,需用P600砂纸打磨。
(2) 对试板进行除尘与除油操作。

素色漆的调色

3. 电子秤准备
(1) 水平放置电子秤,避免高温、振动,将电子秤的电源插头插入相应的插座内。
(2) 打开电子秤总电源开关,按下电子秤电源键,暖机5min,如图6-27所示。
(3) 按下归零键,见图6-27。

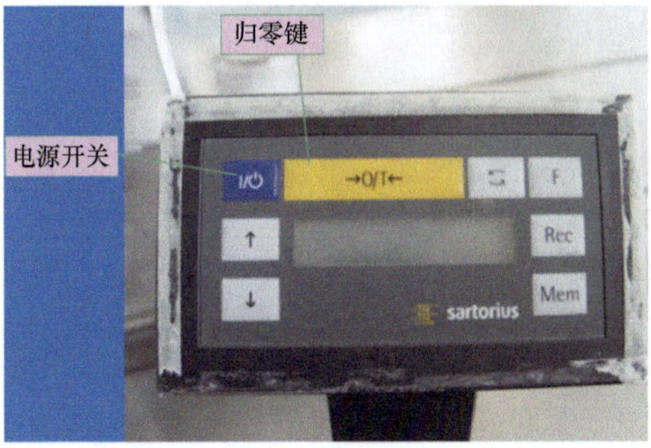

4. 色母和工具准备
(1) 色母已经搅拌均匀。
(2) 色母的数量足够。
(3) 调配涂料的罐是干净的。
(4) 搅拌尺已准备好。

二、操作流程

1. 查找汽车涂层颜色资料
对于部分车型,可以通过原厂提供的涂装资料来确定涂料的品种、涂层层次关系,确定相配套的修补所需涂料及涂装工艺等。但对于部分车型尤其是大部分进口车型,由于品种复

图6-27　电子秤通电预热

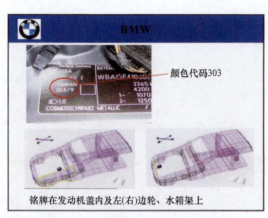

图 6-28 宝马车的油漆代码标注位置

杂,车身涂层资料往往很难获得。

对于大部分车型,特别是进口车型,车身铭牌上都标有涂层的代码。涂层代码标明了该车车身及其某些部位的涂层颜色配方代号。根据这一代号通过胶片、色卡或计算机资料即可找到涂层信息。所以通常在进行调漆之前,都要在车中找到所需颜色的编号。

各汽车公司生产的不同型号的汽车,其油漆代码标志的位置也不相同。例如,宝马汽车油漆代码通常在发动机舱左(右)前纵梁附近或水箱支架上,如图 6-28 所示,从图上可以看到其油漆代码为 303。

 注意

> 同一台车上,可能在不同的位置均能找到油漆代码,查阅时应仔细观察。通常在汽车铭牌上的油漆代码为主车身颜色代码,其他位置可能会有表示车身的其他部位的颜色代码(如保险杠、内饰、仪表台等)。

2. 有颜色代码的调色程序

如果能够找到涂层颜色代码(例如查得代码为 A4D),则按下述程序进行调色(以德国"鹦鹉"漆为例)。

(1)查阅配方。

① 按所查得的油漆代码 A4D 找到相应的色卡(或色卡组)。

② 在要修补区域附近并且颜色一致处用抛光蜡抛光。如图 6-29 所示。

③ 从色卡组中找到 A4D 的色卡。

④ 将所选的色卡与车身颜色相对比,如果颜色很接近,则选定该张色卡;如果所选的色卡颜色与车身颜色差别较大,可在 A4D 色卡的差异色(相似色)中找到最接近的色卡。

⑤ 从色卡的背面读取配方,并根据实际需要调配的油漆量,重新计算配方。如需要调 0.1L A4D 油漆的配方,见表 6-3。

图 6-29 抛光

参考色卡时需要注意:

① 所有色卡都是用自动喷涂机喷涂的,喷涂的效果与手工喷涂的效果肯定不同。但由于手工喷涂的灵活性,有时可以通过施工者改变喷涂的方式,得到色卡所显示的颜色。

② 在比较色卡和车身颜色时要考虑到所有造成误差的因素,因为一张色卡与车身颜色完全相符的情况发生的概率非常低。

③ 调配素色漆时,选择色度和明度比车身颜色高的色卡,在这张色卡的配方基础上调色,因为素色漆很容易从鲜艳、明亮向灰暗的方向调整;调配金属(珍珠)漆时,找一张侧面稍暗的色卡或一张正面偏亮、侧视偏暗的色卡,在这张色卡的配方基础上调色,很容易通

表 6-3　A4D 油漆配方

颜色代号：A4D/北极白（偏深黄）			
色母	1L 累积/mL	1L 单量/mL	0.1L 单量/mL
522-M0	198.4	198.4	19.8
22-M60	1169.2	970.8	97.1
22-A105	1227.1	57.9	5.79
22-A126	1266.4	39.3	3.93
22-A131	1278.1	11.7	1.17

过加大控色剂或白色把颜色校正过来。

（2）计量添加色母。

① 最好是在电子秤座上垫上一张纸，将调漆杯放于纸上。

② 按配方所列色母的顺序添加色母，522-M0→22-M60→22-A105→22-A126→22-A131。如图 6-30 所示。

在添加色母时，最好首先倾斜漆罐，然后逐渐拉操纵杆，让色母慢慢倒出。如果先拉操纵杆，那么当漆罐倾斜时，可能有大量色母立即倒出。为了在倾倒末尾进行精细控制，必须小心操作操纵杆，以控制色母流量，如图 6-31 所示。

图 6-30　计量添加色母

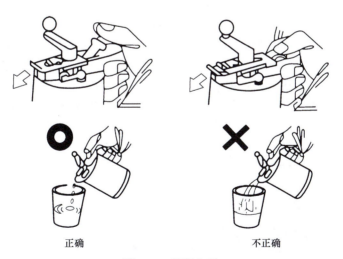

图 6-31　倾倒色母

虽然各种色母的质量因颜色而异，但是通常情况下，一滴色母的质量大约为 0.03g，三滴的质量在 0.1g 左右。根据这一情况，在添加用量较少的色母时一定要仔细称重。通过表 6-4，我们不难发现用量少的色母的添加误差对颜色的影响很大。

在添加完所有色母后，要用搅拌棒或比例尺混合涂料，以产生均匀的颜色。如果涂料粘到容器的内壁，要用搅拌棒刮下涂料，以防产生色差。

表 6-4 称量误差 0.1g 对配方的影响

色母	累积/g	单量/g	多加量/g	所占比例
M0	198.0	198.0	+0.1	0.050%
M60	1230.1	1032.1	+0.1	0.009%
A105	1275.6	45.5	+0.1	0.220%
M26	1302.2	26.6	+0.1	0.380%
M77	1306.7	4.5	+0.1	2.222%

注意

如果配方中各色母给出的质量值不是累加值,则每次添加一种色母后,应将电子秤归零。除了第一个添加的色母外,如果添加了过多的色母,则需要重新调配,否则需进行麻烦的配方计算。

计量添加色母时应注意以下几点:
① 有把握时可以一次调够数量,没有把握时先根据配方调出小样。
② 对某个色母数量没有完全的把握,可以先少加点,即采用"宁少勿多"的原则。
③ 应该把电子秤放在稳定的桌面上,可以减少因为振动引起的误差。
④ 尽量减少空气对流对电子秤准确的影响,例如风、人员走动、门窗开关等。
⑤ 注意电子秤精度的影响。现在修补涂装用的电子秤精度都是 0.1g,第二位的小数部分看不到,需要在心里估算。电子秤不具备四舍五入的功能,如 0.17g,电子秤显示 0.1g,所以实际的质量一般比显示的质量大。因此,在理论上要准确调配一个配方,每个色母的最小加入量应该在 0.5g 以上,当配方量放大到 1L 的配方时,颜色也是准确的。
⑥ 注意使用累积量和单量的区别。很多调漆人员习惯使用每次加完色母后电子秤不归零的方式。每次的误差不断积累起来后,后面所加的色母会偏少。如涂料的质量为 8.19g,显示是 8.1g,这时只要滴加一滴色母,电子秤立即显示 8.2g。这种差量虽然不大,但在加入少量对颜色影响较大的色母时,误差就会很大。

(3) 湿比色。将搅拌均匀的涂料涂在一张纸板片上,在自然光下仔细观察颜色情况,要从色相、明度、彩度三方面与待调配的标准色板进行比对,确定应补加的微调成分及其质量(做好记录)。或借助搅拌棒(或调漆比例尺)上黏附的涂料与标准色板(或车身)进行湿比色,如图 6-32 所示。

湿比色时需要注意以下几点:
① 在光线充足的地方,最好在室外不受日光灯、装饰物、树木的反射光影响的地方。
② 不要在阳光直射或光线不足时检查颜色。
③ 当不得不在日光灯或烤房内检查颜色时,注意分辨色差和颜色异构之间的区别。
④ 存在微小色差时,正确判断哪些是不得不微调的,哪些是可以利用喷涂方式解

图 6-32 湿比色

项目六　面漆的调色

决的。

⑤ 充分考虑周围的影响因素，如墙壁、车辆；还要考虑车身修补区域的影响因素，如遮盖膜、氧化、老化、失光等。

⑥ 以第一次印象为准，盯视时间越长，越难以判断。

⑦ 涂料从湿色干燥后，颜色会变深。

（4）微调。

① 在电子秤上，按确定的微调成分逐项进行微调。

② 在自然光下观察颜色微调情况，视需要再进行微调，直到感觉满意为止。

（5）喷涂试样。

① 按规定比例加入固化剂、稀释剂，调整黏度符合要求。

② 喷涂试板，如图 6-33 所示。

图 6-33　喷涂的试板

 注意

喷涂试板时，应完全按照涂料生产商建议的喷涂参数进行，如喷涂气压、距离、层数等，各道之间应有适当的闪干时间。

（6）烘干试样。

① 插好烘箱的电源线。

② 打开烘箱门，将喷涂的试板放在栅架上，关好门。

③ 打开电源开关，如图 6-34 所示。

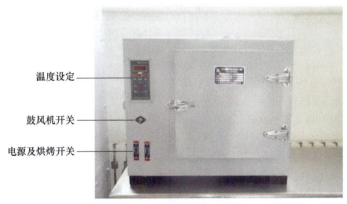

图 6-34　烘箱的操作面板

④ 设定烘烤温度。如图 6-35 所示，将"测温/预置"按钮按下，调节"设定/调节"旋钮同时观察温度显示窗，直到调整到需要的温度（参考涂料的说明书，通常为 70℃），然后再按一次"测温/预置"，使按钮处于高起位置（测温位置），此时温度显示窗显示当时烘箱内的温度，并随时间逐渐增高直到所设定的温度（"恒温"指示灯点亮）。

⑤ 打开鼓风机开关和加热开关进行加热烘烤。通常达到"恒温"后再烘烤 10min 即可。

⑥ 关闭"加热"开关，打开烘箱门，取出试板。

> **注意**
>
> 不要立刻关闭"鼓风机"和"电源"开关,以使烘箱有足够的冷却时间。在取出试板时,需戴手套,以防烫手。

(7) 干比色。在用试板与车身颜色进行对比时,一定要认真仔细,最好在自然光下进行,如图 6-36 所示。

图 6-35　设定烘箱温度

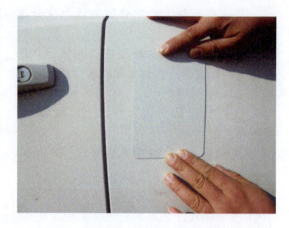

图 6-36　利用自然光比色

图 6-37　标准比色灯箱

干比色也可在可重现自然光的比色箱内进行,如图 6-37 所示,更精确的则要在几种标准光源下对比。要等喷涂的试板干燥后再进行对照,从不同的方向观察对比。维修厂施工中,由于考虑施工进度,往往在样板还没有充分干燥时就进行对比,由于样板上实际为湿色,而车身上为干色,以此对比的结果是不准确的。

颜色的感觉会受到被观察物体周围环境的影响,如将一块灰色纸片放在白色背景上看起来发暗,而放在黑色背景上看起来发亮。同时也受到观察者观察前眼睛观看过其他颜色历史的影响(当然是很短时间以前的历史)。例如刚看过鲜红色,移开眼睛至白色底板上,就会感觉看到原物体绿色的影子。

因此,在进行汽车涂料配色工作时,一定要保证比色时没有受到环境的影响,所看的颜色是真实的,是有实际参考价值的,这一点非常重要。图 6-38 中白车的右后部需修补,对于调色工作,其中错误分别是:调色人员黄色的工作服、后部的蓝色墙面和黄色的发动机罩、左侧红颜色的汽车、红外线烤灯以及选取的对比颜色的位置。

(8) 微调颜色。如果颜色的比对结果表明所调颜色与汽车的颜色不一样,则必须鉴定出应添加哪一种色母,继而添加该色母以获得理想结果,这个过程就是"精细配色"或"人工微调"。这是一个比较和添加涂料的循环,此循环一而再,再而三地重复,直至获得理想的涂料颜色。

将选择好的色母计量加入配色涂料，并用搅拌棒进行颜色比较，利用试杆施涂法，使新涂层重叠部分以前的涂层，这样可以显示出变化的程度，或者添加色母的效果。如果还没有获得理想的颜色，再一点儿一点儿地添加选择的色母，然后进行试杆施涂和颜色比较。在用该种色母进行的精细配色完成后，再找出涂料所缺的另一种颜色。

确定颜色调得多么接近，是一项困难而重要的决定。虽然涂料的颜色越接近汽车的颜色越好，但是在实践中有一个点，达到此点我们便可认为颜色已经够接近了，不会有问题了。最好用比色计，用数字表示颜色相差的程度。但是如果没有比色计，那么就必须靠我们的双眼，最好让尽可能多的人来帮助鉴定，做出结论。

图 6-38　环境对调色的影响

注意

在进行颜色微调时，所加的每一种色母及质量均应详细记录。当微调完成后，便获得了一个新的配方（表 6-5）。在正式喷涂需大量调漆时，按此配方调色即可。

表 6-5　A4D／北极白微调后的配方　　　　　　　　　　　　　　单位：mL

颜色代号：A4D/北极白（偏深黄）					
车型：马自达 6					
色母	1L 累积	1L 单量	0.1L 单量	微调量	最终单量
522-M0	198.4	198.4	19.8	—	19.8
22-M60	1169.2	970.8	97.1	—	97.1
22-A105	1227.1	57.9	5.79	+0.6	6.39
22-A126	1266.4	39.3	3.93	—	3.93
22-A131	1278.1	11.7	1.17	+0.2	1.37

（9）恢复标准配方。由于微调时加入的色母质量都很少，微调后油漆的体积仍然近似于 1 L，所以只要把获得的新配方恢复成 1L 配方即可（即将 0.1L 单量各乘 10），保存好，以后碰到相似情况时直接拿来使用。这样积攒的配方多了，可以把它们装订成册，作为自己的色卡使用，方便快捷，调色准确。

（10）收尾工作。清洗喷枪，清理工作台及使用的工具。

3. 没有车身颜色代码的调色程序

如未能找到颜色原厂编号，按下述程序进行。

（1）选出有关的汽车制造商色卡盒（图 6-39）。

（2）选出合适的颜色组别（图 6-40）。

（3）用颜色近似的色卡逐一与车身对照，选出最吻合的颜色（图 6-41）。

图 6-39　选出汽车制造商色卡盒

图 6-40　选出合适的颜色组别

图 6-41　对照车身选出最吻合的颜色

(4) 从色卡背面读取配方。

(5) 按配方指示进行调色。调色时还应注意以下几点：

① 不同的汽车制造商或涂料制造商所提供的色卡有所不同，有的色卡背面有配方，有的无配方。对于没有配方的色卡，其背面往往标有特定的字符代号或条形码，可通过代号或条形码阅读器在调色计算机上读取配方。

② 调色过程中所用的工具和盛具，必须保持干燥清洁，不得带有杂漆、水分、灰尘等杂质。

③ 调配双组分色漆时，应根据涂装用量，现用现配，用多少配多少。调色后的涂料，在产品规定的时间内用完，以防胶化报废。

④ 调配双组分色漆时严禁接触水分、酸碱、油污等物质。

小结

(1) 为了使修补区域喷涂的面漆颜色与周边的旧漆膜一致，必须对准备喷涂的面漆进行颜色调配，即所谓调色。

(2) 色彩的性质就是指色调、明度、彩度，也称为颜色的3个空间或颜色三属性。

(3) 色调（也称为色相或名称，通常用 H 表示）是颜色之间的区别，是一定波长单色光的颜色相貌，它取决于光源的光谱组成以及物体表面对各种波长可见光的反射比例，是表示物体的颜色在"质"的方面的特性。

(4) 色彩系统中最基本的色调是红色、黄色和蓝色，它们也称为"三原色"。

(5) 橙色、绿色、紫色是红、黄、蓝三原色按1∶1的比例混合调配出来的，称为"三间色"。

(6) 明度是人们看到颜色所引起视觉上明暗（深浅）程度的感觉（通常用 L 表示），也称为亮度、深浅度、光度或黑白度，是说明从有色物体表面反射能量的数量，是表示物体的颜色在"量"方面的特性。

(7) 彩度是表示颜色偏离具有相同明度的灰色的程度，是颜色在心理上的纯度感觉（通常用 C 表示）。

(8) 两种间色混合或三原色按不同比例混合而形成的颜色为复色。

(9) 两个原色形成一个间色，另一个原色即为补色；两个间色混合调为复色，与其相对应的另一个间色也称为补色。

(10) 由于白色和黑色起到了削弱颜色的作用，因此将白色和黑色称为消色。

(11) 将两个颜色调节到视觉上相同或等同的方法称为颜色匹配或颜色调配，具体到涂料工业便是复色漆的配制，简称配色。

(12) 颜色调配有两种类型，即相加混合和相减混合。

(13) 与涂料颜色匹配的三原色是品红、黄、青，而不是通常所讲的红、黄、蓝。但是在涂料配色实践中因为没有品红、青这两种颜色的颜料，所以颜色的配制只能用红、黄、蓝三色来配制，红、黄、蓝称为三基色，橙、绿、紫为次级色。

项目六　面漆的调色

（14）颜色的对比内容包括色调、明度和纯度。

（15）以基本色调配成色时，首先要找出主色，并依次找出调配时使用的其他颜色，最后才可加入补色和消色。

（16）当一对颜色在某一光源下，所呈现的颜色是相同的，而在另外的光源下，其呈现的颜色有差异，此现象称为同色异谱。

（17）在天气情况良好的前提下，调色的最佳时间是上午10点到下午3点这段时间。

（18）素色面漆是用一般着色颜料配制的面漆，其着色均一，漆膜不透明。

（19）色母是涂料生产厂家提供的调色的基本原料。

（20）车身涂料的颜色大都是通过几种色母按比例混合后获得的，所使用的各种色母及其用量，即为该种油漆的颜色配方。

（21）由于素色漆不存在随角异色的问题，所以对素色漆色母特性我们只要能判定出它的色相、明度和饱和度就可以了。

（22）为了进行颜色对比，需要喷涂试板。

（23）常用的配色灯箱有三种光源，即白炽灯光源、相当于午间太阳光的光源和D65光源。

（24）对于部分车型，可以通过原厂提供的涂装资料，来确定涂料的品种、涂层层次关系，确定相配套的修补所需涂料及涂装工艺等；但对于部分车型尤其是大部分进口车型，由于品种复杂，车身涂层资料往往很难获得。

（25）在进行调漆之前，都要在车中找到所需颜色的编号。

（26）调配素色漆时，选择色度和明度比车身颜色高的色卡，在这个色卡的配方基础上调色，因为素色漆很容易从鲜艳、明亮向灰暗的方向调整；调配金属（珍珠）漆时，找一个侧面稍暗的色卡或一个正面偏亮、侧视偏暗的色卡，在这个色卡的配方基础上调色，很容易通过加大控色剂或白色把颜色校正过来。

（27）当不得不在日光灯或烤房内检查颜色时，注意分辨色差和颜色异构之间的区别。

（28）存在微小色差时，正确判断哪些是不得不微调的，哪些是可以利用喷涂方式解决的。

（29）调配双组分色漆时，应根据涂装用量，现用现配，用多少配多少。调色后的涂料，在产品规定的时间内用完，以防胶化报废。

任务 6-2　金属色漆的调色

 任务导入

金属色漆也称为金属闪光色漆，简称为金属漆，包括银粉漆和珍珠漆（也称为珠光漆）两种。金属色漆是在物件表面均匀地涂覆含有铝粉等金属颜料的涂料，得到金属光泽的涂层。

汽车面漆涂装要求高装饰性（高鲜映性、高亮度、高闪光、彩色化），使用银粉漆和珍珠漆的汽车逐年增多，在轿车涂装中已超过50%（有的国家和厂家涂金属闪光色的车已超过70%，并且还在逐年增加）。涂金属闪光色面漆汽车的价格较素色漆汽车的价格要贵几千元，但却发展得很快，而且普及应用到微型车、中巴、大客车车身的涂装，也有一部分重型汽车驾驶室采用金属闪光色面漆。

 相关知识

一、金属闪光色

汽车车身用的金属闪光色面漆漆膜一般是由含有随角异色效应的颜料（最典型代表是铝

粉,也称为银粉,如图6-42所示)的底色漆层和罩光清漆层组成的。罩光清漆层又有透明无色清漆层和着色透明清漆层两种。为提高底色涂料的遮盖性,有时在涂底色涂料之前涂装采用与底色涂料的颜色相近的中涂涂料(又称色封底中涂)。通过上述的多种组合,可形成色彩多样化的、漂亮灿烂的金属闪光色。

1. 随角异色效应

金属闪光色面漆漆膜不同于本色面漆漆膜的一个显著特点,就是具有随角异色效应(也称为颜色的方向性),即随观察角度的变化而呈现不同的明亮度及色彩。如图6-43所示,在观察金属闪光色漆膜的场合,随目视点A和B的不同产生明度差。这种变化的程度称为随角异色效应性(FF值)。目视点A是正面反射光的高明度(称为最大亮度),目视点B的反射光明度低(称为底色),其落差就为FF值。

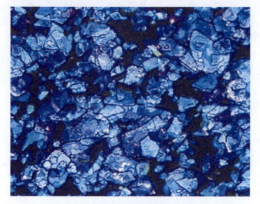

图6-42 含有铝粉的漆膜

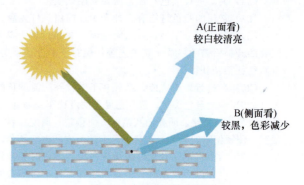

图6-43 随角异色效应

2. 金属色面漆漆膜的光学特性

金属色面漆漆膜的光学特性如图6-44所示,透过清漆漆膜层的入射光经颜料选择性吸收、颜料颗粒的散射、镜面反射和金属与珠光片的边缘发生漫反射后,到达人眼,从而得到闪耀的金属光泽感。

金属闪光色与素色的不同点是闪光漆膜的扩散反射光少,正反射光强,随着观察角度变化,漆膜的颜色随之变化,具有颜料的方向性(随角异色性)。而素色漆膜是以在漆膜内部多次反射的散射光为主体。

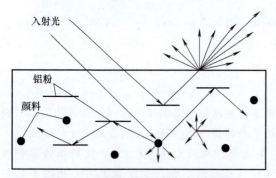

图6-44 金属色面漆漆膜的光谱特性

3. 金属闪光色方向性的原因

具有方向性的金属漆,往往正视色和侧视色有所差别。如图6-45所示,正面看为呈偏紫的银灰色,侧面看呈现粉红色。

金属闪光色的调色之所以难,是因为随观察方向的变化,已经调得一致的色会呈现出色差。如图6-46所示,将一辆涂装了橄榄色和绿色调制的金属闪光色漆膜的汽车置于阳光下,发动机罩A处朝阳,挡泥板B处背阴。在这种情况下,A处看起来红中带黄,B处是绿色。如果对此漆膜进行修补,采用的颜料组合是印第安红和正绿,调出的色彩在A处上合了,在B处却完全合不上,或者在B处上了在A处完全合不上。这是因为原来的漆膜所用原色方向性强,而修补的原色方向性弱所致。

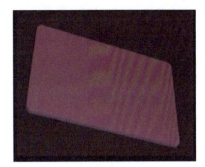

(a) 正视色　　　　　　　　　　(b) 侧视色

图 6-45　金属漆的方向性

同样的现象，在某种蓝色金属闪光涂料中也存在。橄榄色＋绿色金属闪光色漆膜在阳光直射下，带很浓的绿色感，背阴处又有很强的红色感，这种现象还随蓝原色的不同，以及与其组合的其他原色的不同，出现某种程度的差异。

引起金属闪光色漆产生方向性的根本原因是铝粉粒子的存在。铝粉粒子的平面部分有强烈的镜面反射效果，而侧面却只有很少的反射。

影响金属闪光色方向性的因素很多，如颜料颗粒的形状、大小，颜料的种类，原色的种类，涂料的种类及涂装方法等。

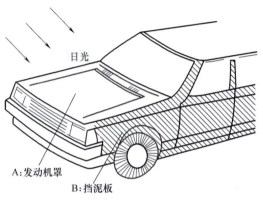

图 6-46　橄榄色＋绿色金属闪光漆膜的方向性

（1）颜料颗粒的形状。有机颜料颗粒的大小为直径 $0.01\mu m$ 左右，而形状有的是球状，有的是柱状，有的是扁平状等，各不相同。下面我们以球状颗粒 A 和扁平状颗粒 B 为例进行分析。如图 6-47 所示，照射到球状颗粒 A 的光线，朝各个方向的反射量基本上是相同的，而所谓某物质是某种颜色，是与其光的反射量相关的。无论向哪个方向都反射同样量的光，也就是不论以哪个方向看颜色都相同。照射到扁平状颗粒 B 的光线，在 X 和 Z 处反射的光，与在 Y 处反射的光相比，光量的大小不相同，故在 Y 处看到的颜色与在 X、Z 处看到的颜色不同。B 就是方向性强的颜料。A、B 两种形状只是极端的例子，实际使用的颜料或多或少有一点方向性。而黄色类所采用的异吲哚满（印度橙、有机黄等）、特殊偶氮系（绿黄色）、酞菁系（酞菁蓝、不褪蓝、正蓝等）颜料，方向性尤其强。其中的酞菁类颜料，随制

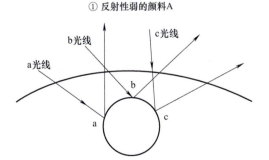

图 6-47　颜料颗粒形状对反光性的影响

作方法不同,有的基本没方向性,有的方向性很强,因此对于酞菁类的各种颜料,必须弄清其特点才便于使用。

黄系原色除方向性外,色相还存在带红、带绿之别。有的用于单色调的耐候性好,用于金属闪光色却出现变色等。各种原色具有不同特点,必须根据需要区别使用。

即使都是扁平状铝粉(银粉)颗粒,由于侧面形状不同,其反光性也会出现差异,如图6-48所示。A组铝粉边缘不整齐,呈锯齿状,在a、b、c和d处的反光强度不同;而C组铝粉颗粒边缘整齐,在各处的反光强度相近。

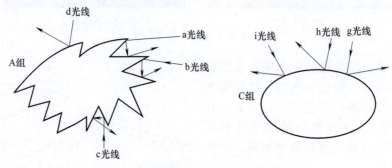

图6-48 铝粉边缘形状对反光性的影响

(2)银粉粒子的大小。最近出现的金属闪光色中,白色调很强的和闪闪发光的增多了,还出现了一种被称为"魅力色"的漆膜,网孔显得很大,闪闪发光。这种强烈的金属感是怎样产生的呢?金属闪光涂料,实际上是由透明涂料加入金属铝粉和颜料形成的,金属感来自铝粉,而色调由颜料和金属铝粉所决定。为叙述方便,我们把透明涂料和金属铝粉的混合称为金属闪光基料。

如图6-49所示,铝粉粒子各种大小的颗粒都有,只是各自所占的比例不同而已,这可以用粒度分布曲线来描述(图6-50)。

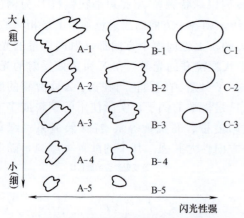

图6-49 金属颗粒的种类和大小

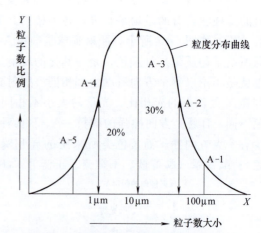

图6-50 金属闪光基料中的粒子分布

虽然金属铝粒子的种类只有有限几种,但通过不同的组合,可以形成的金属闪光基料达几十种。但作为汽车修理涂装,要准备几十种金属闪光基料是比较困难的。通常的做法是准备粗、中、细三种不同平均粒度的基料,这三种基料的粒度分布如图6-51所示。使用时,可以将其中两种或三种按不同比例混合,得到所需的各种不同平均粒度的金属闪光基料。

图6-49所示的金属铝粒子中,A-1为最大,A-5为最小。实际上金属闪光基料中含有

比 A-1 大和比 A-5 小的粒子，大约各占 0.5% 左右。比 A-1 大的粒子，可以在使用前通过杂质过滤器与杂质一同除去，而比 A-5 小的粒子往往会带来麻烦。

如图 6-52 所示，若金属闪光基料中有比 A-5 小的颗粒，往往易引起"金属雾斑"。这种小的颗粒虽数量不多，但极易在漆膜中移动。只要在金属闪光涂层上喷涂含溶剂量多的清漆，就会产生图 6-53 所示的涡流运动，将小颗粒带入透明层内，形成图 6-52 中②图的情景。要获得满意的金属闪光感，就必须设法抑制这种涡流运动，使大、小金属颗粒较为整齐地排列在金属涂层内。

最近金属闪光色中有两种组合用得较多，一种是大颗粒与小颗粒铝粉的组合；另一种是闪光性强的铝粉（外表形状圆滑）和小颗粒铝粉的组合。

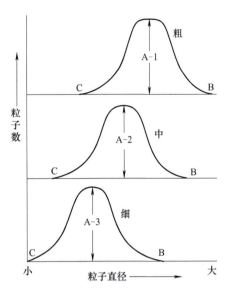

图 6-51 各种金属闪光基料的粒度分布

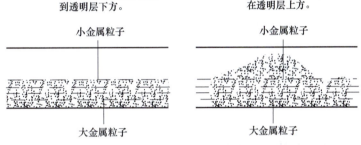

图 6-52 银灰色金属闪光涂装中"金属雾斑"产生的机理

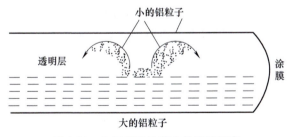

图 6-53 金属闪光涂装中的涡流现象

为什么要将大颗粒与小颗粒相组合？直接换用中等粒度铝粉不行吗？事实上，采用大、小颗粒铝粉的组合是为了兼顾金属闪光涂料的金属感和遮盖力而采取的措施。金属颗粒越大，金属感越强，这一点我们已经了解。而粒度大小与遮盖力的关系如图 6-54 所示。当铝粉大小接近于光的波长（0.1μm 左右）时，遮盖力最强。

实际上，无机颜料遮盖力强也是这个原因。大于或小于此值，遮盖力都会下降。小颗粒铝粉的大小正好是 0.1μm 左右，遮盖力最强。如果换用中等粒度铝粉，金属感可以满足，但遮盖力不足。大、小颗粒的组合，则同时满足了两方面的要求。

闪光性强的铝粉与小颗粒铝粉相组合，其作用与上述类似，是为了提高遮盖力，减少涂装次数，以降低施工作业成本。另外，小颗粒铝粉还有抑制漆膜方向性的作用。

表 6-6 为"施必快"涂料的主要银粉色母特点，在进行颜色微调时，必须对其有充分的了解，才能调出满意的颜色。

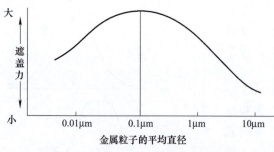

图 6-54 铝粒子大小与遮盖力的关系

(3) 颜料的种类。图 6-55 所示是在方向性很强的原色中加入无机颜料后的颜料颗粒状态图。由此图可以看到，由于无机颜料颗粒大，挡住了光线，到达有方向性颜料颗粒的光线减少；另外方向性颜料的反射光也被其阻挡，抑制了方向性的发挥。例如像绿黄色和印度橙色类方向性很强的原色，若加入白色无机颜料或赭色无机颜料，方向性就会消失。所以，有时向金属闪光色涂料中加入白色，这并非是使色彩呈白色而是为减弱其方向性。因为如果方向性太强，在制造厂的生产流水线上，很难完成漆膜的修整工作，有时还会产生金属闪光色不稳定的问题。

表 6-6 "施必快"涂料的主要银粉色母特点

序号	色母代号	色母名称(颗粒大小)	银粉颗粒形状
1	ALN 775 516	细目银	不规则
2	ALN 775 518	中细银	不规则
3	ALN 775 514	中银	不规则
4	ALN 775 549	中粗银	不规则
5	ALN 775 513	粗银	不规则
6	ALN 775 510	特粗银	不规则
7	ALN 775 557	闪亮银	规则
8	ALN 775 558	特粗闪亮银	规则
9	ALN 775 509	细闪银	规则
10	ALN 775 508	粗闪银	规则

不过上述方法并不总适用。例如银灰色漆膜，这种颜色带很强的色调。这是因为这种金属闪光色涂料中，使用的都是带白色的颜料，如果调色时再加入白色就会导致光的透过性变差，使漆膜失去金属闪光感。

在调配金属闪光色涂料时，首先必须弄清其颜色方向性的强弱，这可以通过对原漆膜向光面和背光面颜色的对比进行判断，习惯了也不难掌握。

(4) 原色的不同。一般来说呈透明状的有机颜料都具有不同程度的方向性，尤其是绿、黄、印度橙、有机黄和蓝色类以及带较强黄色调的酞菁类等原色，方向性强。因此使用这些原色调出的绿色、橄榄色、金黄色、棕色、蓝色等金属闪光色，大多具有强的方向性。

之前，调制橄榄色用的是印第安红和绿色相组合的方式。随着异吲哚满系颜料的开发，大多改用异吲哚满系颜料中的黄原色与黑色相组合，调出橄榄色。因为后一种组合

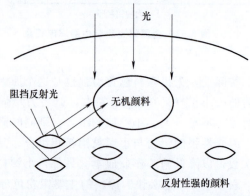

图 6-55 方向性强的颜料中加入无机颜料后的效果

方向性强，具有鲜明的金属闪光感，而且适宜局部修理。印第安红和绿色的组合，之所以不适宜用于局部修补，是因为一种是有机颜料，一种是无机颜料，颗粒大小差异大，密度不同，尤其是当加入稀释剂较多时，密度小的上浮，密度大的下沉。当用于局部修理时，在修补部位的边缘处就会出现"色分"现象，分成黑的、铁红的、蓝的几种颜色。而黑原色与异吲哚满系黄原色颗粒大小相同，不易出现上述现象。

涂料是否有"色分"现象，可以通过一简单的试验判明。如图6-56所示，若修补漆膜与旧漆膜的交接区域B不出现"色分"，则说明这种涂料适宜用于局部修理涂装。

总之，为了避免金属闪光色涂装因方向性而失败，首先应弄清要与之吻合的颜色的方向性强弱，然后可参照表6-7，选择方向性与之相当的原色进行调色，就能达到所期望的效果。

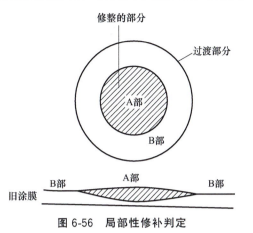

图 6-56　局部性修补判定

表 6-7　各种原色方向性程度

项目	A组	B组	C组
方向性的大小	大	中→小	能消除方向性
颜料颗粒的形状与大小	扁平状较小颗粒	圆状细小颗粒	椭圆状大颗粒
颜料的分类	异吲哚满系特殊偶氮系等	其他有机颜料透明状氧化铁	无机类颜料
原色名	印度橙、有机黄、绿黄等	锌红、橘黄、其他大部分原色	赭色、白色、印第安红

（5）铝粒子的排列。如果往丙烯酸聚氨酯涂料和改性丙烯酸硝基涂料中加入同一种铝粉，涂装后仔细观察，将会发现前一种漆膜显得金属颗粒大，亮度高。这种现象实际上是由铝粒子在漆膜中的排列状况所引起的。如图6-57所示，聚氨酯涂料中，铝粒子排列整齐，反射表面积大，所以显得颗粒大，亮度高。

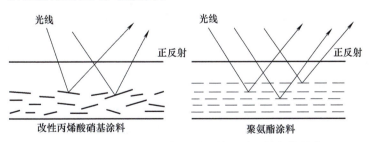

图 6-57　不同涂料中铝粒子排列情况对反射光的影响

铝粉在涂料层中的排列，实际上是在运动中形成的。硝基类涂料干燥速度太快，在粒子排列还未完全形成之前，涂料已失去流动性，这是造成两种涂料铝粒子排列情况不同的根源。

显然，要获得相同的效果，丙烯酸硝基涂料应加入颗粒稍大些的铝粉。同理，为获得较好的金属闪光感，一般多采用聚氨酯类涂料。

（6）涂装技术。金属闪光色漆膜的色泽，随喷涂条件的差异，有时会泛白，有时发暗。其原因就是前面曾谈过的铝粉排列状况受喷涂条件的影响，有时规则，有时紊乱。喷涂作业时各种因素对色泽的影响，见表6-8。

表6-8 涂装条件与金属闪光色漆膜明、暗的关系

涂装条件		色泽亮(泛白)	色泽暗	影响度
溶剂种类		干燥速度快	干燥速度慢	大
溶剂所占的比例		所占的比例高	所占的比例小	中
喷枪	空气量	大	小	大
	喷嘴直径	小	大	中
	喷束直径	大	小	中
	空气压力	高	低	小
涂装作业方式	喷枪距离	远	近	中
	运行速度	快	慢	小
涂装环境	温度	高	低	大
	湿度	低	高	中
	通风	好	差	小

由此可见，在进行金属闪光色调色操作时，所采用的溶剂比例和喷涂条件，应与实际作业时完全一致。尤其是采用的涂料为丙烯酸聚氨酯时，溶剂的稀释率和喷涂气压等差异，很容易引起色彩的差异，要予以充分注意。

图6-58说明，喷涂施工时，干喷和湿喷两种状态下，铝粒子排列的方式不同。干喷时，漆膜所含溶剂少，干得快，所以铝粒子大多会悬浮于表层；而湿喷时，则铝粒子容易沉于底层，从而产生不同的光泽效果。

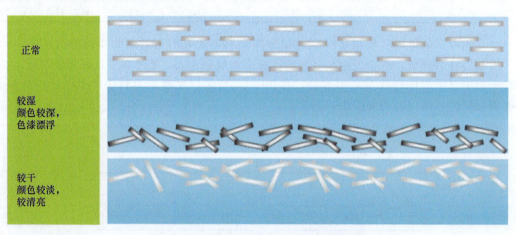

图6-58 干喷和湿喷对铝粒子排列的影响

图6-59说明，喷涂施工时，由于喷枪的倾斜，在整个喷涂带上会产生铝粒子不同的排列方式，最终使整个板件表面呈现条纹状色泽差。

另外，板件所处的位置也会影响金属粒子的排列，图6-60说明相同的喷涂工艺条件下，在水平面和垂直面上，铝粒子的排列有差异，因而其光泽效果也不一样。

二、珍珠色

1. 珍珠色的技术难题

(1) 涂装工艺复杂。涂装方式稍有差异就会出现较大色差。珍珠色漆膜的结构如

项目六 面漆的调色

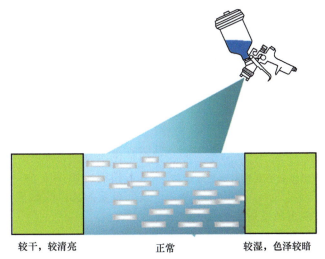

图 6-59 喷枪倾斜对铝粒子排列的影响

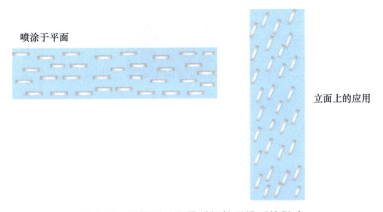

图 6-60 板件所处位置对铝粒子排列的影响

图 6-61 所示,涂装过程为:先涂底色漆,再涂珍珠色漆,最后喷涂清漆。要完成这三层涂装,在制造厂流水线上就显得费时。而且珍珠色层厚度的差异,会引起偏光程度不同,由此产生色差。

（2）局部涂装异常困难。珍珠色漆膜随其底层的颜色、珍珠色的种类和珍珠色层厚度,色彩要发生变化。在进行局部修补时,若这三个条件不是和制造厂完全一致,色彩和格调就不可能相同。而这三个条件变化范围都很大,要真正完全吻合,是极其困难的。

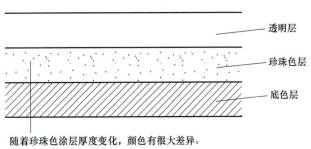

随着珍珠色涂层厚度变化,颜色有很大差异。

图 6-61 珍珠色漆膜结构

2. 珍珠色形成机理

所谓珍珠色,就是要像珍珠一样,从不同的角度看,发出不同的色彩。珍珠是贝壳体内以小的硬颗粒、灰尘、杂质为中心,分泌出的天然树脂状物质将其反复覆盖若干层而成的颗粒。若观察天然云母则会发现,角度不同色彩也会变化,其原理如图 6-62 所示,由于云母

173

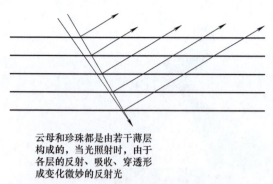

云母和珍珠都是由若干薄层构成的,当光照射时,由于各层的反射、吸收、穿透形成变化微妙的反射光

图 6-62 云母、珍珠通过变色反射引起色彩变化

是由很薄的薄层叠积而成的,光线照射时,分别在一层层薄层上反射、吸收、穿透,产生着微妙的变化,这称为多重反射。而一般的物体只是在表面反射光线,所以以任何角度看颜色都不变。光线在玻璃和透明层涂料中基本上是直接穿过,不产生反射,因此呈透明状。这些差异如图 6-63 所示。

珍珠色颜料中的云母,不是天然云母,而是化学合成的物质,但结构上与天然云母基本相同。如图 6-64 所示,由于合成云母表面覆盖的钛白的底层色彩的综合作用,光的反射更加复杂,呈现出色彩鲜艳的彩虹色调。

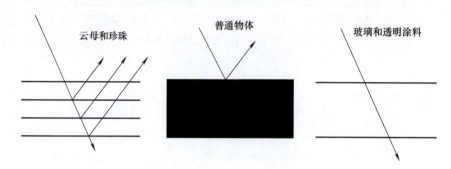

图 6-63 不同物体对光反射的差异

三、金属色漆最佳调色步骤

如前所述,金属色的调色要点在于方向性要一致。只要方向性与原漆膜相吻合,剩下的就只是原色加入比例的问题,相对比较简单。为此调色时应首先使侧视色(又称为透视色)与原漆膜相吻合,再调正视色。如果要调好侧视色,就应熟悉不同原色的侧视色。

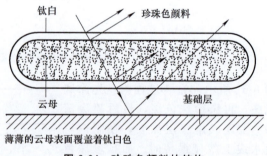

薄薄的云母表面覆盖着钛白色

图 6-64 珍珠色颜料的结构

调制深色调金属闪光涂料时,应先只加入原色颜料,调好其侧视、正视色,然后加入所需粒度的金属铝粉,按此步骤调制比较省事。

调制浅色和中等浓度色调时,首先是配制好粒度大小适宜的金属铝粉。若需中等粒度,最好是用大颗粒和小颗粒相混合配制。金属铝粉调配好后,再加入原色,进行颜色的调制。

四、金属色漆与素色漆比色技术的差异

在实际生产中,特别是汽车局部补漆操作中,为了保证修补漆膜与原车漆膜有同样的色彩效果,调漆过程中的比色是至关重要的。由于素色漆与银粉色漆对光线反射的方式不同,就产生了对两种面漆比色的不同方法。

1. 素色面漆

素色或"单色"涂料的树脂内含有足量的且已经充分分散的颜料，使其在 30～50μm 的正常膜厚下呈现一致的颜色。其色彩由被颜料粒子扩散或分散的光线而来，在任何角度看其颜色都是一样的，如图 6-65 所示。

基本上说，喷涂技巧不会影响颜色。但是有些颜色使用有透明性的颜料，在此情况下，必须注意要喷涂足够的层数，否则面层的颜色会受到不同背景色（如面漆底涂层）的影响。

在颜色有显著不同时，可运用修补的技巧，使修补漆的遮盖力降低而让原漆色透出以改变修补处的颜色。用正常遮盖力的颜色喷涂在任何不同色的部位上，直至将这些部分完全盖住，然后添加漆料制造厂所建议使用的种类和数量的清漆于涂料内，再在整片

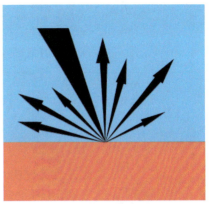

图 6-65 素色漆膜反射光线

工件表面喷涂所需的层数，最后几道可逐渐增加清漆的添加量，但不可超出漆料制造厂所建议的最高限度。使用这一技巧通常可避免微小修补时的调色问题，在局部修补时也很有用。

2. 金属色面漆

当光线照射于金属色漆膜时，漆膜内的铝片像镜面一样将光线反射出来。因此，当从正面（直角）观看金属色面漆时，可见最大量的反射光；随着观看角度的减小，所反射的光线也同样的减少，故从侧面（锐角）观看，色彩会比从正面观看较为深暗。

凡能产生慢干薄膜的任何喷涂方法和情况都有助于铝粒子在漆膜内形成与表面平行的排列。透入漆膜的光线会以相似的角度被反射回去。当从侧面观看时，只可看见最少量的光线，并且具有最大的正、侧面色泽差异，如图 6-66 所示。

快干的金属色漆膜，因铝片能移动的时间短，在漆膜内形成不规则方向的排列，透入漆膜内的光线会被铝粒子以不同的角度反射回去，形成较少的正、侧面色调差异，如图 6-67 所示。

图 6-66 慢干金属色漆膜反射光线

图 6-67 快干金属漆反射光线

金属色漆的比色要比素色漆复杂困难，主要在于原厂颜色和修补的颜色均受施工时的实际情况影响。表 6-9 列出典型的金属漆在不同喷涂情况下的颜色效果。

表 6-9 不同喷涂情况对颜色的影响

项目	变浅	变深
施工环境 　温度 　湿度 　空气流动	 暖 低 增加	 冷 高 减少
喷枪 　液体喷嘴 　针孔控制 　气罩 　风扇宽度 　气压	 小 关小 耗气量高（混合良好） 宽 高	 大 开放 耗气量低（混合不良） 窄 低
稀释 　稀释剂种类 　稀释剂用量 　防雾剂	 快干 过多（黏度较低） 未使用	 慢干 较少（黏度较高） 在稀释剂中添加 10%
喷涂技术 　喷枪距离 　喷枪运动速度 　漆膜间的间隔时间	 远 快 长	 近 慢 短

现代汽车涂装最常用的金属色漆有单层（或单膜）式金属漆（也称为单工序金属漆）和色漆与清漆的"镜面涂装"式金属漆（也称为双工序金属漆）两种。

（1）单层（或单膜）式金属漆。此类漆与素色类漆的不同在于其有色颜料含量低，而由大量的铝粉颜料来达到遮盖力与金属外观。

在达到所需的膜厚后，需选用正确的喷涂技法做最后一道喷涂来得到和汽车原色漆过渡区域最近似的配合。可在一小片具有弹性的金属或纸片上先试喷，当干燥后将之折成和汽车需修补部位同样的弧度以判定需要的正确技法，如图 6-68 所示。

此类漆当喷涂至接边或边线条作为界限时可使一些微小颜色差异不易显现。更有效的是喷涂到车身板角度改变处边缘的技巧。金属色面漆依据观看角度不同而有明暗不同，即使是同一金属漆在一个角度的相邻两面，仍可显现不同的明暗度。喷涂边角可以使用两条遮盖胶带的技巧，即反向遮盖法，如图 6-69 所示。

（2）色漆与清漆的"镜面涂装"式金属漆。其颜色是由"两层"或"双膜"的涂装程序

图 6-68　用试样与车身颜色对比

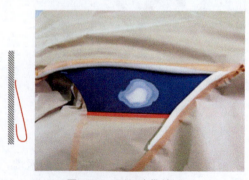

图 6-69　双层胶带技巧

所形成的，有一层具有高遮盖力的基底色漆，随后在未干前再喷一清漆层。整体在一次烘烤操作中固化成膜，比单层金属漆有更高度的光泽外观。

双工序金属漆在有关比色和选择喷涂技法的原则方面与单层金属漆相同。应注意在喷涂清漆后方可见其真正的颜色，但可在色漆的适当部位喷涂合适的稀释剂润湿后，检视颜色，如正确，则待其干燥后再继续喷涂清漆层。另外，由于色漆的固体成分低，故其填平性就差，因此必用 P800 以上的砂纸湿（干）磨以整平基底表面，否则整平的刮痕会显现出来。

铝粒子在金属漆内部会影响明度和角度的变化。铝粒子在漆中如镜子般起反射作用。清漆会稍微改变色漆层的颜色，从正面看时其明度会降低变深。

调配金属色漆时，至少要从正面和三个侧向角度来比色，如图 6-70 所示。所谓正面就是目光正视色板，又称为"正角度比色"，主要是对准面色调；所谓侧角，就是目光斜视色板，如眼睛注视车身一般，又称为"侧角度比色"或"斜角度比色"，主要是对准底色调。

(a) 对光110°角　　　　　　(b) 对光45°角　　　　　　(c) 背光15°角

图 6-70　车身色的观察

五、金属色漆调色时的注意事项

（1）金属色的配方只有在喷涂方式调整以及清漆调整都无法收效的情况下才可改变。

（2）金属色的比色需在充足的日光下进行，但需要避免强烈的日光直射。

（3）比色时最好喷在试板上，并且可利用喷涂技巧来控制颜色。

（4）比色需以正向 90°、侧向 45°、15°、110°和横向 180°等多角度来比色。

（5）车身经粗蜡打过，试板要完全干燥，才有精确的比色效果。

（6）以手指直接涂色于色板上只可作为参考用，不能作为比色的标准。

（7）金属色的调配需要细心及耐心，若需改变配方也只能做小幅度的调整，并且需依照配方表所选的色母来调整。

（8）双工序的金属色底漆喷涂完成，待 15min 干燥后，再喷上清漆后才可比色。

（9）双工序的试板上，金属色底漆喷整板，而清漆喷"1/2"板，这样在调整时可以节省时间，并且可以累积调色（即银粉色在加喷或未喷清漆的比较色差）的经验。

（10）微调时减少铝粉色母的量可使金属色漆更深更暗。

（11）如果要减低绿色效果，首先应减少配方中绿色色母的使用量，如果用对等色红色色母减低绿色效果，颜色会逐渐变浑浊，即彩度降低，其他对等色也如此。

（12）微调时使用不透明性色母能使侧面变浅变白；使用透明性色母能使侧面变深变暗。

六、金属色漆膜外观评价

金属色漆膜外观评价项目有闪光感、金属光泽感、金属感、明亮度和随角异色效应

性等。

国际上用 IV 值和 FF 值来表示（测定）金属色面漆漆膜的金属光泽感、金属感。

IV 值是光强度值，表示明暗度，数值越大明度（反射光强度）越强，在银灰色闪光涂装场合白色光感越强。IV 值是日本丰田、关西涂料的评价方法。

随角异色效应性用 FF 值表示。FF 值越大，正面光和底色的明度差就越大。随视角变异的明度差值越大越好，表现出的金属感越强。

七、计算机调色

随着科学技术的高速发展，尤其是电子计算机的发展，计算机在汽车涂装调色中也得到了广泛的应用。计算机调色，即微机调色，是近几年发展起来的一类高科技自动化调色工艺，是一种先进的调色（调漆）方法。

在计算机调漆的工作中，微机就像一个大型的色漆配方资料库，库中贮存有所有色卡配方，用户只需要将所需要的漆号和分量输入微机中，就可以直接查阅计算好的配方数据。复色漆和单色漆都由数码标记。各类色漆品种数量达数千种规格，完全能满足汽车制造业和维修行业的使用。目前各大涂料生产厂家都具有完善的微机调色系统，并在各地设有计算机调色中心。使用计算机调色，能把复杂烦琐的调色工作，改变为一种快速、方便又准确的调色方式，工作起来极容易，且数据易更新，大大方便了汽车修补涂装的调色工作。

计算机调色的设备是由可见光分光光度仪、电子计算机、配色软件等部分组成的。

1. 可见光分光光度仪

它由光源、单色器、积分球、光电桥检测器、数据处理系统等部件组成。它可以利用测得的涂层的光谱反射率曲线，通过库贝尔卡-芒克配色理论计算出涂层颜色的准确数据，测出颜色，再通过计算机配色软件进行调色。

2. 配色软件

它由色质检测软件、调色软件等部分组成，主要作用是建立储存基础颜色（颜料种类与用量）数据库。使用时先确定基础颜色和色母，而后输入每种色母的光谱反射率曲线（即不同波长的吸收系数和散射系数），再根据输入的数据进行调色。也就是说，新购置的配色软件是不会配色的，必须先将该漆的色号输入配色系统，配色软件才能用输入的色号数据进行配色。因而，使用计算机调色的准确性不仅取决于配色软件的质量，更重要的是所输入的资料数据是否准确可靠。

在计算机调色过程中，计算机就像一个大型的色漆配方资料数据库，它能够储存数千种色漆标准配方和标准色漆颜色的数码（色号或代号）。不论是单色漆数码或复色漆数码，都可输入计算机，以备使用者调色时查找使用。如需要调配某一种汽车面漆颜色时，可先将色号输入计算机，从荧光屏上就可显示出该色号的面漆配方与各种色漆的用量比，再按此数据进行调色，就可获得所需的面漆颜色。

3. 计算机调色的特点

（1）调色标准、速度快、效率高，为汽车修补涂装调色节约了时间，有利于提高修补漆颜色的均匀度。

（2）采用计算机调色时，必须储备有一定量的各种品种的色漆配方与色号，如果储备的数量和品种规格不足，就很难按要求准确地调配出所需要的颜色。

（3）采购的各种色漆必须严格保证质量。如质量不佳，用计算机肯定调不出理想的颜色。

（4）对单色漆的贮存放置应按色号数码的规律放置，使其标准化、定制化，以防出错。

（5）无标准色号的色漆不适于用计算机调色。

（6）目前市场上使用的计算机调色软件较多，其基本功能差别不大，使用时可就地购买。

另外，目前世界各大微机配色仪生产厂都有适合汽车修补漆调色使用的便携式微机测色仪供应市场。这些仪器的探头均可直接接触汽车上需修补漆膜的部位，测出最可靠的数据，该数据经配色软件系统处理后，就可获得准确的调色配方。

技能学习

金属闪光色漆的调色工艺过程与素色漆相似，但是金属漆由于存在随角异色效应，颜色对比难度很高。但是只要把握住色母特性，细心分辨，还是能调出正确的颜色。

金属闪光漆调色工艺基本步骤与素色漆调色一样，调色流程如下。

一、准备工作

与素色漆的调色准备工作相同。

二、操作流程

金属色漆的调色

假如一辆银灰色汽车需要调色，使用德国"鹦鹉"牌汽车修补漆系统进行调色，调色步骤如下。

1. 利用色卡调色

（1）找到颜色代码（如5PNC）。

（2）查阅5PNC颜色配方。

① 按所查得的油漆代码5PNC找到相应的色卡（或色卡组）。

② 在要修补区域附近并且颜色一致处用抛光蜡抛光。

③ 将所选的色卡与车身颜色相对比，找到最接近的色卡（从色卡组中）。

④ 从色卡的背面读取配方，并根据实际需要调配的油漆量，重新计算配方，见表6-10。

表6-10 5PNC 星光银（标准）配方

颜色代码:5PNC/星光银(标准)			
车型:马自达3			
色母	1L 累积/mL	1L 单量/mL	0.1L 单量/mL
352-91	174.0	174.0	17.4
55-M99-10	399.3	225.3	22.5
55-M99-19	758.1	358.8	35.9
55-A136	854.8	96.7	9.7
55-M105	875.1	20.3	2.0
55-A929	884.8	9.7	1.0
55-M306	889.6	4.8	0.5
55-A640	891.5	1.9	0.2
55-A098	893.4	1.9	0.2
55-M1	919.5	26.1	2.6

（3）准备色母和工具。参阅素色漆调色。

（4）计量添加色母。按配方所列色母的顺序添加色母，352-91→55-M99-10→55-M99-

19→55-A136→55-M105→55-A929→55-M306→55-A640→55-A098→55-M1。

（5）湿对比颜色。搅拌均匀后的涂料，简单与样板进行比色，确定颜色差别，并用相应的色母进行调整。

（6）喷涂样板。等喷涂的样板干燥后，从不同的方向观察对比，金属漆需从15°、25°、45°、75°、110°等多个角度对比观察，尽可能接近目标颜色。通过观察各个角度的颜色差异，确定需要调整的色母。

为了使珍珠漆的比色更加准确，在喷涂样板时，通常采用阶梯式喷涂（渐变喷涂），通常按下述流程进行。

① 样板上全面喷涂调配好的底色漆，达到完全覆盖，并晾干。

② 将样板分成6个部分，并分别进行横向遮盖，如图6-71所示。

③ 依次在这几个部分上喷涂珍珠漆，每次喷涂之间要有一定的闪干时间，如图6-72所示。

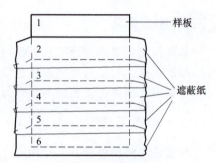

图6-71 遮盖样板

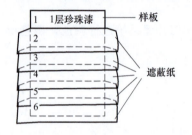
(a) 喷涂第一层珍珠漆

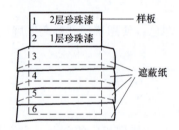
(b) 揭去第一层遮蔽纸,喷第二层珍珠漆

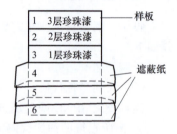
(c) 揭去第二层遮蔽纸,喷第三层珍珠漆

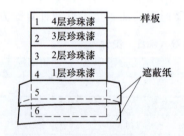
(d) 揭去第三层遮蔽纸,喷第四层珍珠漆

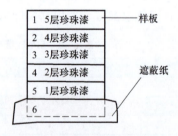
(e) 揭去第四层遮蔽纸,喷第五层珍珠漆

图6-72 依次喷涂珍珠漆

④ 揭去最后一层遮蔽纸，将样板烘干。

⑤ 将样板纵向遮盖一半，喷涂清漆，如图6-73所示。

⑥ 揭去遮蔽纸，并使样板干燥。完成后的样板如图6-74所示。将做好的珍珠漆渐变样板与车身颜色进行比较，就可以确定需要喷涂几层珍珠漆，才能得到所需要的颜色。

（7）微调颜色。学会使用金属漆色母的色母挂图，在图中会有色母的特性。在5PNC配方中各个色母特性，见表6-11。

特性说明：以色母55-A136为例，如图6-75所示。主色调为偏绿黄，正面偏橙，侧面透明无影响。

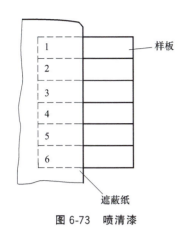

图 6-73 喷清漆

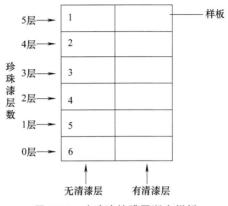

图 6-74 珍珠漆的膜厚渐变样板

表 6-11 5PNC/星光银配方中各色母特性

色母	名称	特性	色母	名称	特性
352-91	稀释剂	透明	55-M1	树脂	透明
55-M99-10	细银：颗粒细		55-A929	偏黄黑：正侧面均偏黄	
55-M99-19	粗银：颗粒粗		55-M306	红：侧面偏浅	
55-A136	偏绿黄：正面偏橙		55-A640	偏蓝绿：侧面偏蓝	
55-M105	偏橙黄：侧面偏橙		55-A098	白色：正面偏黄，侧面偏蓝	

按表 6-12 记录实际加入色母的量。

（8）恢复标准配方。

2. 银粉漆颜色微调要点

（1）少量的银粉往往是正面的颜色比侧面的颜色亮；大量的银粉使金属色漆的正面和侧面都有不同程度的变亮，变亮的程度依赖于银粉的颗粒（粗银粉侧面的影响比细银粉小）。

（2）银粉粗细对颜色有不同的影响。粗银：正面浅，侧面深，高闪烁感，低遮盖能力。细银：正面灰，侧面浅白，闪烁感低，良好的遮盖力。特殊闪亮银：正面浅，侧面深，特殊高的闪烁感，遮盖性适中。

表 6-12　5PNC/星光银微调后配方

颜色代码:5PNC/星光银(标准)					
车型:马自达 3					
色母	1L 累积/mL	1L 单量/mL	0.1L 单量/mL	微调量/mL	最终单量/mL
352-91	174.0	174.0	17.40	—	17.40
55-M99-10	399.3	225.3	22.53	—	22.53
55-M99-19	758.1	358.8	35.88	—	35.88
55-A136	854.8	96.7	9.67	+0.1	9.77
55-M105	875.1	20.3	2.03	+0.1	2.13
55-A929	884.8	9.7	0.97	—	0.97
55-M306	889.6	4.8	0.48	+0.1	0.58
55-A640	891.5	1.9	0.19	—	0.19
55-A098	893.4	1.9	0.19	—	0.19
55-M1	919.5	26.1	2.61	—	2.61

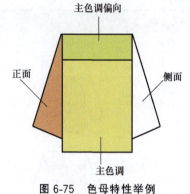

图 6-75　色母特性举例

(3) 微调时减少银粉色母的量可使金属色漆更深更暗。

(4) 要降低金属色漆的彩度时，添加黑+白或黑+银的混合色母。

(5) 如果要减低某种颜色效果，首先应减少配方中这种颜色色母的使用量。如果以对等的颜色色母（补色）减低这种颜色效果，则颜色会渐成浑浊，同时彩度降低。

(6) 微调时使用透明性色母能使侧面变深变暗；微调时使用不透明性色母能使侧面变浅变白。

(7) 如果可能的话，尽量避免使用白色或氧化物色母，因为它们降低金属色漆的光泽度（不透明）。它们使正面变暗，侧面变浅白。

(8) 为了使侧面颜色变深，可采取以下措施：

① 增加透明色母的量。

② 减少铝粉的量。

③ 使用较粗的银粉色母。

④ 减少白色母的量。

⑤ 减少能使侧面颜色变浅的色母的量。

(9) 为了使侧面颜色变浅，使用跟（8）相反的方法，但添加白色色母应小心，因为白色母会减低金属效果。

(10) 当比色出现色差时，首先应确定如下问题：

① 称量正确吗？

② 漆膜彻底干燥了吗？

③ 遮盖彻底吗？

④ 选择配方是否正确？

(11) 微调颜色时，尽量选用原来配方中已有的色母。

(12) 一定要确定按色母特性表所添色母后的颜色走向。

(13) 微调时，每加一种色母，都要称量，并记录质量，以便以后参考。

(14) 调色工作完成后必须保存颜色样板，并在反面注明以下数据信息：

① 车辆生产商。

② 颜色名称。

③ 颜色编号。

④ 内部颜色编号。

⑤ 喷嘴大小以及喷枪类型。

⑥ 配方日期。

⑦ 喷涂道数以及枪尾压力。

⑧ 喷涂者姓名。

注：最好将原配方和调整过的配方一起存档，以便以后参考。

(15) 不要在眼睛疲劳状态下配色。

(16) 喷涂色板的喷涂技术条件应和喷实车时相同。

(17) 向两个样板上照光，进行颜色比较，当用配色灯时，调整配色灯与试验样板之间的距离，理想的距离相当于眼睛至双手的距离。

(18) 注意干燥过程中颜色的变化趋向。刚喷涂的涂料在干燥过程中，较重的颜料将会向涂层的底部移动，而较轻的颜料则会向表面移动，如图6-76所示。虽然涂料在施涂时，其颜色可能与原来的涂料相配，但干燥后，颜色可能就不同了。

例如：蓝和白两种基本颜色混合时，由于蓝色颜料比白色颜料轻，所以蓝色颜料在干燥过程中会向表面移动，结果干涂层将会比新喷涂层蓝一些。

(19) 注意抛光对颜色的影响。有些涂料在干燥以后被抛光时会明显地改变其颜色，这是因为含有大量较轻颜料的涂层由于抛光而改变位置。所以为了进行配色，这些涂料颜色的试验样板必须干燥和抛光，然后才能进行精细配色。

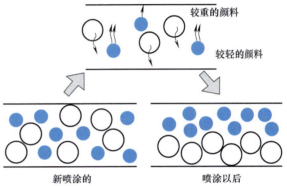

图 6-76 漆膜干燥过程中颜色的变化

(20) 注意制造厂和其他的因素。如不同的涂料供应商，不同的涂装设备，不同的涂料种类，不同涂装施工条件，制造厂内的因素，颜色调配过程中出现的人为因素，长时间后车身涂层老化的因素等。

3. 计算机调色

(1) 查阅汽车车身上的颜色代码（或利用色卡获得代码）。

(2) 启动计算机中的调色软件。

(3) 根据显示屏幕界面提示输入颜色代码。

(4) 根据屏幕界面提示的配方进行调色。

如果将电子秤与计算机连接，则在计量添加色母时，如果某一色母添加过量，则计算机会自动重新计算配方中各色母比例，即会重新生成新的配方，因而可避免由于添加过量使调色失败而造成的涂料浪费。

如果无法获得颜色代码，可利用配套的测色仪，将探头插入等待修复车身的漆膜内，计算机会自动生成配方。

下面以"施必快"CR-PLUS系统为例，介绍利用计算机查阅配方的操作程序。

(1) 从汽车或随车手册中找出制造商的色码（如LY7W）。

(2) 鼠标左键双击桌面Crplus快捷方式，进入主页面（图6-77），左键单击""或按"F2"键进入颜色配方界面。

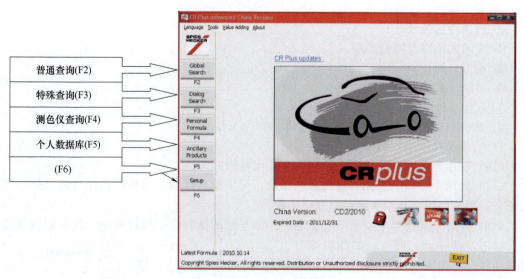

图 6-77　Crplus 主页面窗口

（3）在颜色配方界面上（图 6-78），按色号查询：在"原厂色号"处，输入色号"LY7W"，然后点击"继续"。

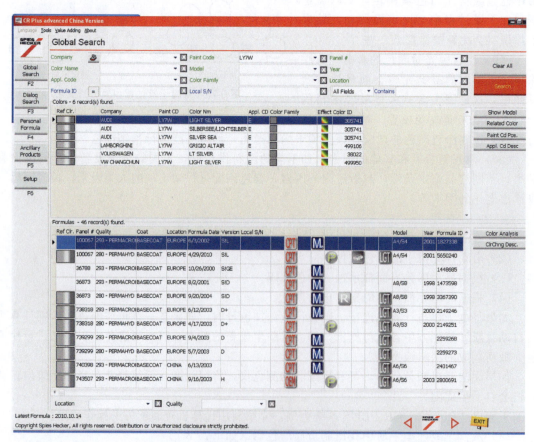

图 6-78　颜色配方界面

（4）在出现的汽车生产商选择界面（图 6-79）上选择汽车生产商，然后点击"继续"。

Colors - 6 record(s) found.

Ref Clr.	Company	Paint CD	Color Nm	Appl. CD	Color Family	Effect Color ID
	AUDI	LY7W	LIGHT SILVER	E		30574
	AUDI	LY7W	SILBERSEE/LICHTSILBER	E		30574
	AUDI	LY7W	SILVER SEA	E		30574
	LAMBORGHINI	LY7W	GRIGIO ALTAIR	E		49910
	VOLKSWAGEN	LY7W	LT SILVER	E		3802
	VW CHANGCHUN	LY7W	LIGHT SILVER	E		49995

图 6-79　汽车生产商选择界面

(5) 在出现的差异色选择界面上（图 6-80）选择需要的差异色配方，然后点击“继续”。

Formulas - 46 record(s) found.

Ref Clr.	Panel #	Quality	Coat	Location	Formula Date	Version	Local S/N					Model	Year	Formula ID
	100067	293 - PERMACROI	BASECOAT	EUROPE	6/3/2002	S!L		CPT	M			A4/S4	2001	1827338
	100067	280 - PERMAHYD	BASECOAT	EUROPE	4/29/2010	S!L		CPT		P	LGT	A4/S4	2001	5650240
	36788	293 - PERMACROI	BASECOAT	EUROPE	10/26/2000	S!GE		CPT	M					1448685
	36873	293 - PERMACROI	BASECOAT	EUROPE	8/2/2001	S!D		CPT	M			A8/S8	1998	1473598
	36873	280 - PERMAHYD	BASECOAT	EUROPE	9/20/2004	S!D		CPT	M	R	LGT	A8/S8	1998	3367390
	738318	293 - PERMACROI	BASECOAT	EUROPE	6/12/2003	D+		CPT	M		LGT	A3/S3	2000	2149246
	738318	280 - PERMAHYD	BASECOAT	EUROPE	4/17/2003	D+		CPT		P	LGT	A3/S3	2000	2149251
	739299	293 - PERMACROI	BASECOAT	EUROPE	9/4/2003	D		CPT	M		LGT			2259268
	739299	280 - PERMAHYD	BASECOAT	EUROPE	5/7/2003	D		CPT	M		LGT			2259273
	740398	293 - PERMACROI	BASECOAT	CHINA	6/13/2003			CPT	M		LGT	A6/S6		2401467
	743507	293 - PERMACROI	BASECOAT	CHINA	9/16/2003	H		OEM		P	LGT	A6/S6	2003	2800691

图 6-80　差异色选择界面

(6) 获得所需要的配方，如图 6-81 所示。

Tint Code	Tint Name	gram (abs.)	gram (cum.)
WB858	BRILLANTSILBER EXTRA	359.2	359.
WB818	FEINSILBER	616.4	975.
WB892	PERLGOLD	31.2	1006.
WB803	SPEZIALSCHWARZ	9.4	1016.
WB859	BRILLANTBLAU	2.1	1018.
WB881	MARON	1.1	1019.

注：第一栏为色母代号；第二栏为色母名称；第三栏为称量质量；第四栏为累计质量。

图 6-81　配方显示

(7) 如果点击“调漆”，即出现模拟称量界面，即相当于电子秤使用。如果某个色母不慎加入过多，可通过模拟称量界面来重新计算：按 F3，根据系统提示输入每个色母的实际称量，如果某个色母加过量了，系统会提示你如何操作。点击“重新计算混合”，系统将逐个显示配方各色母的新称量值，写下来第一个称量值，按回车键后就会显示下一个色母的称量值。这样就可按重新计算的配方进行调色。

另外,也可通过相关的网站查阅配方。如在网页浏览页面输入"施必快"颜色网站地址即可进入其颜色网站,显示如图 6-82 所示的界面。

点击"SPIES HECKER"图标则进入到图 6-83 所示的颜色页面。

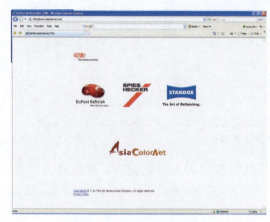

图 6-82 "施必快"颜色网页

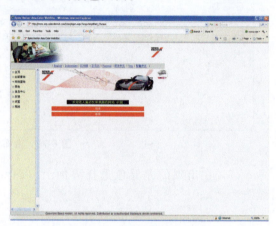

图 6-83 颜色查询主界面

如在颜色查询主界面上点击"全面查询",出现相应的颜色配方查询界面,如图 6-84 所示。在"原厂色号"栏内输入色号(如 LY7W),点击"查询"按钮,即可获得配方。

图 6-84 配方查询界面

小结

(1) 金属色漆也称为金属闪光色漆,简称为金属漆,包括银粉漆和珍珠漆(也称为珠光漆)两种。金属色漆是在物件表面均匀地涂覆含有铝粉等金属颜料的涂料,得到金属光泽的涂层。

(2) 汽车车身用的金属闪光面漆漆膜一般是由含有随角异色效应的颜料的底色漆层和罩光清漆层组成的。

(3) 金属闪光色面漆漆膜不同于本色面漆漆膜的一个显著特点,就是具有随角异色效应(也称为颜色的方向性),即随观察角度的变化而呈现不同的明亮度及色彩。

(4) 一般来说呈透明状的有机颜料都具有不同程度的方向性,尤其是绿、黄、印度橙、有机黄和蓝色类以及带较强黄色调的酞菁类等原色,方向性强。

(5) 在进行金属闪光色调色操作时,所采用的溶剂比例和喷涂条件,应与实际作业时完全一致。

（6）金属闪光色调色时应首先使侧视色与原漆膜相吻合，再调正视色。如果要调好侧视色，就应熟悉不同原色的侧视色。

（7）调制深色调金属闪光涂料时，应先只加入原色颜料，调好其侧视、正视色，然后加入所需粒度的金属铝粉，按此步骤调制比较省事。

（8）调制浅色和中等浓度色调时，首先是配制好粒度大小适宜的金属铝粉。若需中等粒度，最好是用大颗粒和小颗粒相混合配制。金属铝粉调配好后，再加入原色，进行颜色的调制。

（9）现代汽车涂装最常用的金属色漆有单层（或单膜）式金属漆（也称为单工序金属漆）和色漆与清漆的"镜面涂装"式金属漆（也称为双工序金属漆）两种。

（10）金属色的配方只有在喷涂方式调整以及清漆调整都无法收效的情况下才可改变。

（11）双工序的金属色底漆喷涂完成，待15min干燥后，再喷上清漆后才可比色。

（12）双工序的试板上，金属色底漆喷整板，而清漆喷"1/2"板，这样在调整时可以节省时间，并且可以累积调色（即银粉色在加喷或未喷清漆的比较色差）的经验。

（13）微调时减少铝粉色母的量可使金属色漆更深更暗。

（14）微调时使用不透明性色母能使侧面变浅变白；使用透明性色母能使侧面变深变暗。

（15）金属色漆膜外观评价项目有闪光感、金属光泽感、金属感，明亮度和随角异色效应性等。

（16）国际上用IV值和FF值来表示（测定）金属色面漆漆膜的金属光泽感、金属感。

（17）计算机调色的设备是由可见光分光光度仪、电子计算机、配色软件等部分组成的。

（18）为了使珍珠漆的比色更加准确，在喷涂样板时，通常采用阶梯式喷涂（渐变喷涂）。

（19）如果要降低某种颜色效果，首先应减少配方中这种颜色色母的使用量。

项目七 面漆的涂装

任务 7-1　面漆的整车（整板）喷涂

任务导入

当中涂底漆打磨完成，进行必要的除油清洁及遮盖后，即可以进行面漆的喷涂，如图 7-1 所示。在此之前确认面漆的调色已经完成。

面漆是整个涂层的最表层，因而对其喷涂质量要求最高，以达到要求的涂层厚度、光泽和色彩。喷涂面漆是一项技术性很强的工作，需要喷漆技师有良好的喷涂技术和丰富的喷涂经验。

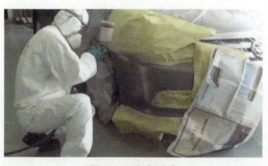

图 7-1　喷涂面漆

相关知识

一、面漆的喷涂手法

1. 干喷

干喷指喷涂时选择的溶剂要快干，气压较大，出漆量较小，温度较高等，喷涂后漆面较干。

2. 湿喷

湿喷指喷涂时选择的溶剂要慢干，气压较小，出漆量较大，温度较低等，喷涂后漆面较湿。

3. 湿碰湿

湿碰湿就是不等上道漆中溶剂挥发完全就继续喷涂下一道漆。

4. 虚枪喷涂

在喷涂色漆后，将大量溶剂或固体分调整得极低的涂料喷涂在面漆上的操作称为虚枪喷涂。在汽车修补中有两种类型的虚枪喷涂法：

（1）在热塑性丙烯酸面漆上喷虚枪，用来进行新喷涂的修补漆与原来的旧漆之间的润色，使汽车表面经过修补后看不出修补的痕迹。

（2）在新喷涂的丙烯酸或醇酸瓷漆上喷虚枪，用来提高其光泽，有时也用来在斑点修补时润色。

5. 雾化喷涂

俗称飞雾法喷涂，又叫飞漆，即以比较远的距离喷一薄层雾的漆膜。雾化喷涂手法一般用于喷涂金属色漆，以获得需要的特殊效果。

6. 带状涂装

当喷涂某个基材表面的边缘时采用此法。此时应将喷枪扇幅调得相对窄一些，一般调整到 10cm 宽左右。此时喷出的雾束比较集中，呈带状覆盖。这样可以达到减少过喷、节约原材料的目的。

二、面漆的喷涂工艺程序

面漆分为单工序面漆（素色漆）和双工序面漆（金属色漆，有时素色漆也有双工序）两种，其喷涂工序各不相同，如图 7-2 所示。

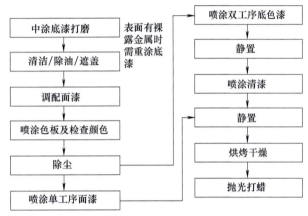

图 7-2 面漆的喷涂工艺

技能学习

一、准备工作

1. 劳动安全与卫生

面漆喷涂施工的劳动保护与安全卫生注意事项同底漆喷涂。

2. 板件的准备

对于已经打磨完中涂底漆的板块，通常要进行下列准备工作。

（1）用吸尘器或气枪对需喷涂的表面进行除尘处理。

（2）整板喷涂时，根据所喷涂的板件特点及需喷涂的面积确定遮盖的位置。取合适的遮盖纸进行遮盖。

（3）用黏尘布对待喷涂表面进行除尘处理。

（4）用擦拭纸浸除油剂对表面进行除油处理。

3. 喷涂前的检查

在开始喷涂作业之前，下列工作一定要做：一是检查全车身外表有无遮盖遗漏之处；二是检查打磨作业和清扫作业有无不完备之处；三是检查喷枪和干燥设备有无异常。

4. 个人卫生

检查完毕之后，用肥皂清洗手上的油污，穿上防尘服，再用压缩空气清除粘在衣服上的灰尘。

5. 面漆准备

（1）解读涂料技术说明。喷涂汽车修补面漆前，应详细解读其使用说明，以充分了解其喷涂的技术要求。"鹦鹉"牌22系列素色汽车修补面漆技术说明，见表7-1。

表7-1 德国"鹦鹉"牌22系列素色汽车修补面漆技术说明

原 料	工 艺 数 据		
油漆22系列素色面漆 固化剂 929-71 快速 　　　　929-73 一般 　　　　929-74 慢速 稀释剂 352-50 快速 　　　　352-91 一般 　　　　352-216 慢速 可以选用的添加剂： 柔软添加剂 522-111 减光剂 522-300 纹理添加剂 520-40 刷涂添加剂 521-78 防油硅添加剂 580-100	混合比例 2∶1＋10%		
	油漆	100份 22系列	
	固化剂	50份 929-71/73/74	
	稀释剂	10份 352-50/91/216	
	活化寿命(20℃)	2～3h	
	喷涂黏度(DIN4,20℃)	20～22s	
	喷枪口径(重力式)	HVLP:1.2～1.3mm	一般:1.3～1.4mm
	喷枪口径(虹吸式)	HVLP:1.8mm	一般:1.7mm
	喷涂气压	HVLP:2.0～3.0bar	一般:4.0bar
	喷涂道数	2	
	间隔时间(20℃)	层间,至少5min	
	膜厚	50～70μm	
	刷涂	按4∶1与929-13混合,并且添加5%的521-78	
	不同固化剂干燥	929-71	929-73	929-74
	干燥(20℃)	6h	8h	10h
	干燥(60℃)	20min	30min	35min
	红外线(短波)	7min	7min	7min
	红外线(中波)	10min	10min	10min

"鹦鹉"55系列金属色汽车修补面漆技术说明，见表7-2。"鹦鹉"923系列汽车修补罩光清漆技术说明，见表7-3。

表7-2 "鹦鹉"55系列金属色汽车修补面漆技术说明

原 料	工 艺 数 据		
油漆55系列金属色面漆 稀释剂 352-50 快速 　　　　352-91 一般 　　　　352-216 慢速	混合比例 2∶1		
	油漆	100份 55系列	
	稀释剂	50份 352-50/91/216	
	活化寿命(20℃)	混合后在48h内用完	
	喷涂黏度(DIN4,20℃)	18～22s	
	喷枪口径(重力式)	HVLP:1.2～1.3mm	一般:1.3～1.4mm
	喷枪口径(虹吸式)	HVLP:1.8mm	一般:1.7mm
	喷涂气压	HVLP:2.0～3.0bar	一般:4.0bar
	喷涂道数	2～2.5	
	间隔时间(20℃)	间隔10min,至表面暗淡	
	膜厚	15～20μm	
	备注：要遵守喷涂涂层的间隔时间,喷涂第一道湿的涂层后,间隔时间至漆膜亚光后,再喷涂第二层漆。 金属色漆表面要喷涂清漆:923-255 或 923-155 或 923-57		

表7-3 "鹦鹉"923系列汽车修补罩光清漆技术说明

原料	工艺数据			
高浓度清漆 923-255 中浓度清漆 923-155 柔软亚光清漆 923-57 固化剂 929-71 快速 　　　　929-73 一般 　　　　929-74 慢速 稀释剂 352-50 快速 　　　　352-91 一般 　　　　352-216 慢速 清漆用于双涂层喷漆作业，湿碰湿工艺 923-57适用于保险杠等的喷涂，不能加柔软添加剂	混合比例2∶1+10%			
	油漆	100份22系列		
	固化剂	50份929-71/73/74		
	稀释剂	10份352-50/91/216		
	活化寿命(20℃)	3～4h		
	喷涂黏度(DIN4,20℃)	16～20s		
	喷枪口径(重力式)	HVLP:1.2～1.3mm	一般:1.3～1.4mm	
	喷枪口径(虹吸式)	HVLP:1.8mm	一般:1.7mm	
	喷涂气压	HVLP:2.0～3.0bar	一般:4.0bar	
	喷涂道数	2		
	间隔时间(20℃)	层间闪干3～5min		
	膜厚	50～70μm		
	不同固化剂干燥	929-71	929-73	929-74
	干燥(20℃)	1h	2h	3h
	干燥(60℃)	20min	30min	35min
	红外线(短波)	7min	7min	7min
	红外线(中波)	10min	10min	10min

(2) 调制面漆。将色浆按所需要的量取出，加入固化剂和稀释剂调整好黏度。通常的做法是将主剂和固化剂调配好之后，再加入稀释剂调整黏度。但用习惯之后，也可以先用稀释剂稀释主剂，过滤好，注入喷枪的喷漆罐中，再加入适量的固化剂搅拌均匀。这种情况下，如图7-3所示，只要记住主剂的用量，然后按4∶1的比例加入固化剂即可。这样做的好处是可以真正做到用多少调多少，避免浪费。

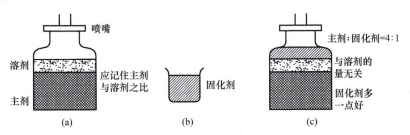

图7-3 适用双组分型涂料避免浪费的方法

涂料黏度并非常量，随温度而发生变化。即同一种涂料，冬季比夏季显得稠。黏度越高的涂料，随温度变化的特征越明显，因此，即使加入相同量的稀释剂，夏季的黏度为13～14s，冬季黏度就为20s左右。

从根本上讲，同一种涂料应以相同的稀释率涂装，比如夏季气温为30℃，以黏度14s进行涂装，到了冬季，气温为5℃时，就应以黏度20s进行涂装，所以应养成根据气温改变喷涂黏度的习惯。

从前述表7-1中可以查到，调制"鹦鹉"22系列汽车修补面漆时，将调好的涂料（色浆，下同）和固化剂（929系列）和稀释剂（352系列）按2∶1+10%的比例（体积比）配比。

从表7-2可以查到，调制"鹦鹉"55系列汽车修补面漆时，将色浆与稀释剂（352系列）按2∶1的比例（体积比）配比。从表7-3可知，调制"鹦鹉"923系列汽车修补清漆时，将清漆和固化剂（92-71/73/74）和稀释剂（352系列）按2∶1+10%的比例（体积比）配比。

6. 喷枪的选择

用于喷涂面漆的喷枪，应根据使用目的和涂料的种类区分使用。

喷枪的喷嘴直径应随涂料的种类而改变。对于改性丙烯酸硝基漆，全涂装时用1.5～1.8mm口径的喷枪较为适宜。而对于合成纤维素丙烯酸硝基漆则以1.0～1.3mm为宜，超过1.5mm时，则会造成漆膜表面粗糙，打磨十分费力。

对于丙烯酸聚氨酯涂料，全涂装时应选用1.3～1.5mm口径的虹吸式喷枪。涂装丙烯酸聚氨酯的单色涂料时，也有人采用1.8mm口径的喷枪，但比较起来，还是1.5mm的好用。

烤漆涂料可以使用1.3～1.5mm口径的虹吸式喷枪；丙烯酸瓷漆可以用1.5～1.8mm口径虹吸式喷枪。烤漆涂料也可以使用重力式喷枪；丙烯酸瓷漆涂料如果使用重力式喷枪，口径选1.3mm能获得高的喷涂质量。在喷涂金属色面漆时，为防止金属雾斑，喷嘴直径应为1.3～1.4mm。

除此之外，随制造厂家的不同，喷射流量和空气用量、喷束形状都有差异，应从中选择与所喷涂料相适应的喷枪。

压送式喷枪喷涂流量大，可以缩短喷涂时间，喷罐可加入2～4L涂料，以节省涂料添加时间。

从前述表7-1～表7-3中可以查到，喷涂"鹦鹉"牌汽车修补面漆时，若选用普通高气压重力式喷枪，其口径应为1.3～1.4mm；若选用重力式HVLP喷枪，其口径应为1.2～1.3mm。若选用普通高气压虹吸式喷枪，其口径应为1.7mm；若选用虹吸式HVLP喷枪，其口径应为1.8mm。

7. 涂料添加

调好色的涂料，用不低于180目的滤网（过滤漏斗等）过滤后装入喷枪（最多约3/4涂料罐）。

注意

底色漆和清漆各用一把喷枪。

二、素色面漆的整车（整板）喷涂

对于不同种类的素色漆，需要的喷涂方法也不一样。现以"鹦鹉"牌汽车修补漆为例，涂料黏度用4号福特杯测量。

素色面漆的整板喷涂

1. 喷枪的调整

（1）根据涂料的技术说明调整喷涂气压。从表7-1可知，喷涂"鹦鹉"牌素色（22系列）汽车修补面漆时，如选用HVLP喷枪，则喷涂气压为2.0～3.0bar；若选用普通喷枪，则喷涂气压为4.0bar。

（2）根据喷涂面积大小调整喷涂扇幅大小。通常做整板（整车）喷涂时，用全开扇幅。

（3）用雾形测试的方式调整供漆量。

2. 喷涂施工

（1）第一次喷涂——预喷涂。

黏度：标准；

空气压力：标准；

雾形控制阀：全开；

漆流量控制阀：1/2～2/3开度；

喷枪距离：稍远；

喷枪运行速度：快。

以车身整体喷上一层雾的感觉，薄薄地预喷一层。喷这一层的目的是提高涂料与旧漆膜的附着力，同时确认有无排斥涂料的部位，如果有就在该部位稍加大气压喷涂，覆盖住涂料排斥部位。闪干时间不少于5min。

（2）第二次喷涂——形成漆膜层。

黏度：标准；

空气压力：标准；

雾形控制阀：全开；

漆流量控制阀：2/3～3/4开度；

喷枪距离：标准；

喷枪运行速度：适当。

在该工序基本形成漆膜层，要达到一定的膜厚。该工序要注意尽可能喷厚一些，这是最终获得良好表面质量的基础，但同时要注意不能产生垂挂和流动，以此作为标准。闪干时间不少于5min。

（3）第三次喷涂——表面色调和平整度的调整。

黏度：标准（可稍微调小）；

空气压力：标准（可稍微调小）；

雾形控制阀：全开；

漆流量控制阀：全开；

喷枪距离：标准；

喷枪运行速度：适当。

第二次喷涂已形成了一定膜厚，第三次喷涂主要目的是调整漆膜色调，同时要形成光泽。此时可适当加入清漆，有时为调整色调，要加入干燥速度慢的稀释剂。

素色漆一般喷涂三次，就能形成所需膜厚、光泽和色调。如果色调还不满意的话，可将涂料黏度调小，再修正喷涂一次。

以上喷涂层次为通常的喷涂要求，各涂料生产商生产的涂料不同，喷涂遍数要求也不尽相同。如鹦鹉22系列双组分高浓面漆要求在水平面喷涂时需厚喷2层；而在垂直面喷涂时需喷1/2+1层，即先薄喷一层（1/2层），然后再厚喷一层。

喷涂作业的先后顺序往往随操作者的习惯而定，但要注意漆雾的影响。在下排风的喷漆间进行整车喷涂时，通常用先喷涂车顶，然后喷车后部，围绕车身一圈后在车后部完成接缝的方法喷涂。如果由两名喷漆工共同操作，完成整车喷涂，效果会更好。但在喷涂金属面漆或珍珠面漆时，最好由一个人来操作，因为不同的操作手法可能会引起颜色的差异。图7-4为合理的整车喷涂顺序示意图。

应用较多的另外一种喷涂顺序，如图7-5所示。首先从车顶开始，依次是右前门、右前翼子板、发动机罩、左前翼子板、左前门、左后门、左后翼子板、行李厢盖、右后翼子板、右后门。在喷涂右后门时可将右前门打开，能够防止漆雾粒子飞扬到已经略干的右前门漆面上，避免产生粗粒现象，但要提前做好车室内的防护工作。当然，整车喷涂顺序并不是固定不变的，重点是保证最大限度地避免边缘干燥过快或者在已经表干的区域喷涂。所以如下的喷涂顺序也经常被采用：

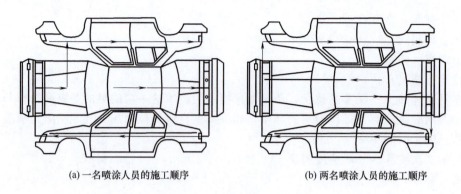

(a) 一名喷涂人员的施工顺序　　　　　(b) 两名喷涂人员的施工顺序

图 7-4　合理的整车喷涂顺序

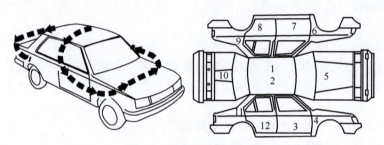

图 7-5　整车喷涂施工顺序

左车顶→右车顶→右后门→右前门→右前翼子板→发动机罩→前保险杠→左前翼子板→左前门→左后门→左后翼子板→后备厢盖→后保险杠→右后翼子板。

（4）闪干。面漆喷涂结束后，若采用烘干干燥，必须使漆膜有充分的闪干时间，以使漆膜中溶剂充分挥发，避免喷涂完毕后直接加温烘烤所造成的漆膜起热痱等缺陷。

面漆的种类不同，闪干时间要求也不同，通常闪干时间在 10~20min，具体数据以涂料技术说明书建议为准。

（5）清除贴护。喷涂工作完毕之后，遮盖不喷涂部位的胶带和贴护纸的作用就已经完成了，可以清除掉了。

清除贴护的工作不要等到加温烘干以后进行，因为加温后胶带上的胶质会溶解，与被粘贴表面结合得非常牢固，很难清除，而且会在被粘贴物上留下黏性的杂质。如果被贴护表面是良好的旧漆层，由于胶中溶剂的作用还会留下永久性的痕迹，除非进行抛光处理否则去除不掉。漆膜完全干燥后清除胶带还会引起胶带周围漆膜的剥落，造成不必要的修饰工作等。

贴护的清除工作应在喷涂完毕之后，静置 20min 左右的时间（涂料生产商建议的烘干前闪干时间），待漆膜稍稍干燥后即可进行。

清除工作应从涂层的边缘部位开始，决不能从胶带中部穿过涂层揭开胶带。清除动作应仔细缓慢，并且使胶带呈锐角均匀地离开表面，如图 7-6 所示。清除时注意不要碰到刚刚喷涂过的地方，还应防止宽松的衣服蹭伤喷涂表面，因为这些表面尚未干透，碰到后会引起损伤，造成额外的工作。

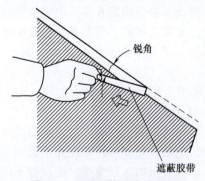

图 7-6　正确揭掉胶带的方法

（6）干燥。整板（整车）喷涂的干燥通常在喷烤房内进行。干燥设备有多种类型，如红外线、远红外线、热风等。不同设备干燥方式也有所不同。因此干燥作业时的关键，就是如何根据干燥设备的特点，在不致产生气孔的前提下提高干燥速度。

从表 7-1 可知，"鹦鹉" 22 系列素色面漆的干燥时间因使用的固化剂和采用的干燥方式的不同而不同。

若使用快干型固化剂（929-71），常温干燥（20℃），6h；热空气升温干燥（60℃），20min；用短波红外线干燥，7min；用中波红外线干燥，10min。

若使用中等干燥型固化剂（929-73），常温干燥（20℃），8h；热空气升温干燥（60℃），30min；用短波红外线干燥，7min；用中波红外线干燥，10min。

若使用慢干型固化剂（929-74），常温干燥（20℃），10h；热空气升温干燥（60℃），35min；用短波红外线干燥，7min；用中波红外线干燥，10min。

三、金属色面漆的整车（整板）喷涂

金属色面漆中，银粉漆通常采用双工序涂装法，即底色漆（银粉漆）+清漆；而珍珠漆一般采用三工序涂装法，即底色漆（素色漆）+珍珠漆+清漆。由于喷涂工艺参数对颜色的影响很大，故喷涂时应严格按涂料要求的工艺进行。

金属色面漆的整板喷涂

1. 银粉漆的标准涂装

（1）喷枪的调整。

① 根据涂料的技术说明调整喷涂气压，如喷涂德国"鹦鹉"55系列汽车修补面漆及清漆时，选用 HVLP 喷枪，则喷涂气压为 2.0~3.0bar；若选用普通喷枪，则喷涂气压为 4.0bar。

② 根据喷涂面积大小调整喷涂扇幅大小。通常做整板（整车）喷涂时，用全开扇幅。

③ 用雾形测试的方式调整供漆量。

（2）喷涂流程。

① 第一次喷涂——预喷涂。

黏度：标准；

空气压力：标准；

雾形控制阀：全开；

漆流量控制阀：1/2~2/3 开度；

喷枪距离：稍远；

喷枪运行速度：快。

以喷雾感沿车身表面整体薄薄喷洒，既提高涂料与底层或旧漆膜的附着力，同时又确认有无排斥涂料现象。如果出现了排斥现象，就在有排斥现象的部位，提高喷射气压喷涂。闪干至少 5min。

② 第二次喷涂——决定色调。

黏度：标准；

空气压力：标准；

雾形控制阀：全开；

漆流量控制阀：2/3~3/4 开度；

喷枪距离：标准；

喷枪运行速度：稍快。

第二次喷涂决定漆膜颜色，喷涂时不必在意出现的喷涂斑纹和金属斑纹，单层喷涂，喷

枪移动速度稍快一点为好。丙烯酸聚氨酯涂料遮盖力较强，一般喷两次就行了，但有的色调需按第二次喷涂的方法再喷涂一次。闪干至少 5min。

③ 第三次喷涂——消除斑纹喷涂。

将喷枪内的涂料按 1∶1 加入清漆混合；

空气压力：稍小；

雾形控制阀：全开；

漆流量控制阀：1/2～2/3 开度；

喷枪距离：稍远；

喷枪运行速度：快。

第三次喷涂是为修正第二次喷涂形成的喷涂斑纹和金属斑纹，起到防止喷涂透明层时引起金属斑纹的作用。目的是形成金属感。

原则上透明涂料和金属闪光瓷漆各占 50%，但随颜色不同有些变化。例如浅色彩时，透明涂料多一些，金属闪光瓷漆占 20%～30%，透明涂料占 80%～70%；银灰色和中等浓度色调，两种各占 50%，或者透明涂料稍多一些占 60%。黏度为 12 s 左右。

喷涂时，喷枪运行速度要快，与涂装表面保持稍远的距离，薄薄地喷涂一层，要完全消除金属斑纹。

在底色漆喷涂过程中，如果出现了过多的金属颗粒（轻度流挂），可用吸纸吸掉。

④ 闪干。在消除斑纹喷涂结束之后，要设置 10～15min 的中间间隔时间（以涂料生产商建议为准），使漆膜中的溶剂挥发。用指尖轻轻触摸漆膜面，粘不上颜色，就可以进入透明层喷涂。设置中间间隔时间，是为使金属闪光瓷漆涂料的溶剂尽可能挥发。"鹦鹉"漆建议闪干时间约 10min，至漆面呈亚光效果即可。

⑤ 第四次喷涂——透明涂料的预喷涂。

黏度：标准；

空气压力：标准；

雾形控制阀：全开；

漆流量控制阀：2/3 开度；

喷枪距离：稍远；

喷枪运行速度：稍快。

第一次透明层喷涂不能太厚，一次喷涂太厚会引起金属颗粒排列被打乱，所以要喷得薄。闪干至少 5min。

⑥ 第五次喷涂——精加工透明涂料喷涂。

黏度：标准；

空气压力：标准；

雾形控制阀：全开；

漆流量控制阀：全开或 3/4 开度；

喷枪距离：标准；

喷枪运行速度：普通或稍慢。

以第二次透明层的喷涂结束面漆喷涂工作，要边观察漆膜平整度边仔细喷涂。如果采用快速移动喷枪，往返两次覆盖，能得到很理想的表面色泽。尤其是车顶、行李厢盖、发动机罩等，覆盖两次为好。

当表面平整度不好时，可以加入干燥速度慢的稀释剂进行修正，能获得好的加工质量。

⑦ 闪干。约 20min。

⑧ 清除贴护。

⑨ 干燥。银粉漆的干燥参数与素色漆相同。

2. 银粉漆的经济型涂装

(1) 第一次喷涂——底色漆预喷涂。

黏度：比标准稍大；

空气压力：标准；

雾形控制阀：全开；

漆流量控制阀：1/2～2/3 开度；

喷枪距离：稍远；

喷枪运行速度：快。

整体均匀薄薄地喷涂，以提高涂料与旧漆膜的附着力。同时检查有无排斥涂料现象，如有应提高气压喷涂。闪干 5min。

(2) 第二次喷涂——决定漆膜色彩。

黏度：比标准稍大；

空气压力：标准；

雾形控制阀：全开；

漆流量控制阀：3/4～全开；

喷枪距离：标准；

喷枪运行速度：稍快。

第二次喷涂决定漆膜色彩，要注意不要出现喷涂斑纹和金属斑纹。如果出现金属斑纹，将喷枪距离加大，以喷雾的方法喷射进行修正。

丙烯酸聚氨酯覆盖力强，喷涂两次就能确定好色彩。如果色彩不好，可间隔 10～15min，再按第二次喷涂的方法，喷第三到第四次。

(3) 闪干。约 10min 至表面呈亚光。

(4) 第三次喷涂——透明层涂料预喷涂。

黏度：标准；

空气压力：标准；

雾形控制阀：全开；

漆流量控制阀：2/3～3/4 开度；

喷枪距离：稍远；

喷枪运行速度：稍快。

闪干约 5min。

(5) 第四次喷涂——透明涂料精加工喷涂。

黏度：标准；

空气压力：标准；

雾形控制阀：全开；

漆流量控制阀：3/4～全开；

喷枪距离：标准；

喷枪运行速度：普通或稍慢。

第二次透明层喷涂是精加工喷涂，要边观察漆膜的平整度边仔细喷涂，习惯了快速移动喷枪的，可以往返覆盖两层，以获得高质量的表面层。反过来，若移动速度过慢，就会产生垂挂现象。如果漆膜起皱，要加入干燥速度慢的稀释剂进行修正。

(6) 闪干约 20min，清除贴护。

(7) 干燥。

以上喷涂层次为通常的金属色漆喷涂要求，各涂料生产商生产的涂料不同，喷涂遍数要求也不尽相同。如鹦鹉 55 系列底色漆要求喷 2+1/2 层，即先厚喷两层，然后再薄喷一层（1/2 层）。

小结

(1) 当中涂底漆打磨完成，进行必要的除油清洁及遮盖后，即可以进行面漆的喷涂。

(2) 因面漆是整个涂层的最表层，因而对其喷涂质量要求最高，以达到要求的涂层厚度、光泽和色彩。

(3) 面漆喷涂的常用手法有：干喷、湿喷、湿碰湿、虚枪喷涂、雾化喷涂和带状涂装等。

(4) 干喷指喷涂时选择的溶剂要快干，气压较大，出漆量较小，温度较高等，喷涂后漆面较干。

(5) 湿喷指喷涂时选择的溶剂要慢干，气压较小，出漆量较大，温度较低等，喷涂后漆面较湿。

(6) 湿碰湿就是不等上道漆中溶剂挥发完全就继续喷涂下一道漆。

(7) 在喷涂色漆后，将大量溶剂或固体分调整得极低的涂料喷涂在面漆上的操作称为虚枪喷涂。

(8) 雾化喷涂是指喷金属色漆时，用飞雾法喷涂，以获得需要的效果。

(9) 在开始喷涂作业之前，下列工作一定要做：一是检查全车身外表有无遮盖遗漏之处；二是检查打磨作业和清扫作业有无不完备之处；三是检查喷枪和干燥设备有无异常。

(10) 面漆的种类不同，闪干时间要求也不同，通常闪干时间在 10～20min，具体数据以涂料技术说明书建议为准。

(11) 金属色面漆中，银粉漆通常采用双工序涂装法，即底色漆（银粉漆）+清漆；而珍珠漆一般采用三工序涂装法，即底色漆（素色漆）+珍珠漆+清漆。

任务 7-2　面漆的局部修补过渡喷涂

任务导入

局部修补喷涂也被称为点状上漆或局部修整，是指在车身维修时，如果一块板件上出现了损伤，但是损伤的面积较小，同时位置靠近边缘，为了节省时间和材料而进行的修补涂装工艺。如图 7-7 所示，车辆的左前翼子板做的局部修补。局部修补喷涂的前提是有足够的剩余面积，如图 7-8 所示。

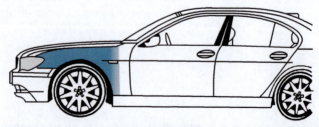

图 7-7　局部修补

素色漆由于是单工序操作的，只将面漆进行局部喷涂，适当采用晕色处理即可。而金属色漆由于有清漆层,其局部修补喷涂分为:局部喷涂底色漆、整板罩清漆和局部喷涂底色漆、局部罩清漆两种情况。

金属色漆的局部修补常采用过渡喷涂技术。过渡喷涂是指在车身维修时,为了弥补修补板件的某些缺陷(主要是新旧涂层颜色差异)的影响,而将维修区域向相邻的区域(板件)扩展的方法,如图7-9所示。

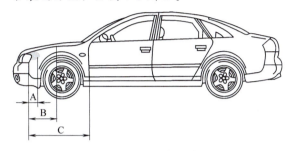

图7-8 采用局部修补涂装的面积确定
A—受损、已经涂抹填料的表面;B—底色漆涂层;C—底色漆涂层之后的清漆涂层

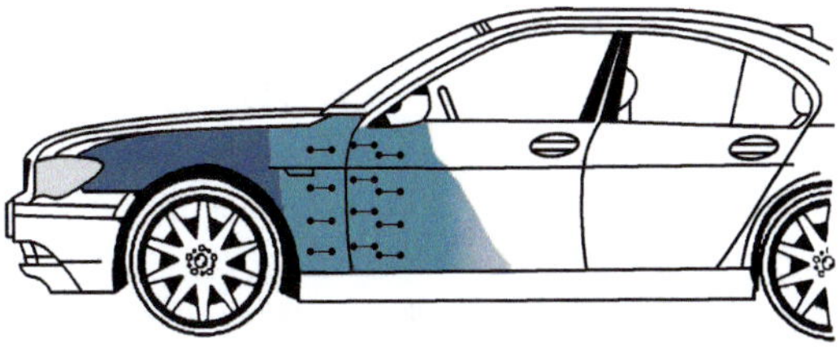

图7-9 过渡喷涂示意图

过渡喷涂要求底色漆必须局部过渡喷涂,清漆最好整板喷涂,甚至向相邻板件进行过渡喷涂。

过渡喷涂工艺的难点在于,如何使修补的部位与板件的原有部位之间的差异减小到肉眼无法分辨的程度。

相关知识

一、面漆局部修补过渡喷涂工艺

金属色漆的局部修补过渡喷涂分为局部过渡喷涂工艺、板内过渡喷涂工艺和板外过渡喷涂工艺三种。

1. 局部过渡喷涂工艺

局部过渡喷涂工艺是指局部喷涂底色漆、局部罩清漆,通常也称为点修补,详细情况见后述"任务8-1 小修补"。

2. 板内过渡喷涂工艺

板内过渡喷涂工艺是指局部喷涂底色漆、整板罩清漆,如图7-10所示。此种工艺一般用于位于板件中部的小范围漆膜损伤的修复,而且受损面在各个方向上都没有清晰的边缘界限。

3. 板外过渡喷涂工艺

板外过渡喷涂工艺是指在需修补板件和相邻板件上喷涂色漆,部分颜色在相邻板件上过渡,清漆喷涂整板(包括相邻板件)。通常在漆膜损伤点处于板件边缘时采用此工艺,如图7-11所示。

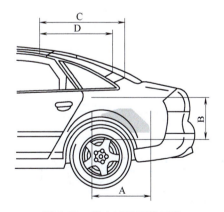

图7-10 板内过渡喷涂工艺
A—打磨受损、已经涂抹填料的表面;B—喷涂2~3次底漆;C—以P1500~P2000或用研磨垫打磨过渡区域;D—以较低的压力用已大量稀释的清漆或局部喷涂稀释剂来喷涂的过渡区域

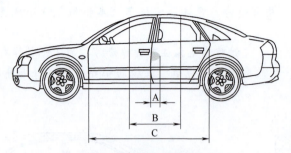

图 7-11　板外过渡工艺
A—受损、已经涂抹填料的表面；
B—底色漆涂层；C—清漆涂层

二、面漆局部修补边界的选择

局部修补边界选择很重要，要能使修补后的涂层与原涂层差异减小，基本看不出曾经被修补过。边界选择应满足以下要求。

（1）选在车身板件面积较窄处。比如A柱、B柱、C柱等处。

（2）选在车身拐角部位。如保险杠蒙皮拐角处等，虽然是同一个板件但是处在空间的两个面上，对观察者来说对比性要小很多。如果在同一个平面上，由于存在对比性，两部分的新旧、颜色等会很容易对比出来。

（3）板件的棱线部位。车身板件的棱线也是驳口过渡喷涂边界很好的选择，因为大多数车身棱线分界的两个面都不在同一平面上，所以对比性要小。

（4）不适合进行驳口过渡喷涂的部位。发动机罩在车辆的最显眼的位置，并且处在水平面上，像人的脸面一样，最好不要在上面"打补丁"。因为再好的修补也不是完美无缺的。同理，行李厢盖也不适合做驳口修补。

三、面漆局部修补和过渡喷涂对底材处理要求

要求在整板喷涂的基础上，对过渡区域做更精细的处理。如图7-12所示，首先过渡区域的范围一定要达到要求，尽可能扩大一些；在扩大的过渡区域要用P2000美容砂纸或与之相当的研磨材料，对原漆面进行研磨处理。

四、驳口水

驳口水也叫接口水，是进行面漆过渡喷涂时使用的涂料，它可以帮助过渡区域的色漆层变得平滑均匀，防止修补区域周围颜色深暗。驳口水通常装于铁制罐内，如图7-13所示，开罐即可使用。使用前要充分摇匀，需要在素色漆最后一道喷完后或者金属漆最后一道清漆喷完后，马上喷涂一层驳口水。

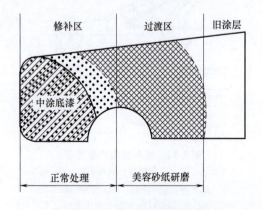

图 7-12　修补前的底材处理

图 7-13　驳口水

🛠 技能学习

一、准备工作

按面漆的整车（整板）喷涂相同的要求进行各项准备。

二、素色面漆的局部修补过渡喷涂

素色漆的局部涂装可参照图 7-14。

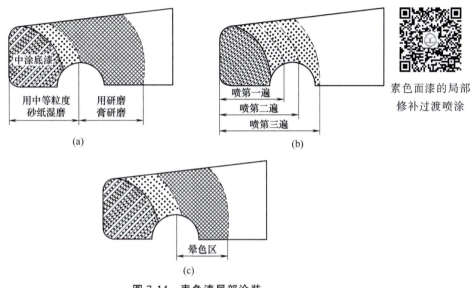

图 7-14 素色漆局部涂装

（1）第一次喷涂薄薄的一层，以提高底层和旧漆膜与涂料的附着力。

（2）第二次喷涂比第一次喷涂稍宽一些，并在湿的状态下定出色彩。

（3）第三次喷涂比第二次要喷得更宽些。要稍加一些稀释剂，以获得高质量的表层。要注意色调应与旧漆膜相吻合。

（4）晕色处理。用 30% 色漆，加入 70% 的稀释剂，薄薄喷涂一层，此时如果喷得过多就会出现垂挂。另外，此时也可喷涂点修补驳口水，只是驳口水只喷涂在新旧漆膜的交界处。表 7-4 为"鹦鹉"点修补用驳口水（352-500）的技术说明。从表中可以了解到，该种驳口水无须添加稀释剂（即开即用）；选用 HVLP 喷枪的口径为 0.8～1.0mm；选用兼容喷枪的口径为 1.2～1.3mm；喷涂气压为 2bar。

表 7-4 "鹦鹉"点修补用驳口水（352-500）的技术说明

应用：	一种特殊的溶剂型混合物，用于点修补过渡工艺		
		涂装工艺系统	S8，S9，点修补
		喷涂黏度 DIN 4 在 20℃	即开即用

续表

		重力喷枪喷涂压力	HVLP迷你喷枪:0.8~1.0mm	兼容喷枪 1.2~1.3mm,2.0bar
		喷涂遍数	2~3遍至清漆渐变区域	
		干燥	根据鹦鹉清漆推荐	

（5）闪干约20min，清除贴护。

（6）干燥。局部修补喷涂的干燥通常利用可移动的红外线烤灯进行，具体使用方法参阅本书"原子灰干燥"部分内容，只是在程序选择上要选"烘烤面漆"。

三、金属色面漆的局部修补过渡喷涂

1. 标准工艺金属闪光色漆的局部喷涂

喷涂方法参照图7-15。

金属色面漆的局部修补过渡喷涂

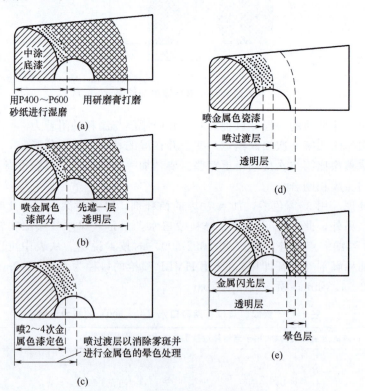

图7-15 金属闪光色的局部涂装

（1）先在中涂底漆层四周喷一层清漆，以使所喷的金属闪光色漆更光滑。

此次喷涂也可使用专用的驳口水（驳口清漆）进行，表7-5为"鹦鹉"驳口水（55-B500）的技术说明。从表中可以了解到，该种驳口水适用于55系列底色漆的过渡喷涂，也适用于点修补；无须添加稀释剂（即开即用）；选用 HVLP 喷枪的口径为 1.2～1.3mm；选用兼容喷枪的口径为 1.2～1.4mm，喷涂气压为 2bar；与底色漆湿碰湿喷一层；无须闪干即可进行下一道工序（喷底色漆）。

表 7-5 "鹦鹉"驳口水（55-B500）的技术说明

应用:	鹦鹉®55-B500 驳口水是用于鹦鹉金属漆 55 系列底色漆的过渡喷涂。另外,55-B500 也可被用于点修补。
特性:	它可帮助过渡区域的色漆层变得平滑均匀,防止修补区域周围颜色深暗； 55-B500 也可代替 55 系列配方中 20%的稀释剂（高银粉含量颜色）用于点修补,以获得最佳的颜色效果。
注意:	用同一把喷枪喷涂 55-B500 驳口清漆和 55 系列色漆时,之间的转换过程,喷枪不需清洗。

	修补涂装工艺系统	S8,S8.1		
	混合比例	开罐即用		
	—	使用前充分地摇动		
	喷涂黏度 DIN 4	在 20℃	17～19s	
	重力喷枪 喷涂气压	HVLP 喷枪:1.2～1.3mm 2.0～3.0bar(30～45psi)/0.7bar (10psi)风帽气压	兼容喷枪:1.2～1.4mm 2bar	
	喷涂层	1 层湿喷		
	闪干	在 20℃	无须闪干	

"驳口清漆工艺"是为了防止产生"黑圈"问题而出现的一种解决方法。所谓的黑圈现象是指在用金属色漆进行修补时，色漆过渡的边缘部分容易形成干喷，导致铝粉排列不均匀，直接观察时颜色发黑，如图 7-16 所示。

如图 7-17 所示，使用面漆喷枪湿喷一层驳口清漆于色漆需要过渡的区域，然后按施工要求喷涂色漆。这种方法让底层变得湿润，使铝粉喷涂时排列更加均匀，不易产生干喷现象。

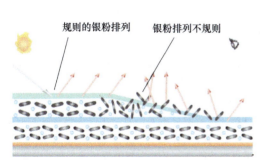

图 7-16 黑圈现象的产生

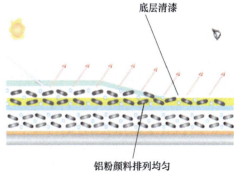

图 7-17 驳口清漆工艺的作用

(2) 第一次先薄薄喷一层金属闪光底色漆,以提高与中涂底漆和旧漆膜的附着力。

(3) 第二次喷涂确定涂层的颜色,一般喷2～3遍,如果着色不好,则需要喷3～4遍。第二次不要喷得过厚,要均匀地薄薄地喷。

(4) 将50%的金属底色漆与50%的清漆混合,黏度调至11～12s,喷涂时比图7-15 (c) 所示的喷得更宽一些,喷涂时应使涂料呈雾状,薄薄地喷涂,以消除斑纹,调整金属感,同时兼有晕色处理作用。闪干约10min (20℃) 至漆膜呈亚光状态。

(5) 喷涂清漆。透明涂料喷涂面积可扩大一些。第一次薄薄地喷一层,间隔大约5min再喷第二次。喷涂时要边观察色调边喷,以形成光泽。

(6) 晕色处理。以20%的清漆和80%的稀释剂混合喷在透明层区域周围,以掩盖由于喷涂雾滴带来的影响。此次喷涂也可使用专用的点修补驳口水 (如"鹦鹉"325-400) 进行。

(7) 闪干,清除贴护。

(8) 干燥。

2. 经济型工艺(双层金属闪光色漆膜)的局部修补涂装

双层金属闪光色漆膜的局部修补涂装方法如图7-18所示。

(1) 金属闪光层的喷涂。第一次喷涂以能遮盖住中涂底漆涂层为准,在较宽的范围内薄薄地喷涂一层;第二次喷得稍厚一些,以决定漆膜色调;第三次薄薄地喷涂,以消除金属斑纹,调整金属感,同时进行与旧涂层的晕色处理。

(2) 透明涂料喷涂。第一次喷涂以有光泽为准,喷得要薄,第二次稍厚一些,以形成光泽。透明层也应进行晕色处理,方法与金属闪光色涂料相同。

(3) 清除贴护。

(4) 干燥。

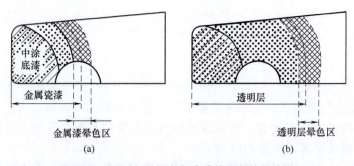

图7-18 双层金属闪光色漆膜的局部修补涂装

 小结

(1) 局部修补喷涂也被称为点状上漆或局部修整,是指在车身维修时,如果一块板件上出现了损伤,但是损伤的面积较小,同时位置靠近边缘,为了节省时间和材料而进行的修补涂装工艺。

(2) 素色漆由于是单工序操作的,只将面漆进行局部喷涂,适当采用晕色处理即可。而金属色漆由于有清漆层,其局部修补喷涂分为:局部喷涂底色漆、整板罩清漆和局部喷涂底色漆、局部罩清漆两种情况。

(3) 金属色漆的局部修补常采用过渡喷涂技术。

(4) 过渡喷涂是指在车身维修时,为了弥补修补板件的某些缺陷(主要是新旧涂层颜色差异)的影响,而将维修区域向相邻的区域(板件)扩展的方法。

(5) 过渡喷涂要求底色漆必须局部过渡喷涂,清漆最好整板喷涂,甚至向相邻板件进行过渡喷涂。

项目七　面漆的涂装

（6）金属色漆的局部修补喷涂分为局部过渡喷涂工艺、板内过渡喷涂工艺和板外过渡喷涂工艺三种。

（7）局部过渡喷涂工艺是指局部喷涂底色漆、局部罩清漆，通常也称为点修补。

（8）板内过渡喷涂工艺是指局部喷涂底色漆、整板罩清漆。

（9）板外过渡喷涂工艺是指在需修补板件和相邻板件上喷涂色漆，部分颜色在相邻板件上过渡，清漆喷涂整板（包括相邻板件）。

（10）局部修补边界选择：选在车身板件面积较窄处；选在车身拐角部位；板件的棱线部位。

（11）驳口水也叫接口水，是进行面漆过渡喷涂时使用的涂料，它可以帮助过渡区域的色漆层变得平滑均匀，防止修补区域周围颜色深暗。

 任务 7-3　面漆涂装后的修整

 任务导入

面漆的喷涂结束以后，涂装的工作已经完成大部分，但还需要进行最后的修整工作。漆膜的修整主要包括修理小范围内的缺陷和表面抛光等。

喷涂过程中常常会由于种种原因而在面漆表面造成一些微小的缺陷，例如流挂、颗粒（脏点）等，如图 7-19 所示。由于这些涂装缺陷的存在会影响漆膜的装饰性，因此必须进行修整。

在涂装最末道面漆后，由施工人员和专检人员，按该车型的质量标准对该车进行一次全面的检查，并将发现的各种缺陷填写在工艺质量卡上。由操作技术好的施工人员按质量卡上所列缺陷项目依次将缺陷修饰合格。

收尾操作人员要有熟练的操作技术，对各层涂料的涂装操作工艺和用料都非常了解。常见缺陷有漏喷、露底、毛边、颗粒、针孔、流挂、麻眼、咬底、凹陷、粗糙等。

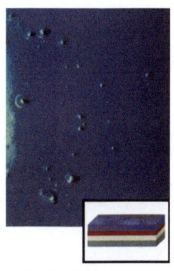

图 7-19　面漆表面的灰点

 相关知识

一、抛光工具与材料

1. 抛光机

抛光机有立式和卧式两种，立式抛光机体积小巧，携带方便，可以作为打蜡工具使用。绝大多数的汽车美容店都使用卧式抛光机，如图 7-20 所示。它操作方便，使用寿命长，抛光效果好。

（1）抛光机的使用。

① 抛光盘背面与抛光轮上有尼龙搭扣，方便安装和拆卸，如图 7-21 所示。安装搭扣式

的抛光盘时,一定要保证两者的中心线重合。如果安装位置偏了,抛光盘转动时,边缘的离心力分布不均,就会影响到抛光质量并加速设备的损坏。

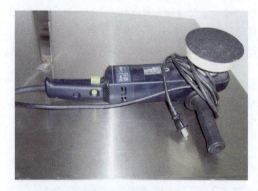

图 7-20　抛光机

图 7-21　安装抛光盘

② 普通抛光机有 1~6 个不同的速度挡位(通过挡位调整旋钮调节,如图 7-22 所示)。高档的抛光机速度调节是无级的,可以在静止到最高转速之间随意调节,满足不同的抛光工艺要求。

③ 抛光操作时电源开关可以自锁,不用手指长时间按着开关,方便抛光操作。需要停机时只要再按一下开关,锁止自动解除,抛光机停止工作,如图 7-23 所示。

图 7-22　速度调节旋钮

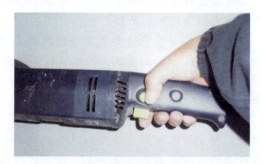

图 7-23　解除锁止

 注意

> ① 抛光机转速调整:粗抛时转速要低些,一般在 1~3 挡;精细抛光时转速要调高,一般在 1~5 挡之间。
> ② 抛光时不要过分用力按压,保证抛光机不晃动就可以。
> ③ 抛光完毕,将抛光盘取下,清洗干净后单独放好。
> ④ 抛光机存放时要让抛光轮向上,防止抛光轮被压变形。

(2) 抛光盘的选择。抛光盘的选择要根据漆膜损伤程度而定,具体选择标准见表 7-6。

2. 抛光蜡

抛光蜡属于美容修复蜡,在蜡中含有不同磨削程度的磨料颗粒,根据磨料颗粒的不同将抛光蜡分为粗蜡、中蜡和细蜡。区分不同的抛光蜡,可以用手指取少量蜡反复摩擦,能明显

表 7-6 抛光盘的选择

产品	技术特点	适用漆膜	实物
羊毛球	用于漆膜粗抛光，特殊结构使空气流通有助漆膜温度达到最佳	新修补、划痕严重的表面处理后	
粗海绵	用于严重受损的旧漆膜抛光	新修补或划痕重的表面处理后	
细海绵	精细抛光，提升漆膜表面光泽	发丝划痕、粗抛光后	
蜂窝状海绵	精细抛光，它的蜂窝状的结构有助于消除抛光纹	细抛光、有光晕、保养	

感觉到粗蜡和细蜡的不同磨削能力。抛光蜡通常装于塑料瓶（桶）内，如图7-24所示。高品质的抛光蜡会有如下特性：

① 采用氧化铝磨料颗粒，抛光速度快且效果好。磨料颗粒在抛光过程中逐渐减少，纯机械抛光基本可以保证极高的耐久效果，而不会受到洗车、天气、阳光作用的影响。相比之下，含硅、蜡和其他添加剂产品的抛光蜡，耐久性差，化学作用只能达到短暂的光泽效果。

② 不含硅。含硅产品会在漆膜上产生所谓的"硅穴"，甚至会对底材造成伤害。

图 7-24 抛光蜡

③ 水基产品、使用方便、满足环保要求、没有健康危害。用水作为溶剂，抛光后很容易清洁，被飞溅的零件用湿布一擦就行。其他产品常含有高浓度碳水化合物或其他有害物质。

④ 产生极少的废尘。抛光结束后不再需要用水冲洗。

二、手工打蜡工具与材料

1. 车蜡

（1）车蜡的种类。车蜡按作用的不同可以分为保养蜡、修护蜡、综合蜡。

① 保养蜡。保养蜡通常装于盒内，如图7-25所示。保养蜡能均匀地渗透到涂层的细小空隙中，使漆膜上多了一层保护膜，可以隔绝紫外线、灰尘、油烟以及其他杂质，保持漆面的光泽和持久性。

② 修护蜡。主要是在蜡中加入研磨成分，如氧化铝、碳化硅等。根据研磨剂的颗粒切削能力不同分为粗蜡、中蜡、细蜡。修护蜡能够修复涂层上的划痕，但是同时涂层也会变薄。

图 7-25 手工保养蜡

③ 综合蜡。是将修护蜡和保养蜡综合在一起,可以将抛光和保护一次完成。常用的三合一美容蜡即属于综合蜡。

(2) 车蜡选择。市场上车蜡种类繁多,分类标准也是五花八门,由于各种车蜡的性能不同,其作用效果也不一样,所以在选用时必须要慎重,选择不当不仅不能保护车体,反而会损伤车漆,甚至使车漆变色。

一般情况下选择车蜡时,要根据车蜡的作用特点、车辆的新旧程度、车漆颜色及行驶环境等因素综合考虑。

① 对于高级轿车,可选用高档车蜡。
② 对普通车辆,用普通的珍珠色或金属漆系列车蜡即可。
③ 新车最好用彩涂上光蜡以保护车体的光泽和颜色。
④ 夏天宜用防紫外线车蜡。
⑤ 行驶环境较差时则用保护作用突出的树脂蜡比较合适。
⑥ 选用车蜡时还必须考虑与车漆颜色相适应,一般深色车漆选用黑色、红色、绿色系列的车蜡,浅色车漆选用银色、白色、珍珠色系列车蜡。

2. 褪蜡毛巾

手工打蜡时需要使用干净柔软的毛巾,市场上还有一种被称为"神奇百洁布"的褪蜡工具。它不同于普通毛巾,极少掉毛,柔软性好,不伤漆面。

技能学习

一、劳动安全

按打磨、喷涂施工进行劳动保护准备。

二、常见面漆喷涂缺陷的修整

1. 漏喷、露底的修整(图 7-26)

面漆涂装后的抛光与扫蜡

(1) 先用 P500~P600 水砂纸将该部位轻磨(干磨)光滑并擦净杂质。
(2) 调制原色漆将打磨部位细致地补喷均匀。

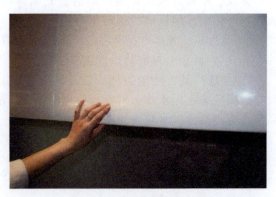

图 7-26 漏喷和露底的修整

> **注意**
>
> 一定要遮盖好。

2. 毛边的修整

(1) 先用刀片将毛边清理干净,如图 7-27 所示。
(2) 用毛笔蘸少许色漆轻涂一次,如图 7-28 所示。

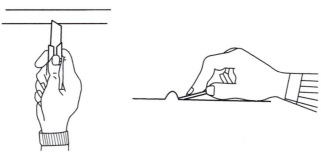

图 7-27 用刀片清理毛边

(3) 干燥后补涂一次，至平滑均匀。

3. 颗粒的修整

(1) 立面垂滴的修整（见图 7-29）。

① 颗粒小时，使用油石打磨平整；颗粒较大时，应用刀片削平。

② 用抛光机抛光（此项操作可在全部缺陷修整完成后，借助整板或整车抛光来完成）。

图 7-28 用毛笔补涂毛边

a. 倒少量抛光剂于软布上。

b. 在补涂部位四周接口处，按补涂部位向旧漆面部位同一方向抛光，抛光力度不宜过大，抛光程度不宜过深，防止产生补涂边缘线形痕迹，使漆面达到光泽柔和程度即可。

(2) 平面上的突起颗粒或污点的修整。

① 用刀片将其基本削平。

② 用粒度为 P1000～P1500 的水砂纸磨平，如图 7-30 所示。

③ 最后用抛光机抛光（此项操作可在全部缺陷修整完成后，借助整板或整车抛光来完成）。

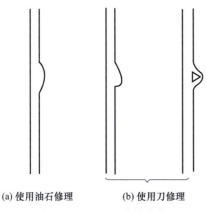

(a) 使用油石修理　　(b) 使用刀修理

图 7-29 立面垂滴的修整

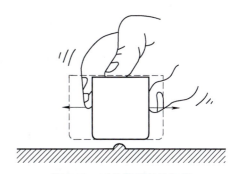

图 7-30 对平面凸起的打磨

4. 流挂的修整

(1) 边缘流挂（流坠）的修整（图 7-31）。

① 用小刀将流坠部分削平整。

② 用 P600 砂纸打磨平滑。

  流坠   贴胶带   流坠消除

图 7-31 边缘流坠的修整

③ 视需要补喷一次清漆（对于素色漆，补喷素色面漆）。进行必要的遮盖。

（2）板件中间面漆流挂（片状流淌，图 7-32）。

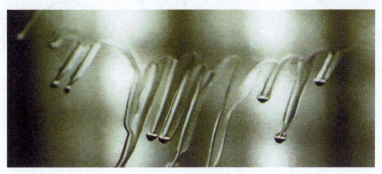

图 7-32 片状流淌

① 用 P500～P600 水砂纸将流痕水磨至平整。

② 用 P800～P1000 水砂纸将流淌部位水磨平滑，洗净擦干。

> **注意**
>
> 打磨时为防止磨到周围不需打磨的部位，可以用贴护胶带对不需打磨的区域进行贴护。打磨的手法应使打磨垫块尽量平行于面漆漆面，手法要轻一些，用水先将水砂纸润湿，然后在打磨区域上洒一些肥皂水，这样可以充分润滑打磨表面，使表面不至于产生太大的砂纸痕迹。打磨时要非常仔细，经常用胶质刮水片刮除打磨区域的水渍来观察打磨的程度，只要流挂部位消除并与周围漆膜齐平即可。千万不要磨穿或使漆膜过薄，要给抛光留出余量，并保证抛光后仍有足够的膜厚。对于边角等漆膜比较薄且极易磨穿的地方尤其要小心。

③ 用抛光机抛光（此项操作可在全部缺陷修整完成后，借助整板或整车抛光来完成）。

5. 针孔的修整

（1）局部小面积针孔（图 7-33）。

① 先用 P1000～P1200 水砂纸磨平滑。

② 用砂蜡和光蜡抛光（此项操作可在全部缺陷修整完成后，借助整板或整车抛光来完成）。

（2）较大面积针孔（图 7-34）。

① 先用 P500～P600 水砂纸水磨平滑，彻底消除针孔，洗净吹干。

② 按面漆末道漆喷涂方法精心补喷均匀。
③ 在新喷面漆的过渡区域喷驳口水。
④ 抛光（此项操作可在全部缺陷修整完成后，借助整板或整车抛光来完成）。

图7-33　局部小面积针孔

图7-34　较大面积针孔

6. 麻眼的修整

麻眼的外观与较大面积针孔相似，只是孔径大些。

（1）用P600水砂纸进行磨光。
（2）用麻眼灰（填眼灰）反复找平（目前的工艺建议补涂原子灰）。
（3）干后磨光擦净。
（4）用原色浆补喷均匀。
（5）用驳口水消除补漆雾痕。
（6）抛光（此项操作可在全部缺陷修整完成后，借助整板或整车抛光来完成）。

7. 咬底的修整（图7-35）

（1）轻度咬底。
① 用P800砂纸水磨平整。
② 换用P1000砂纸打磨整个表面。
③ 整板抛光。

（2）重度咬底。
① 将起皱的漆膜清除。
② 待该部位干燥后，用P240水砂纸打磨光滑。
③ 细刮原子灰至平整。
④ 干燥后磨光原子灰，清洁除油。
⑤ 用原色浆补喷均匀。
⑥ 喷驳口水以消除漆雾痕。
⑦ 抛光（此项操作可在全部缺陷修整完成后，借助整板或整车抛光来完成）。

8. 漆膜凹陷的修整

（1）若面漆漆膜已经基本干燥，则需要用清洁剂对需要填补的区域进行清洁。如有必要可用P800以上的细砂纸进行简单打磨，但打磨区域不可过大，起到提高附着能力的作用即可，然后用清洁剂清洁干净。

（2）用牙签或小毛笔蘸上少许面漆（为保证没有色差，最好用剩余的面漆。若为双组分涂料，则必须添加固化剂），并迅速地滴到故障部位（鱼眼）或描绘在需要填补的部位（剥落露白），如图7-36所示。

图7-35 咬底

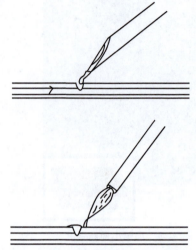

图7-36 用牙签或小毛笔进行表面修理

（3）用另一支小毛笔蘸取少许面漆稀释剂涂抹在修饰部位，以使修饰部位变得较为平整，并利用稀释剂的溶解作用使修补部位与其周围部位相融合。

（4）待完全干燥后可以稍稍进行打磨并进行抛光处理，方法同流挂及颗粒的修理。

> **注意**
>
> 如果缺陷部位非常明显或所处位置是车辆极需要漆膜完美的地方，如小轿车的发动机罩或翼子板等，一般需要采用点修补的方法（使用小型修补喷枪进行局部喷涂）来修理。

9. 粗糙面修饰法

（1）轻度粗糙面。
① 用P1000水砂纸配合橡胶磨块手工水磨平滑，擦净晾干。
② 用砂蜡和光蜡进行抛光修饰。

（2）严重粗糙面。
① 用打磨机配合P320砂纸充分磨平，擦净。
② 用砂蜡和光蜡进行抛光修饰。

三、面漆喷涂后其他各类缺陷的原因分析及修整方法

1. 渗色

（1）现象。漆膜表面变色，变色一般呈晕圈形式，严重时漆膜颜色完全改变，通常在红色、褐色漆表面喷涂时会发现此现象，如图7-37所示。

（2）主要原因。底层油漆中的颜料被新漆层中的溶剂溶解并吸收。

（3）预防措施。使用防渗色封闭底漆；喷涂之前清除原漆膜上黏附的漆雾；试喷试验原

漆膜是否有渗色现象。

(4) 修补方法。打磨到原漆膜,喷涂封闭底漆将原漆膜封闭,然后重新喷涂面漆。

2. 起痱子

(1) 现象。漆膜表面呈现成片的大小不等、密度不同的气泡。大气泡直径大于1.5mm,一般成片出现,有时也会单独出现。小气泡直径一般为0.5mm,其分布蜿蜒曲折或状似指纹,如图7-38所示。"起痱子"又被称为起泡、泡状物、溶剂泡及凸起等。

图7-37 渗色

图7-38 "起痱子"

(2) 主要原因。漆膜下渗入了水气或污物。

① 表面不清洁,残留了水、油脂等污染物。油漆层在阳光下暴晒或大气压力变化时,湿气膨胀产生压力,如压力够大就容易产生气泡。

② 材料不配套,或未按规定使用稀释剂。如使用了劣质稀料或使用快干型稀料,特别是漆喷得太干或压力太大,空气或湿气可能被封在漆层中。

③ 漆膜过厚。每道漆之间的闪干时间不够长,或底漆喷涂太厚,都会将溶剂包容进去,后来挥发出来便使面漆起泡。

④ 压缩空气管线脏污,油、水和脏物存在于管线中,并随喷漆的进行而进入漆膜中。

⑤ 湿磨聚酯原子灰后没有足够时间让水分挥发就喷涂面漆。

⑥ 各种漆料没有正确配套。

⑦ 喷涂后过早烘烤。

⑧ 红外烤灯距离漆面太近或烘烤温度太高。

⑨ 水分渗入新喷涂的和旧的漆膜内。

(3) 预防措施。

① 注意保护好漆膜表面,涂漆前的表面处理工作要彻底,并保证已彻底干燥。

② 按规定使用配套涂料。

③ 按正确的喷涂工艺进行操作。特别是每道漆之间必须留有足够的闪干时间。

④ 在漆膜完全固化之前,避免使其暴露在湿度太大和温度变化剧烈的环境中。

⑤ 每天排水和清洁空气压缩机,去除已收集的水分和脏物。空气压缩机储气罐也要每

日排水。

(4) 修补方法。用一根针挑破气泡，以确定气泡的深度，并用一个低倍放大镜观察气泡产生的原因。当气泡发生在油漆层之间时，可将缺陷区域打磨掉，露出完好的漆层后，再重新喷漆。若缺陷严重，或气泡发生在底漆与基材之间时，则应将基材之上的漆层全部除掉，然后重新喷漆。

3. 鱼眼（缩水）

(1) 现象。漆膜表面出现大量的大小从针孔到直径1cm的火山口状空洞或凹痕。通常大尺寸的凹痕单独出现，而小凹痕则以较小密度成片出现。在凹痕的中心一般可发现有小的杂质颗粒存在，如图7-39所示。鱼眼又被称为蜡眼、硅树脂污染、成碟状的坑、火山口、笑眼、开笑及走珠等。

(2) 主要原因。油漆表面张力发生变化。

① 喷漆环境中或基材表面上存在含硅的有机化合物。

② 其他污染源，如油脂、洗涤剂、尘土、蜡等。

图7-39 鱼眼

③ 底漆中含有不匹配的成分。

④ 压缩空气管线中的水、油等。

⑤ 喷漆室内蒸气饱和。

(3) 预防措施。

① 用除蜡脱脂剂彻底清除基材表面，禁止在喷漆室内使用含硅的抛光剂。

② 底漆一定要匹配。

③ 注意喷漆室的蒸气饱和程度。

④ 添加鱼眼防止剂。

⑤ 每日对压缩空气管线进行清洁。

(4) 修补方法。将缺陷区域的漆膜彻底清除，按要求处理基材表面，重新喷漆。必要时，还需要在油漆中使用抗鱼眼添加剂。

4. 起云

(1) 现象。常发生于金属色漆膜上。在喷涂后，颜色变得较白并成云团状，如图7-40所示。起云又被称为起斑及起雾等。

(2) 主要原因。

① 采用不匹配的催干剂或稀释剂。特别是采用快干型稀释剂，漆膜过快冷却，表面温度降低而使表面凝结水分。

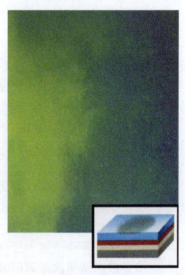

图7-40 起云

② 喷枪调整不当。气压过高，会对潮湿的油漆表面产生冷却效应，使水分凝结的可能性增大。

③ 喷涂方法不对，漆膜太厚，漆膜挥发时间不足。

④ 基材表面温度太高或太低。通常会在温度过低时出现，由于表面温度低，容易凝结水分。

⑤ 干燥方法不当。喷漆工常利用喷枪中的高压气流,对刚喷完的湿漆膜吹扫,以加快干燥,这样会加速稀释剂的挥发速度,导致水分凝结于漆膜表面。

(3) 预防措施。

① 采用正确的喷涂方法。

② 开始喷涂前,将喷枪的扇形调整好。

③ 使用推荐的稀释剂和催干剂,并充分混合好。

④ 保证基材表面的温度处于推荐的范围之内。

⑤ 喷漆室的湿度超过 80% 时,应密封喷漆室升温,干燥后再进行喷漆操作。

(4) 修补方法。若还没有喷涂清漆层,可再喷一层银粉漆盖住起云的部位,可适量添加缓干剂或改用慢干型稀释剂。最好能将漆膜重新强制干燥(60℃,45min),再视情况进行抛光或重新喷涂。

5. 干喷

(1) 现象。漆膜表面呈颗粒状或纤维状粗糙结构,无光泽,如图 7-41 所示。

(2) 主要原因。油漆以粉末状的形式落在表面上。

① 漆料黏度太高,稀释剂不足或型号不对。

② 喷涂方法不当,压缩空气压力过高、喷枪脏污、喷漆时喷枪离构件表面太远或喷涂太快。

③ 喷涂时有穿堂风或空气流动速度太快。

(3) 预防措施。

① 按比例使用推荐的稀释剂。

② 使用正确的喷涂方法,保持喷枪清洁,在保证漆料充分雾化的前提下,尽量将压缩空气的压力调低,喷枪与构件表面的距离要适当。

③ 在喷漆室内喷涂,喷漆室内的空气流动速度要适当。

④ 按喷涂要求调整喷枪。

(4) 修补方法。将缺陷区域打磨平,然后抛光。若漆膜表面太粗糙,用上述方法不能修复时,应磨平面漆表面,然后重新喷漆。

图 7-41 干喷

6. 表面无光

(1) 现象。漆膜表面平整光滑,但缺少光泽,在显微镜下观察漆膜表面粗糙,如图 7-42 所示。表面无光又被称为异常失光。

(2) 主要原因。

① 底漆附着力差,或底漆未彻底固化就在其上喷涂了面漆。

② 使用的稀释剂质量太差或型号不对,或使用了不配套的添加剂。

③ 油漆调配或喷涂方法不当。

④ 基材表面质量太差。

⑤ 由于湿度太大或温度太低,漆层干燥速度太慢。

图 7-42　表面无光

⑥ 溶剂蒸气或汽车尾气侵入了漆膜表面。

⑦ 漆膜表面受到蜡、油脂、水等的污染。

⑧ 在新喷涂的漆膜上使用了太强的洗涤剂或清洁剂，或喷完面漆后过早地进行抛光，或使用的抛光膏太粗。

（3）预防措施。

① 使用合格的底漆，要等底漆层充分干燥后再在上面喷面漆。

② 只使用推荐的稀释剂和添加剂。

③ 要充分搅拌油漆，保证喷漆环境符合要求，按正确的方法进行喷涂。

④ 彻底地清理基材表面。

⑤ 保证漆膜在温暖干燥的条件下进行干燥。

⑥ 禁止在新喷涂的漆膜表面使用强力洗涤剂，在漆膜未充分固化之前，不得对其进行抛光，抛光时一定要使用正确规格的抛光膏。

（4）修补方法。通常用粗蜡研磨表面然后进行抛光，即可恢复正常的光泽。如果失光严重，用以上方法仍得不到满意的效果，应将面漆层磨平，然后重新喷漆。

7. 遮盖力差

（1）现象。透过漆膜可以看见下层的颜色，常常发生在难以喷漆的区域、车身下护板或尖锐的边角处，如图 7-43 所示。遮盖力差又被称为遮蔽性差、透明膜等。

（2）主要原因。色漆层的厚度不够，遮盖力差。

① 喷涂方法不当。

② 油漆混合不均匀。

③ 由于研磨、抛光过度，减薄了色漆层的厚度。

④ 稀料过多。

⑤ 基底的颜色不对。

⑥ 用漆量不足。

（3）预防措施。

① 使用正确的喷涂方法，保证漆膜的厚度。

② 将油漆彻底混合均匀。

③ 严禁对漆膜抛光过度，要特别注意边角区域。

（4）修补方法。将缺陷区域打磨平，然后重新喷漆。

8. 灰印

（1）现象。漆膜上出现一片外观、光泽不同，有清晰的边界或轮廓线的地图状区域，如图 7-44 所示。

（2）主要原因。原子灰或填眼灰未调配均匀、打磨不平滑；没有喷底漆或封闭底漆。

（3）预防措施。正确地调配原子灰或填眼灰，正确的施工并将其表面打磨平滑。

（4）修补方法。将缺陷区域的漆膜打磨成完整平滑的表面，必要时重新做原子灰或填眼灰，喷底漆进行封闭。

图 7-43　遮盖力差

9. 橘皮

（1）现象。漆膜表面会呈疙瘩状、不平整，类似橘子皮的外观，如图 7-45 所示。橘皮又被称为流平不良、粗糙表面、平整不良等。

(2) 主要原因。油漆在漆膜表面凝结不当。

① 喷涂方法不当，喷枪离基材表面太远，压缩空气的压力不当，喷嘴调节不当。

② 漆膜太厚或太薄。

③ 油漆混合不均匀，黏度不适当，稀释剂型号不对或质量太差。

④ 各漆层间的流平时间不足。

⑤ 环境温度或基材表面温度过高。

⑥ 干燥不当。如在流平之前利用喷枪强制干燥等。

(3) 预防措施。

① 采用正确的喷涂方法，保证设备调节适当。

② 每次喷涂的漆膜要薄而均匀，使用推荐型号的稀释剂。

③ 各漆层间要有足够的流平时间。

④ 在推荐温度范围内喷涂，并保证通风适当。

⑤ 彻底搅拌均匀有颜料的底漆及面漆。

图 7-44 灰印

(4) 修补方法。将橘皮缺陷打磨平，然后抛光。情况严重时，要将缺陷部位打磨平后，重新喷漆。

10. 漆雾

(1) 现象。漆膜出现一片片粘在或部分陷入漆膜的团粒状油漆微粒，如图 7-46 所示。漆雾又被称为漆尘。

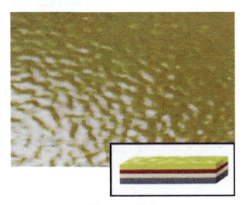

图 7-45 橘皮

图 7-46 漆雾

(2) 主要原因。喷涂时多余的油漆微粒落在漆膜表面。

① 遮盖不严。

② 压缩空气的压力太高。

③ 排风和通风不畅。

(3) 预防措施。

① 认真做好遮盖工作。

② 将喷枪调整到最佳喷雾压力。

③ 使用喷漆室，保证喷漆室排风和通风良好。

（4）修补方法。抛光处理。

11. 钣金缺陷

（1）现象。漆膜表面不平整，出现许多波纹、直的、弯的或十字交叉的沟槽，或参差不齐或球状凸起，如图 7-47 所示。

图 7-47 钣金缺陷

（2）主要原因。

① 基材表面粗糙不平。

② 原子灰用量不足或质量太差，施工方法不正确或表面打磨不平。

③ 底漆厚度不够。

④ 底漆过厚并没有完全固化时，就在上面喷涂了色漆。

（3）预防措施。

① 喷漆之前要认真检查基材表面，修整所有缺陷。选用适当的砂轮、砂纸、锉刀，清除表面的焊渣。

② 用正确方法进行原子灰的施工和打磨工作。

③ 底漆厚度要适当，并要充分固化。

（4）修补方法。将漆膜缺陷部位的漆膜清除至基材，修补基材表面的所有缺陷，正确清理基材表面后，再重新喷漆。

12. 砂纸痕

（1）现象。透过面漆会出现打磨的痕迹，如图 7-48 所示。砂纸痕又被称为砂纸痕扩大、直线砂痕、打磨痕等。

（2）主要原因。在干燥过程中，由于漆膜收缩，表面呈现出底漆表面的打磨或其他处理的痕迹。

① 底漆表面处理不当。

② 底漆没有充分硬化就喷涂了色漆层。

③ 漆膜厚度不够或干燥速度太慢。

④ 油漆混合不均匀，使用的稀释剂型号不对或质量太差，特别是缓干剂、白化水等使用不当。

图 7-48 砂纸痕

（3）预防措施。

① 对所用面漆依序使用适当的砂纸号。

② 视情况用封底漆消除擦痕扩大，选择适合喷漆房条件的稀料。

③ 不要将底漆喷涂的过厚，要确认完全干燥后再喷面漆。

④ 使用匹配的漆料系统。

（4）修补方法。打磨到平滑表面，喷涂适合的底漆，进行面漆重新喷涂。

13. 银粉不均匀

（1）现象。只发生在金属漆（银粉漆、珍珠漆）上，银粉片漂浮形成斑点或条带样的斑纹等，如图 7-49 所示。

图 7-49 银粉不均匀

(2) 原因。

① 用错稀释剂。

② 各成分没有混合均匀。

③ 喷涂过湿。

④ 喷枪距工作板面太近。

⑤ 喷涂时行枪不均匀。

⑥ 喷漆室内温度过低。

⑦ 清漆喷在没有充分闪干的色漆层上面。

⑧ 涂层受湿空气或潮湿天气影响。

⑨ 涂层太厚。

(3) 预防措施。

① 选择适合所在喷漆房条件的稀释剂并正确混合（在寒冷、潮湿的天气选择快干稀料）。

② 彻底搅拌所有色漆，特别是银粉漆和珍珠漆。

③ 使用正确的喷枪调整技术、喷涂技术及空气压力。

④ 保持喷枪清洁（特别是控漆针阀和空气帽）并处于良好工作状态。

⑤ 不要把色漆层喷得太湿。

(4) 修补方法。使色漆层干燥，根据不同的色漆连续修饰两道。如果缺陷是在喷清漆后才看得见，则待清漆彻底干燥后按作业程序，重喷色漆和清漆。

14. 原子灰印、羽状边（坡口）开裂

(1) 现象。外观为沿羽状边或原子灰的伸展纹（或开裂），产生于面漆干燥后的漆面，如图 7-50 所示。

(2) 原因。

① 在中涂底漆上喷涂过厚或过湿的漆层（溶剂被包容在中涂底漆内，而中涂底漆还没有足够时间干燥牢固）。

② 材料混合不均匀（因为中涂底漆颜料成分较高，被稀释后可能会沉降。放置一段时间后如不再搅拌，使用时就会使颜料松散并含有孔隙和裂缝，使涂层像泡沫材料）。

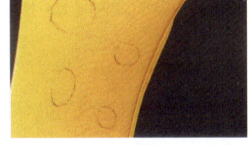

图 7-50 原子灰印、羽状边（坡口）开裂

③ 错误的稀释剂。

④ 不当的表面清洁和准备（清洁不当，则润湿性能差，粘接不牢，使中涂底漆层在边缘收缩或移位）。

⑤ 干燥不当（用喷枪吹扫未干的底漆和面漆使表面干燥，而底层的稀料或空气还没有释放完全）。

⑥ 过量使用原子灰和膜厚过厚。

⑦ 原子灰质量不良。

(3) 预防措施。

① 正确使用平整底漆，在涂层之间留有足够的时间使稀料和空气挥发掉。

② 充分搅拌含颜料的漆料，按喷漆房的条件选择稀释剂。

③ 只选用适用本烤房的推荐用的稀释剂。

④ 打磨之前彻底清洁工件表面。

⑤ 原子灰厚度为中等偏薄，每层之间留有足够时间释放出稀料和空气。
⑥ 原子灰的使用应限于有缺陷的区域，太厚和太多将最终导致羽状边开裂。
⑦ 视情况改用高质量钣金原子灰。
（4）修补方法。除去原漆进行修补。

15. 颜色不对

（1）现象。修补区域的颜色与原车色泽有差距，如图 7-51 所示。

图 7-51 颜色不对

（2）原因。
① 没有使用推荐的配方。
② 喷枪调整不当或压力不当。
③ 漆膜因暴晒而褪色。
④ 喷涂技术错误（特别是金属漆）。
⑤ 颜料没有充分搅拌。
（3）预防措施。
① 使用正确配方。
② 彻底搅拌涂料。
③ 使用扇形色卡核对原厂漆颜色。
④ 选择相邻的色卡来检验颜色。
⑤ 必要的话可按调色指南来与原车色匹配。
⑥ 运用喷涂技术调整，使颜色匹配。
⑦ 在试验板上试喷然后再喷车。
（4）修补办法。选择正确的颜色或匹配的颜色。

16. 银粉泛色

（1）现象。金属色漆（银粉色漆及珍珠色漆）表面的金属颗粒出现于清漆层中，严重的话，会引起变色，如图 7-52 所示。
（2）原因。
① 喷清漆前没有使用黏尘布除尘。
② 色漆和清漆不匹配。
③ 色漆没有足够闪干就喷涂清漆或清漆喷涂过湿。
④ 喷涂气压太高。
⑤ 选用不合适的稀释剂。
⑥ 色漆过于干喷。

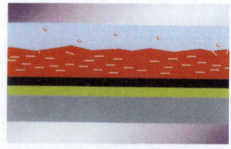

图 7-52 银粉泛色

（3）预防措施。
① 尽可能使用黏尘布除尘。
② 只使用推荐的产品和推荐的空气压力。
③ 喷清漆前要使色漆充分挥发。
④ 按照厂家要求的施工程序和技术施工。
⑤ 使用推荐的稀释剂。
（4）修补办法。如果缺陷严重，有必要打磨和重喷。

17. 慢干

（1）现象。漆层很久不干，如图 7-53 所示。
（2）原因。

① 硬化剂不当（太少或太多）。
② 喷涂过厚。
③ 选择挥发过慢的稀释剂或稀释剂质量不合格。
④ 干燥条件不好，空气太潮湿。
⑤ 涂层之间干燥时间不够。
（3）预防措施。
① 使用推荐的稀释剂。
② 按推荐的膜厚喷涂。
③ 留有足够的挥发时间。
④ 改进喷涂和干燥条件。

图 7-53　慢干

（4）修补办法。将汽车置于通风/温暖的环境，加热以加速干燥过程。

四、整车（整板）抛光

刚喷漆面应在漆膜实干后进行抛光。自干性涂料在喷涂后 8～16h 进行抛光，双组分涂料应在喷涂后，经过烘烤 35min（车身金属温度为 65℃）或风干 36h（但不建议风干）后，手指压表面而没有产生手指印后进行抛光。一般采用二次抛光处理法效果较好。在抛光前若是旧漆面，则应用水将车身表面的泥沙冲洗干净，以防在抛光时损坏漆面。

1. 第一次抛光

（1）用半弹性垫块配合 P1500 水砂纸将整车打磨一遍，如图 7-54 所示。对于个别小缺陷，可选用精磨砂碟进行，如图 7-55 所示。

图 7-54　对整车进行水磨

(a) 手工砂碟使用

(b) 机械砂碟使用

图 7-55　精磨砂碟的使用

（2）用 P2000 海绵砂纸，轻轻地把流痕、凸点、粗粒、轻微划痕打磨平整。

（3）用 P4000 海绵砂纸再按顺序将整车打磨一遍，使漆面均匀无光。注意不要磨穿漆膜层。

（4）用水清洗漆面并擦净，如图 7-56 所示。

（5）待漆膜表面干燥后，用海绵块将全能抛光剂均匀地涂于漆面，如图 7-57 所示。

图 7-56 用水清洗并擦净表面

(6) 机械抛光应将抛光机的转速调至 1000~1500r/min 为宜。将抛光机的羊毛平放在漆面上,然后均衡地向下施加压力进行抛光,如图 7-58 所示。整车抛光应从车顶开始,在漆面上有规律地沿水平方向来回研磨,研磨面积不宜过大,要一个块面一个块面地进行,每一块面长 60~80cm、宽 40~50cm,漆面逐渐呈现平滑与光泽。

(7) 用干净的抹布把漆面上多余的抛光剂擦净。若发现某部位漆面还不能达到质量要求,可重复研磨直至达到质量要求。研磨时要特别注意折边、棱角及高出底材的造型漆面,这些部位的漆膜相对较薄,研磨时触及机会较多,要特别注意不要磨穿漆膜,平面部位较圆弧面不易起光泽,应适当增加研磨次数。

图 7-57 将抛光剂涂于漆膜表面

图 7-58 用抛光机抛光

2. 第二次抛光

当整车漆面用全能抛光剂完成粗抛光后,漆面的流痕、粗粒、划痕、砂纸磨痕迹会全部消除,但有时会有一些极其细小的丝痕或光环,为了确保漆面更平滑、光亮,则需用釉质抛光剂进行第二次抛光。第二次抛光一般使用釉质抛光剂,经釉质抛光剂抛光后,漆面亮度高、丰满度好,保持时间可达 1 年。

(1) 用干净的软布擦净前道抛光残留物。

(2) 摇匀釉质抛光剂,用软布或海绵将其均匀涂于漆膜表面。

(3) 停留 60s 以上,使抛光剂变干、发白。

(4) 用手工或机械方法抛光,机械抛光应将海绵盘转速保持在 1000~1500r/min,抛光时应按一定方向有序进行。不要用羊毛盘进行第二次抛光。手工抛光时应水平直线运动进行抛光,直到漆面擦亮即可。

(5) 用干净的软布擦净漆面。

五、打蜡

1. 机械打蜡

(1) 将液体蜡摇匀后以画圈的方法倒在打蜡盘面上。

(2) 每次以 $0.5m^2$ 的面积顺序打匀,直至打完全车。

(3) 待蜡凝固后,将干净、无杂质的全棉抛蜡盘套装在打蜡机上,开机后调节转速并控制在 1000r/min 以下,然后将打蜡机抛光盘套轻轻平放在漆面上,进行横向与竖向覆盖式抛光，直至漆面靓丽为止。打蜡机抛光路线走向如图7-59所示。

 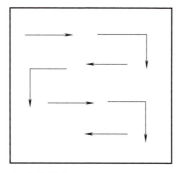

图7-59 打蜡机和抛光路线走向

2. 手工打蜡

（1）若是乳状蜡应将其摇匀，然后倒少许于海绵或软布上。

（2）涂蜡时大拇指夹住海绵，用手掌和其他手指按住海绵，每次涂蜡以 $0.5m^2$ 的面积为宜，力度均匀地按螺旋式顺序擦拭，如图7-60所示。

（3）从前到后、从左到右，蜡膜要涂得薄而均匀，根据每种车蜡的说明，稍候用干净的软布擦净即可。

3. 打上光蜡

（1）清洁。在给车身涂蜡时，一定要先进行表面清洗，确保表面清洁。因为车身表面有灰尘的话，涂蜡后，在抛光时就会把灰尘挤进涂层，或在车身表面起研磨作用，划伤或磨花表面漆膜。

图7-60 手工打蜡

（2）打蜡。现在的车蜡多为液体蜡，使用前将其摇晃均匀，少许倒入湿布或海绵上小面积旋转，在车身涂层表面擦拭。

（3）擦干。稍干后，再用软布反复擦干即可。

（4）抛光。用抛光机及海绵垫对整个打蜡表面进行仔细的抛光。

（5）擦净。用软布将表面的抛光粉末擦拭干净。

> **注意**
>
> 上光蜡时应注意以下事项。
> ① 必须采用质量优良、与表面涂层相适宜的车蜡。
> ② 很多人给车身打蜡都习惯性地以圆圈方式进行，这是不正确的方法。正确的打蜡方式是以直线方式，横竖线交替进行，再按雨水流动的方向上最后一道，这样才能达到减少车身涂层表面产生同心圆状光环的效果。
> ③ 不要在阳光的直接照射下打蜡，操作时应在阴凉处为妥。否则，车蜡会在阳光下发生变化，使车身出现斑点。
> ④ 上蜡后，要等车蜡干燥一段时间后再进行抛光，不要刚打上蜡就抛光，要让车蜡能够在车身表面有一定的凝固时间，最少要30min。但有人认为等蜡完全干燥后再抛光比

较好，这也是错误的。上蜡后要在蜡半干不干、尚未干燥白化时抛光。因此，上蜡的操作必须顺着车身板块一片一片地进行，切不可先将车身全部上好后，再一次抛光，这会使涂层表面的色泽深浅不一，非常难看。

⑤ 没有抛光前，不要开车上路。否则，空气中的灰尘就会依附在车蜡上，在抛光时划伤或磨花表面漆层。

⑥ 如果车身表面上的漆膜已经褪色或氧化，必须在清除掉旧的和氧化了的漆膜后，才能打蜡。

⑦ 涂蜡时尽量采用软质的、不起毛的绒布或棉絮进行均匀涂抹。

六、部件的安装与清扫作业

打蜡作业结束后，安装好拆卸下的部件。若部件有脏污，应仔细擦拭干净后再安装。对车主平常在进行扫除时难以涉及的地方，也将其打扫干净，一定会受到客户的欢迎。事情虽小，但对维持与客户的关系会起很大作用。安装好拆卸下的部件后，应全面检查电路是否正常，螺栓是否都已拧紧等。

交车之前应用干净水将车身整体彻底清洗干净。清洗过程中，若发现有细小伤痕，即使不是所修理部位，也要予以修整。

小结

(1) 漆膜的修整主要包括修理小范围内的缺陷和表面抛光等。

(2) 常见缺陷有漏喷、露底、毛边、颗粒、针孔、流挂、麻眼、咬底、凹陷、粗糙等。

(3) 抛光蜡属于美容修复蜡，主要是在蜡中含有不同磨削程度的磨料颗粒，根据磨料颗粒的不同将抛光蜡分为粗蜡、中蜡和细蜡。

(4) 车蜡按作用的不同可以分为保养蜡、修护蜡、综合蜡。

(5) 保养蜡能均匀地渗透到涂层的细小空隙中，使漆膜上多了一层保护膜，可以隔绝紫外线、灰尘、油烟以及其他杂质，保持漆面的光泽和持久性。

(6) 修护蜡能够修复涂层上的划痕，但是同时涂层也会变薄。

(7) 综合蜡是将修护蜡和保养蜡综合在一起，可以将抛光和保护一次完成。

(8) 一般情况下选择车蜡时，要根据车蜡的作用特点、车辆的新旧程度、车漆颜色及行驶环境等因素综合考虑。

(9) 渗色的主要原因是底层油漆中的颜料被新漆层中的溶剂溶解并吸收。

(10) 起痱子的主要原因是漆膜下陷入了水气或污物。

(11) 遮盖力差的主要原因是色漆层的厚度不够。

(12) 灰印的主要原因是原子灰或填眼灰未调配均匀、打磨不平滑；没有喷底漆或封闭底漆。

(13) 刚喷漆面应在漆膜实干后进行抛光。自干性涂料在喷涂后8~16h进行抛光，双组分涂料应在喷涂后，经过烘烤35min（车身金属温度为65℃）或风干36h（但不建议风干）后，手指压表面而没有产生手指印后进行抛光。

(14) 当整车漆面用全能抛光剂完成粗抛光后，漆面的流痕、粗粒、划痕、砂纸磨痕迹会全部消除，但有时会有一些极其细小的丝痕或光环，为了确保漆面更平滑、光亮，则需用釉质抛光剂进行第二次抛光。

项目八
典型漆膜损伤修补工艺

任务 8-1 小修补

任务导入

小修补又称点修补、巧修补（有时也被称为驳口过渡修补），它也是局部修补喷涂的一种。小修补修复快、漆面驳口自然、颜色过渡自然，能减少涂料的用量。

如图 8-1 所示，后围板漆面有 5cm 范围内的轻微划痕，板件无变形，不需要刮原子灰，确定适合小修补。

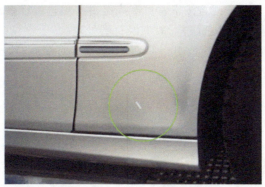

图 8-1 适合小修补的漆膜损伤

相关知识

一、小修补的条件

选择小修补时，必须满足以下条件。

(1) 油漆损伤范围在 20~50mm² 范围内。
(2) 损伤部位在车体适合做巧修的位置。
(3) 原子灰填补范围在 25mm² 范围内；完工区域在 20cm×30cm 范围内。
(4) 修补区内对底色漆和清漆驳口。
(5) 修补工作能在 90min 内完成。

二、小修补喷枪

小修补用喷枪与普通喷枪相比只是体积小些，喷嘴直径有 0.3mm、0.5mm、0.8mm、1.0mm、1.1mm 等规格，适合各种小修补喷涂情况。根据小修补的形状及大小使用 0.7~2.0bar 的气压，并调整出漆量。以 10~15cm 的喷涂距离，喷涂多遍的薄涂层以慢慢控制颜色和遮盖。

🔧 技能学习

一、劳动安全

金属漆的小修补

按打磨、喷涂施工进行劳动保护准备。

二、操作流程

双工序素色漆
的小修补

(1) 使用除硅清洁剂清洁，如图 8-2 所示。
(2) 用除蜡剂处理修补区域。
(3) 确定修补工艺。检查车体情况（涂层类型、颜色、损坏区域、修补时间），确定修补工艺。
(4) 遮蔽和保护不需要修补的区域。

(5) 确定具体修复工艺。
① 如损坏区域未伤透清漆层时，可使用 P1500~P2000 砂纸打磨后，进行抛光处理。
② 如未伤及色漆层时，则只做清漆层驳口修补即可。
③ 如损伤位置较严重时，则需按正常打磨或湿对湿工艺进行修补。
本案例损伤较为严重（伤及色漆），故需经打磨处理。
(6) 使用双作用式打磨机配合 P240~P400 干磨砂纸打磨需修补的区域，如图 8-3 所示。

⚙ **注意**

打磨时尽量在只需要修补的区域内进行打磨，控制最小的打磨范围。

图 8-2 清洁

图 8-3 打磨

(7) 使用压缩空气吹净（或用吸尘器吸除）表面灰尘，用除硅清洁剂清除车身的灰尘和油渍。

(8) 喷涂中涂底漆（图8-4）。中涂底漆可采用两种涂装工艺，即打磨工艺和湿对湿工艺。

① 打磨工艺。混合中涂底漆，如选用"鹦鹉"中涂底漆285-500（按4∶1∶1的比例添加硬化剂929-55/56和稀释剂352-91/51/216）喷涂2～3层，每层间隔5～10min。

② 湿对湿工艺。选用"鹦鹉"中涂底漆801-72（按4∶1∶1的比例添加硬化剂965-60和稀释剂352-91/216）喷涂1～1.5层。

注意

如果打磨出现裸金属，建议使用湿对湿工艺。

(9) 干燥（图8-5）。待漆面亚光后可使用强制干燥的方法干燥中涂底漆。IR-红外线烤灯：8min；烘房：60℃，20～30min。

注意

如果采用湿对湿工艺，则无须强制干燥，静置15～20min后便可喷涂面漆。

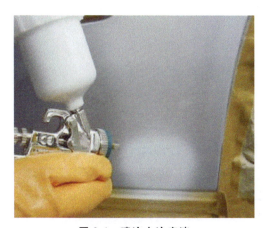

图8-4 喷涂中涂底漆

图8-5 强制干燥

(10) 打磨（图8-6）。

① 待漆面冷却后，使用P400～P500干磨砂纸或P800～P1200水磨砂纸打磨中涂底漆位置。

② 再用P1500～P2000水磨砂纸或3M灰色打磨布配合磨砂剂打磨需喷涂的驳口位置，如图8-7所示。

(11) 清洁。用吹风机吹净（或用吸尘器吸除）打磨灰尘，用除硅清洁剂清洁整个表面，再用普通清洁剂清洁。

(12) 喷涂驳口清漆（如面漆为素色漆则无须此步骤）。如选用"鹦鹉"55-B500清漆，

图8-6 打磨中涂底漆

图8-7 打磨驳口位置

将漆摇晃均匀后,装入小修补清漆喷枪,在驳口区域喷涂一薄层清漆。

(13)喷涂底色漆。如选用"鹦鹉"55系列金属漆,调好颜色后,按规定的比例加入稀释剂(通常为2∶1),搅拌均匀后在打磨区域湿对湿喷涂2层(第一层薄喷,第二层厚喷,均采用驳口渐淡法喷涂)。闪干至亚光。

(14)喷涂底色漆效果层。保持其他参数不变,再薄喷一层底色漆(1/2)。注意喷涂区域应扩展至驳口区域。闪干至亚光。

(15)喷清漆。选择好清漆(如"鹦鹉"923系列),按规定的比例加入固化剂和稀释剂(通常为2∶1+10%),搅拌均匀后,薄喷第一层,厚喷第二层,注意每层均应向外扩展3~5cm。两层之间湿对湿喷涂即可。

(16)喷涂驳口清漆。将喷枪内按1∶1加入驳口水,喷涂在清漆与驳口过渡区域,闪干至亚光。

(17)喷涂驳口水。取适量清漆驳口水,在驳口清漆喷涂区域及驳口区域薄喷一层。闪干至亚光后,在常温下干燥30min。

注意

驳口清漆、驳口水与清漆层之间均应有一定的重叠,如图8-8所示。

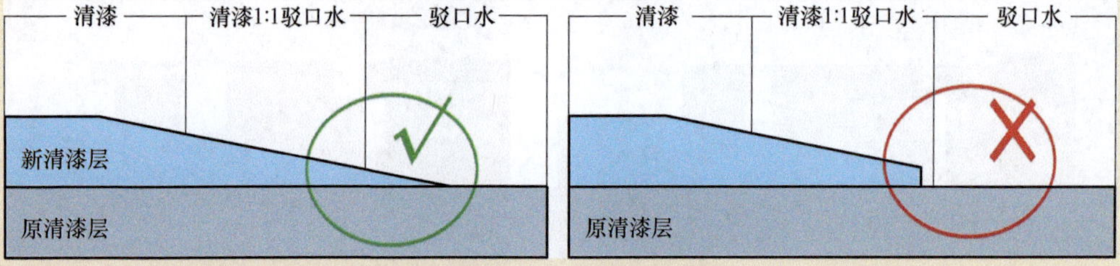

图8-8 清漆层之后的重叠

(18)抛光(图8-9)。如有需要可使用P1200~P1500抛光砂纸打磨小流挂或尘点,再用抛光剂清除砂纸痕并增加光泽。

抛光时,不论是手工抛光还是机械抛光,均要注意抛光运行方向,即采用从新漆膜向旧漆膜方向运动的方法,如图8-10所示。这样才能形成一致的光泽和渐近的漆膜。

(19)除去遮蔽。用浸有水的软布或麂皮擦去溅在周围表面上的抛光剂。

(20)交车。再次检查,如有缺陷,采用相应的方法处理;如无缺陷,即可交车。

上述小修补各漆层的喷涂区域如图8-11所示。

图8-9 抛光

项目八　典型漆膜损伤修补工艺

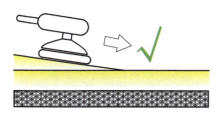
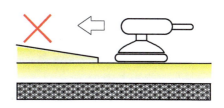

图 8-10　抛光运行方向

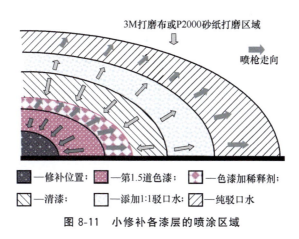

图 8-11　小修补各漆层的喷涂区域

🔧 小结

（1）选择小修补时，必须满足以下条件。

① 油漆损伤范围在 20～50mm² 范围内。

② 损伤部位在车体适合做巧修的位置。

③ 原子灰填补范围在 25mm² 范围内；完工区域在 20cm×30cm 范围内。

④ 修补区内对底色漆和清漆驳口。

⑤ 修补工作能在 90min 内完成。

（2）小修补用喷枪与普通喷枪相比只是体积小些，喷嘴直径有 0.3mm、0.5mm、0.8mm、1.0mm、1.1mm 等规格，适合各种小修补喷涂情况。

（3）小修补根据小修补的形状及大小使用 0.7～2.0bar 的气压，并适量调整出漆量。

（4）小修补以 10～15cm 的喷涂距离，喷涂多遍的薄涂层以慢慢控制颜色和遮盖。

任务 8-2　塑料件的涂装

任务导入

塑料在汽车上的应用越来越多，很多的外覆盖件用塑料制造，如保险杠（面罩）、散热器面罩（中网）、后背门等。图 8-12 所示为汽车的保险杠面罩（塑料件）的漆面出现损伤，需要修复。由于塑料材料自身的特点，修复工艺与钢板有较大差别。

229

图 8-12　保险杠面罩漆面损伤的汽车

塑料底材的表面能较金属底材低，漆膜不易附着；塑料的热变形温度低，因而涂料干燥固化时的加热温度受限制；还有，脱模剂洗净不良和添加剂的渗出，使塑料件产生涂料不能成膜的情况。所以塑料件的涂装需要特殊的工艺。

 相关知识

一、塑料在汽车上的应用

1. 聚乙烯（PE）

这是一种耐酸、汽油、机油和油脂的热塑性塑料。即使在低温情况下，这种塑料也比较坚硬、刚度大且抗撞击。这种塑料应用于燃油箱和空气通道等处。

2. 聚丙烯（PP）

这是一种耐酸、汽油和机油的热塑性塑料。这种塑料不易破损且具有一定的抗撞击能力。保险杠面罩和车门槛外饰件多以聚丙烯为基础制造。

3. 聚酰胺（PA，PA66）

这是一种既耐高温又耐机油和汽油的热塑性塑料。这种塑料应用于进气装置、发动机盖板和气缸盖罩。

宝马 E63 的前侧围也由含有 66（PA66＋PPE）的复合材料制成。这种复合材料具有突出的表面质量和较好的喷漆性能。这种塑料复合材料的一个小缺点是其具有吸收水分的特性。

4. 聚氨酯（PU）致密材料（泡沫材料）

这种塑料是一种应用范围非常广的热塑性塑料。它可以作为致密材料用于黏结剂和密封剂，也可以作为泡沫材料用于坐垫和吸能部件。聚氨酯具有消声特性，可以以柔性直至刚性的形式存在。

5. 环氧树脂（EP）

这是一种在 135℃ 以下具有耐热变形能力且具有突出电气特性的热固性塑料。这种塑料应用于点火线圈和印刷电路板等处，在跑车中也应用于支撑结构和传动元件中。

6. 酚醛树脂（PF）

这种热固性塑料具有突出的机械特性，其耐热温度达到 170℃。此外还具有很好的防火特性。这种热固性塑料只能制成深色材料。主要应用于皮带轮、水泵壳体和进气装置。

7. 片状模塑料（SMC）

SMC 是一种带有二维玻璃纤维增强结构的扁平状反应性树脂。这是一种热固性塑料。

SMC 部件的耐热温度达到 200℃，因此能够进行流水级涂装。

宝马 E63 和 E64 的行李厢盖、E64 的折叠式车顶箱盖以及 Rolls-Royce 的前围板都由 SMC 制成。SMC 由 PU＋30％玻璃纤维构成。

汽车用的塑料外装件及材质列于表 8-1 中。

表 8-1　汽车用的塑料外装件和各种塑料材质

项目	适用部位	塑料底材种类(通用名称)
外装部件	前灯罩	PMMA(丙烯酸树脂)
	前、后保险杠	RIM-PU、改性 PP、PC
	前面罩(水箱格栅)	ABS、ABS＋电镀、PP、PC
	反光镜	ABS、PC
	门拉手支撑板	PA(尼龙)
	门拉手	PAG/GF(尼龙)、PC/PBT
	门槛护板	TPO、PP
	后阻流板	SMC、PPO/PA
	挡泥板	TPR
	后壁板	ABS
	轮罩	PC/ABC、PPO、PPO/PA(GTX)、PP
	外部门拉手罩盖	EPDM(乙烯、丙烯)
外板	翼子板	PPO/PA(GTX)
	门板	PC/ABS

二、塑料件涂装的作用

尽管塑料制品不会生锈，易于着色，具有耐腐蚀性和一定的装饰性，但在其上涂布一层合适的涂料，可以延长它们的使用寿命，提高它们的各种性能，从而扩大它们的应用范围，提高经济效益。塑料件涂装的目的主要有以下三方面。

（1）装饰作用。如汽车的保险杠和车身的外饰件等塑料件，经涂装后能达到轿车车身外观高装饰性的效果，且能实现同色化（无论是本色还上金属闪光或珠光色）。

（2）保护作用。通过涂装能提高塑料件的耐紫外线、耐溶剂性、耐化学药品性、耐光性等。

（3）特种功能。在塑料制品表面涂布特种功能涂料，可以将特种涂料的功能转移到塑料表面，扩大塑料的应用范围。例如苯乙烯、丙烯酸树脂和聚碳酸酯等透明塑料可以代替光学玻璃，做成各种光学制品，成本便宜，加工方便，但其硬度、耐磨性、耐划伤性不如玻璃，涂布合适的特种涂料（如耐磨涂料、耐划伤涂料、抗反射涂料、防结露涂料等）后，可用来制造眼镜、汽车玻璃。

三、各种塑料底材与漆膜的附着性

按塑料与漆膜的附着性（结合力），可将塑料分为易附着、难附着和不附着 3 类。

（1）易附着塑料底材：如 ABS，PMMA 塑料，可不涂底漆，直接涂塑料用面漆涂料也能附着牢固。

（2）难附着塑料底材：如 RIM-PU，改性 PP，需进行特殊处理（包含涂专用底漆），才能附着。

（3）不附着塑料底材：如未改性的 PP 材料表面活性极差，不经强力处理（如铬酸处理），底漆不能附着。

塑料件的成型加工方法、条件的不同也改变表面状态，影响漆膜的附着性。如注射成型比吹塑成型的附着力要好。

表 8-2 中概括了漆膜附着性与塑料底材特性的关系。表面能高，易使涂料湿润、扩散，有利于漆膜的附着。溶剂亲和性高也有利于附着，可是亲和性过高后，会引起底材的开裂和变形，因此必须注意涂料用溶剂的选择。另外，软化点低，使涂料中的成分易浸透、扩散到底材的内部，对附着也有利；但是软化点影响底材的热变形和尺寸稳定性，必须注意涂装时烘干温度的设定。

表 8-2　漆膜的附着性与塑料底材特性之间的关系

塑料底材的特性	漆膜的附着性	塑料底材的特性	漆膜的附着性
表面能（表面张力）	越高越好	软化点	低的情况好
极性（SP）	越高越好	溶剂亲和性	高的情况好
结晶性	越低越好	—	—

塑料件涂装必须先考虑底材特性，再认真选择涂料、稀料、烘干条件和表面处理工艺。并要充分把握住塑料底材变化动向，这点十分重要。

四、汽车用塑料件的涂装特点

内用和外用塑料件涂装的不同点是：内用塑料件一般采用半光泽或完全无光泽的涂装，方法是将涂料中加入一定比例的平光剂（亚光添加剂）；外用塑料件有的采用无光泽涂装，有的采用有光泽涂装，视具体情况而定。

硬性和软性塑料件涂装的不同点是：由于软性塑料本身具有柔韧性，它所用的涂料基本上都是烘烤型弹性瓷漆，所谓"弹性"是指涂层具有较大的柔韧型，类似弹性体、橡胶，可以弯曲、折叠、拉伸，然后还可以回复到原来的尺寸和形状而不会被破坏。方法就是用专用的涂料或在涂料中加入柔软剂。硬塑料的涂装无特殊要求，一般可采用与钢板相同的涂装工艺，但采用塑料专用涂料会提高漆膜的性能。

五、塑料件涂装用材料

1. 塑料表面清洁剂

它的作用是清除塑料件表面的脱膜剂，增强塑料对油漆的附着力。使用方法是：先用灰色打磨布彻底清洁塑料件的表面，再用以 1 份清洁剂与 2~4 份清水混合后的混合液清洁整件工件，然后用清水清洗干净，待工件完全干燥后才可喷涂塑料底漆。塑料表面清洁剂的溶解性适中，不会损伤塑料表面，而且抗静电，所以塑料工件不会因摩擦而产生静电，影响涂装。

2. 塑料平光剂

为消除汽车内部塑料件一定比例的光泽而使其呈现半光泽或完全无光泽，一般都采用不同光泽的涂料装饰，其方法是在面漆中加入平光剂。平光剂也称亚光剂，有聚氨酯用和非聚氨酯用两大类，选用时务必小心。其使用方法是：将喷涂面漆后的塑料件的光泽与原车的光泽做比较，以决定是否需要用平光剂，如果需要的话，先在面漆中加入平光剂，然后搅拌均匀，并做喷涂样板对比试验，在认为光泽达到一致时可正式喷涂施工。单层涂装消光，直接将平光剂加入漆中即可，而双层涂装的消光，平光剂不要加在色漆内，要加在清漆内。

3. PVC 表面调整剂

它的作用是对 PVC 表面进行处理，使其有利于重涂。它由强溶剂配制而成，具有强烈的渗透性，而且能够软化 PVC 表面并产生轻微的溶胀。这样，涂装时修补涂料就能很容易地渗透进入塑料表面，这就是人们所说的"锚链效应"。它可以大大提高涂料对基材的附着力。

4. 汽车塑料件用底漆

软塑料件大多数都要求在底漆中加入柔软剂（各生产厂均有与塑料面漆的配套产品），可使漆膜柔软、有韧性、不开裂。聚丙烯塑料件是一种难粘、难涂的材料，要使用专用底漆，以增加它的附着力，同时面漆中也要加入柔软剂，否则很容易脱皮。

硬塑料件通常不需要底漆，因为涂料在这类塑料制品上的附着力很好。但有些油漆生产商仍然建议在涂面漆前使用推荐的溶剂彻底清洗塑料件，并对要涂装部位用 P400 砂纸打磨，再喷涂合适的丙烯酸喷漆、丙烯酸瓷漆、聚氨酯漆或底色漆加透明清漆。喷涂模压塑料板材时，需要使用底漆和中涂底漆。

5. 涂料

汽车外部零部件如保险杠、挡泥板以及车门的镶边等塑料件所选择的涂料，最突出的要求是耐候性，另外也要求有较好的耐介质性和耐磨性。这类涂料多为丙烯酸聚氨酯涂料、聚酯-聚氨酯涂料、热塑性丙烯酸涂料等。汽车内部用塑料如仪表盘、控制手柄、冷藏箱、各种把手、工具箱等，常用涂料为热塑性丙烯酸、改性环氧树脂、聚氨酯以及有机硅涂料等。

技能学习

一、劳动安全与卫生

塑料件涂装时的劳动安全与卫生注意事项与其他板件涂装时相同，即按打磨与喷涂时的劳动保护准备。

二、常用塑料的鉴别

在塑料件的维修涂装时，必须弄清塑料件的种类，以便确定维修方法和选用的涂料。不同的塑料适合的底漆类型是不同的，见表 8-3。

表 8-3　不同塑料使用的底漆

底漆	塑料种类
适用于 PO 底漆的塑料底材	PP　　　　PP/EPM PP/EPDM　　TPO
适用于普通塑料底漆的塑料底材	SMC　　PPD　　　BMC　　PA GFK　　HP-Alloy　PC　　　PUR PP/EPDM　PBT　　PP/EPM　TPV ABS

常用的塑料件鉴别方法有：查找塑料件的标识法、手册查找法、浮力试验法、燃烧试验法、焊接确认法、特殊简易鉴别法等。

1. 查找塑料件的标识法

采用 ISO 识别码确认。在正规的塑料件制造厂生产的塑料件上（一般在背面）会用

ISO 国际鉴别符号标识塑料件的品种。

2. 手册查找法

无 ISO 标识时，可找车身维修手册，手册中会列出专用塑料的品种，手册资料要与车相符。

3. 浮力试验法

在部件的背面切一片塑料，确认该部件上没有油漆、脱模剂或任何其他涂料，将这一小片塑料丢进一杯水中。如果塑料片沉入水底，表明它可以用普通塑料底漆，如图 8-13 所示；如果塑料片浮在水面上，表明它应该用 PO 塑料底漆，如图 8-14 所示。

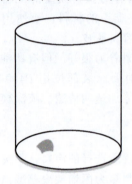
图 8-13　塑料片沉底

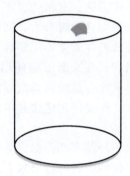
图 8-14　塑料片浮于水面

4. 燃烧试验法

在部件的背面切一片塑料，确认该部件上没有油漆、脱模剂或任何其他涂料，在允许明火燃烧处，用镊子夹住塑料片的一端在火上燃烧。如果燃烧时产生黑色烟雾，表明它可以用普通塑料底漆，如图 8-15 所示；如果燃烧时发出轻的白烟，表明它应该用 PO 塑料底漆，如图 8-16 所示。

图 8-15　燃烧发出浓烟

图 8-16　燃烧发出白烟

5. 焊接确认法

一般塑料焊条有六种左右，每种焊条均有标明塑料品种的标识。选择一种塑料焊条，试着焊接待确定的塑料件，如果能够使塑料件焊接良好，则该焊条的材料即可认为与塑料件的材料相同。

6. 特殊简易鉴别法

（1）用手敲击保险杠内侧，PU 塑料发出较微弱的声音，PP 塑料则发出较清脆的声音。

（2）用白粉笔在塑料件内侧写字，PU 塑料上的字迹 30 s 后不掉色，PP 塑料件上的字迹 30 s 后容易擦掉。

（3）用砂纸打磨塑料件内侧，PU 塑料没有粉末，PP 塑料有粉末。

三、硬质塑料件的涂装

硬质塑料件如硬性或刚性 ABS 塑料件及 GRP、SMC 等通常不需要用底漆、中涂底漆或封闭底漆，喷涂热塑性丙烯酸面漆就可获得满意的效果，但有时厂家或涂料制造商仍建议使用底漆，以提高涂装效果。下面以用"鹦鹉"漆涂装 GRP、SMC 为例，说明具体涂装工艺。

1. 表面处理

"鹦鹉"漆要求的 GRP、SMC 件表面处理工艺，如图 8-17 所示。

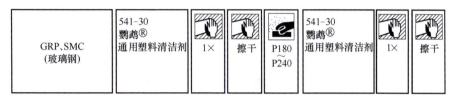

图 8-17　GRP、SMC 件表面处理工艺

从图中可以知，对于玻璃钢件（GRP、SMC），应做如下处理。

（1）首先用通用塑料清洁剂（541-30）对表面清洁一次，擦干。

（2）对整个表面用 P180 砂纸打磨并逐步过渡至 P240。

（3）用通用塑料清洁剂再次清洁并擦干。

2. 施涂原子灰

（1）原子灰的选择。不同的原子灰对各类塑料件有不同的适应性，选用时一定要查阅所使用涂料的技术说明。"鹦鹉"系列涂料的原子灰、底漆、填充底漆及中涂底漆与塑料件的适应性说明，见表 8-4。

从表 8-4 可知，对于 GRP、SMC 件，可以选用塑料原子灰（839-90），也可选用多功能原子灰（839-20/20K）或高浓聚酯喷涂原子灰。从保证涂装质量考虑，首选塑料原子灰，当表面无损伤时可选喷涂原子灰。当然，由于 GRP、SMC 为硬质塑料，也可选用用于钢板的原子灰（839-20/20K）。

（2）原子灰施工。选好原子灰后［例如选择了塑料原子灰（839-90）］，即按其技术说明规定进行原子灰的施工。"鹦鹉"塑料原子灰（839-90）的技术说明，见表 8-5。

从表中可知，对该种原子灰施工包括以下步骤和技术要求。

① 拌和原子灰。按 2%～3% 的比例加入固化剂（948-36），搅拌均匀。

② 按正确的刮涂方法（参见本书项目三的相关内容）将原子灰刮涂于需修补表面（包括有损伤区域和无损伤区域）。

③ 选用红外线烤灯（中波）烘烤 5～10min。

④ 先用 P80 砂纸打磨，后换用 P150 砂纸打磨。

⑤ 施涂打磨指导层（涂炭粉）。

⑥ 用 P240 砂纸打磨平整。

⑦ 最后用 P320 砂纸打磨整个表面（包括旧漆膜）。

3. 底漆施工

（1）底漆选择。底漆的选择除考虑与塑料材质的适用性之外，还要考虑与中涂底漆的搭配。从表 8-4 可知，"鹦鹉"系列填充底漆 285-16 VOC、285-500、285-550 等均对玻璃钢件适用，但最好选择专用的塑料底漆（如 934-70 VOC），可较好地填充原子灰表面的缺陷。

表 8-4 "鹦鹉"系列涂料的原子灰、底漆、填充底漆及中涂底漆与塑料件的适应性技术说明

塑料涂层——底漆
仅适用于汽车表面修补

		RIM-PV	PP-EPDM	ABS	GRP/SMC	PC-PBTP	PA	PPO	rigid PVC
原子灰	839-90 鹦鹉®塑料原子灰	●	●	●	●	●	●	●	●
	839-20/20K 鹦鹉®多功能原子灰				●				
	1006-23 鹦鹉®高浓聚酯喷涂原子灰				●				
底漆	934-0 鹦鹉®单组分塑料底漆	❶	❶	❶		❶	❶	❶	❶
填充底漆	285-16 VOC 鹦鹉®高浓热固填充底漆	❷	❷	❷	●	❷	❷	❷	❷
	285-500 鹦鹉®高浓填充底漆,灰色	❷	❷	❷	●	❷	❷	❷	❷
	285-550 鹦鹉®高浓填充底漆,黑色	❷	❷	❷	●	❷	❷	❷	❷
	285-650 鹦鹉®高浓填充底漆,白色	❷	❷	❷	●	❷	❷	❷	❷
	285-700 鹦鹉®填充底漆,灰色	❷	❷	❷	●	❷	❷	❷	❷
	934-70 VOC 鹦鹉®双组分塑料填充底漆	●	●					●	
中涂漆	285-95 VOC 鹦鹉®高浓可调色中涂漆	❷	❷	❷	●	❷	❷	❷	❷

□ 不适用
● 不需要预处理
❶ 只适用指定油漆系统
❷ 添加鹦鹉®522-Ⅲ柔软添加剂,仅适用指定油漆系统

表 8-5 "鹦鹉"塑料原子灰(839-90)的技术说明

应用: 用于修补汽车塑料件,有韧性的原子灰,覆盖小的损伤(如划伤)。

特性: 有韧性,高固含量,通用于所有可涂装的汽车塑料件,快干、易磨、附着力好。

注意: 施涂前充分混合原子灰和固化剂(要求颜色均匀,无大理石效果);不要添加超过3%的固化剂,过多的过氧化物会造成面漆表面有浮色现象。

图标	应用	829-90细整平原子灰
	涂装系统	S.3,S.3a
	混合比例	100%质量比 839-90
	固化剂	2%~3%质量比 948-36
	稀释剂	无
—	活化时间 在20℃	4~5min

续表

图标	应用		829-90 细整平原子灰
⏰ 🔆	干燥 红外线	在20℃ 在60℃ （短波） （中波）	25～35min 15min 8min 5～10min
🛠	打磨： 轨道式打磨机		P80/P150 581-40 指导层 P240/P320 整平区域和周边旧漆层

（2）施涂填充底漆。"鹦鹉"双组分塑料填充底漆（934-70 VOC）的技术说明，见表8-6。从表中可知，对该种填充底漆施工包括以下步骤及技术要求。

表8-6 "鹦鹉"双组分塑料填充底漆（934-70 VOC）的技术说明

应用：   用于可喷涂的汽车塑料件的经济性修补涂装，作为底漆和填充中涂底漆。
特性：   用于汽车生产的可喷涂塑料件，有良好的附着力。适合作为3层系统的黏附力增强剂，以及作为鹦鹉面漆下的中涂底漆层。
注意：   当该产品作为要打磨的中涂时，30min 在 60℃ 的强制干燥是必要的。

图标	项目	填充底漆	底漆
📁	涂装工艺系统	S.3	S.3a
—	可喷涂面积效率		
🔢	混合比例	4∶1∶1 100%体积比 934-70	
🖊	固化剂	25%体积比 929-56	
🧪	稀释剂	25%体积比 352-50/91	
🥛	喷涂黏度 DIN4 在 20℃	17～19s 活化时间:(20℃) 3.5h	
🔫	重力喷枪 喷涂气压	HVLP 喷枪:1.7～1.9mm 2.0～3.0bar/0.7bar (10psi)在喷嘴处	兼容喷枪:1.6～1.8mm 2bar
📊	喷涂层	$\frac{1}{2}$+1 层	1 层
—	膜厚	40～50μm	大约 20μm
📈	闪干时间 在 20℃	20min	20min

① 调制。将 934-70 与 929-56（固化剂）和 352-50 或 91 稀释剂按 4∶1∶1 混合并搅拌均匀，黏度约为 17～19s。

② 选用 HVLP 1.7～1.9mm 口径喷枪或 1.6～1.8mm 兼容喷枪。

③ 调整喷涂气压为 2.0bar 喷涂填充底漆。如果之后不喷涂中涂底漆，则喷 1/2+1 层，即先薄喷一层，再厚喷一层，总膜厚达到 40～50μm；如果之后喷涂中涂底漆，则喷 1 层，膜厚约 20μm。

④ 闪干。常温下闪干 20min。

> **注意**
>
> 此填充底漆无须打磨，即可直接喷涂面漆。但若喷涂后的表面有缺陷，可用P600砂纸水磨至平整。并做去湿及清洁处理。

4. 面漆施工

（1）面漆的选择。塑料件面漆的选择主要参考的信息是与填充底漆（或中涂底漆）及清漆的配套性，而无须考虑塑料的材质。根据涂装的需要，可选择素色、金属色或水性漆。

（2）面漆的调制。参照油漆供应商供应的色卡以及汽车厂的颜色标号，按选定的面漆进行调色。然后按说明书介绍的稀释比稀释涂料。具体方法参阅项目七"面漆的涂装"部分内容。

（3）喷涂施工。对板件进行遮盖与清洁后，即可按施工要求进行喷涂（涂料生产商的建议），用漆量以达到遮盖效果为佳，不要太多，以防失去纹理效果。具体方法参阅项目七"面漆的涂装"部分内容。

上述硬塑料件涂装所采用的涂装系统，如图8-18所示。

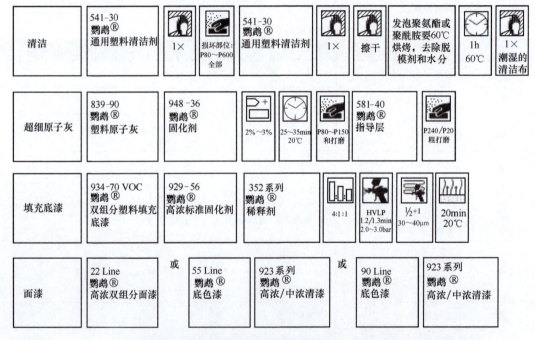

图8-18 硬塑料件涂装系统（使用"鹦鹉"涂料）

四、软质塑料件的涂装

软质塑料在车外部和内部均有应用，通常汽车保险杠多用软质塑料制作（如PP）。

对于软质塑料的修补施工最好采用全修补，这是因为整板进行打磨、清洗后对涂料的附着力极为有利。

下面以用"鹦鹉"漆涂装PP塑料为例，说明具体涂装工艺。

1. 表面处理

"鹦鹉"漆要求的 PP 件表面处理工艺，如图 8-19 所示。

图 8-19　"鹦鹉"漆要求的 PP 件表面处理工艺

从图中可知，对于 PP 类软质塑料件，应做如下处理。

（1）首先用通用塑料清洁剂（541-30）对表面清洁一次。

（2）如有损坏部位，用 P80 砂纸打磨并逐步过渡至 P600。然后对整个需喷涂面漆的表面整体用丝瓜布打磨。

（3）用通用塑料清洁剂再次清洁并擦干。

（4）对于发泡的聚氨酯（PU）或聚酰胺（PA），必须在 60℃下加热 1h 以使水分和脱模剂彻底清除。

（5）最后用湿润的布擦拭整个表面。

2. 施涂原子灰

多数涂料供应商生产的专用塑料原子灰均能适用软、硬两种塑料，故此处仍可选择"鹦鹉"塑料原子灰（839-90）。其涂装方法与硬塑料件相同。

3. 底漆施工

（1）底漆选择。从表 8-7 可知，对于 PP 塑料，可选择"鹦鹉"单组分塑料底漆（934-0）。

（2）施涂底漆。"鹦鹉"单组分塑料底漆（934-0）的技术说明，见表 8-7。从表中可知，对该种底漆施工包括以下步骤及技术要求。

表 8-7　"鹦鹉"单组分塑料底漆（934-0）的技术说明

应用：	用于塑料表面的黏附底漆。
特性：	多用途附着力增强剂，自喷罐包装，适于所有可涂装车用塑料件。
注意：	涂膜表面适用的中涂底漆：鹦鹉®285 系列高浓度填充中涂底漆。 按照系统 S.3a 添加 522-111 柔软添加剂。 GRP 部件：不需要使用 934-10。

图标	应用	底漆
	涂装工艺系统	S.3a
	摇动	2min
	喷涂层	1~2
—	膜厚	5~10μm
	闪干时间　　　在 20℃	大约 15min

① 搅拌。934-0 为单组分、手喷罐式包装，使用时首先应充分摇动手喷罐（约 2min），以获得均匀的成分。

② 摇动均匀后，直接喷涂 1～2 层。总膜厚约 5～10μm。

③ 闪干。常温下闪干 15min。

> **注意**
>
> 此填充底漆无须打磨，即可直接喷涂中涂底漆。

4. 中涂底漆施工

（1）中涂底漆的选择。在塑料底漆的表面，可选择"鹦鹉"高浓系列填充底漆、中涂底漆 285-16 VOC、285-51 VOC、285-55 VOC、285-60 VOC、285-65 VOC、285-95 VOC 和 285-100 VOC。本例选择"鹦鹉"高浓可调色中涂底漆 285-95 VOC。

（2）中涂底漆的调制。"鹦鹉"高浓可调色中涂底漆（285-95 VOC）的技术说明，见表 8-8。从表中可知，调制该类中涂底漆包括以下步骤和技术要求。

表 8-8 "鹦鹉"高浓可调色中涂底漆（285-95 VOC）的技术说明

应用：	这个透明的中涂底漆可以添加鹦鹉®22 系列 HS 高浓度面漆色母作为着色中涂漆，适合作为打磨或湿对湿中涂。使用于遮盖力相对较弱的色漆下，塑料件工艺系统或作为着色中涂底漆喷涂在有石击危险的区域。
特性：	可帮助减少工作量，减少面漆材料的消耗；可以帮助消耗 22 系列的剩余面漆
注意：	当使用 285-95 作为湿碰湿中涂时，只有 285-16 VOC HS 热处理底漆适合作为它的底漆；不要单独使用 22 系列色母，先要与 522-M0 或 522-MO/3.5 混合，鹦鹉 285-95 HS VOC 着色底漆与 22 系列面漆的混合物必须在混合后立即搅拌均匀；注意在使用后重新密封好包装罐，或装上搅拌盖，置于调漆搅拌机上，如下列表格中混合物 A 或 B 以 4：1 或 2：1 的体积比例加入鹦鹉 522-111 柔软添加剂，这个底漆可以按照工艺系统 S.3a 用于塑料件的喷涂。

图标	应用	打磨型中涂漆
	修补涂装工艺系统	RATiO-CALSSIC 经典系统，RATIO-HS 高浓系统
—	可喷涂面积效率	439m²/L(1μm)
	混合比例 步骤一 步骤二	A 2:1 100%体积比，285-95 VOC 50%体积比，22 系列或 22 系列 VOC 4:1:1 100%体积比　混合物 A
	固化剂	25%体积比 925-55/56
	稀释剂	25%体积比 352-91/50/216
	喷涂黏度 DIN 4 在 20℃	18～20s　　　　　　　　　活化时间 20℃：1h
	重力喷枪 喷涂气压	HVLP 喷枪 1.7～1.9mm 2.0～3.0bar(30～45psi)/0.7bar　　兼容喷枪：1.6～1.8mm (10psi)喷嘴处的风帽压力　　　　2bar
	喷涂层数	2　　　　膜厚：40～60μm
	干燥　　在 20℃ 　　　　在 60℃ 红外线　（短波） 　　　　（中波）	4h 40min 8min 10～15min
	打磨 轨道式打磨机	P 800 P 400（常温隔夜干燥或烘烤 40min 在 60℃）

① 确定中涂底漆用量。根据表 8-8 查得，该中涂底漆可喷涂面积效率为 $439m^2/L$，膜厚为 $1\mu m$。需喷涂的总膜厚为 $40\sim 60\mu m$。再根据估算出的需涂装表面积，即可确定涂料的用量。

② 将中涂底漆（285-95，VOC）与 22 系列色母［素色漆色母，其具体色母型号取决于面漆（素色漆或金属漆）的颜色］按 2∶1 的比例混合，搅拌均匀，制成调色的中涂底漆。

③ 将调好色的中涂底漆按 4∶1∶1 的比例加入固化剂（929-55/56）和稀释剂（352-91/50/216），搅拌均匀。最终的黏度为 $18\sim 20s$。

（3）中涂底漆喷涂。

① 选用 HVLP 喷枪，口径 $1.7\sim 1.9mm$（或兼容喷枪，口径 $1.6\sim 1.8mm$）。

② 调整喷涂气压为 2.0bar 喷涂中涂底漆。喷 2 层，总膜厚达到 $40\sim 60\mu m$。

（4）干燥。可选择下列方法之一。

① 常温干燥 4h。

② 升温烘烤 60℃，40min。

③ 短波红外线烘烤，8min。

④ 中波红外线烘烤，$10\sim 15min$。

（5）打磨。可选择下列方法之一。

① 用 P800 砂纸手工水磨。

② 用轨道式打磨机，P400 砂纸打磨。

（6）清理。若采用手工水磨，应做去湿处理，然后进行清洁。若采用干磨，先用压缩空气吹除粉尘，然后用黏尘布除尘，最后除油。

> **注意**
>
> 若将该中涂底漆的工艺参数进行适当调整，即可作为湿碰湿型中涂底漆（免打磨）。具体工艺说明，见表 8-9

表 8-9 "鹦鹉"高浓可调色中涂底漆（285-95VOC）的技术说明（湿碰湿中涂底漆）

图标	应用	湿喷湿中涂
	涂装工艺系统	—
—	可喷涂面积效率	$423m^2L(\mu m)$
	混合比例 步骤一 步骤二	B100%体积比 285-95 VOC 100%体积比 22 系列或 22 系列 VOC 2∶1+10% 100%体积比 mixture B
	固化剂	50%体积比 929-56/55
	稀释剂	10%体积比 352-91/216
	喷涂黏度 DIN 4 在 20℃	18s　　　　　　　活化时间 20℃：2h
	重力枪罐 喷涂气压	HVLP 喷枪：1.3mm $2.0\sim 8.0bar(30\sim 45psi)/0.7bar$　　兼容喷枪：$1.2\sim 1.4mm$ (10psi)在喷嘴风帽处　　　　　　　　2bar
	喷涂层数	2(先喷一层于腻子整平处,再喷涂于整个需要喷涂的区域) 膜厚：大约 $30\mu m$
	闪干　　　　在 20℃	$15\sim 20min$

5. 面漆施工

（1）面漆的选择。根据涂装的需要，可选择素色漆、金属色漆（配套清漆）或水性漆（配套清漆）。

特性：适用于所有可涂车用塑料件的多功能系统，注意，纯聚丙烯和聚乙烯是不能涂漆的，但为了保证塑料件可以涂漆，一些汽车使用了改性塑料，所以有些塑料注明是聚丙烯，但这些部件还是可以涂漆的。

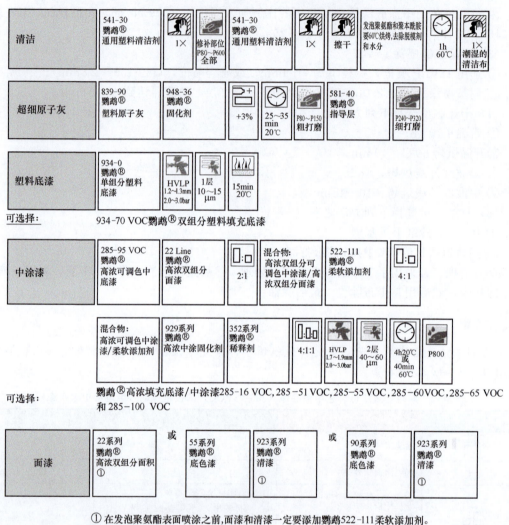

① 在发泡聚氨酯表面喷涂之前，面漆和清漆一定要添加鹦鹉522-111柔软添加剂。

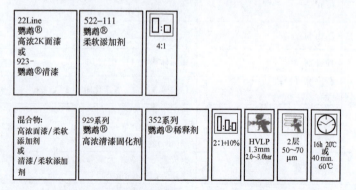

图 8-20　软塑料件涂装系统（使用"鹦鹉"涂料）

(2) 面漆的调制。

① 参照油漆供应商供应的色卡以及汽车厂的颜色标号，按选定的面漆进行调色。

② 如果面漆为素色漆（2K型），此时应在调好色的涂料（色浆）中按4∶1的比例加入

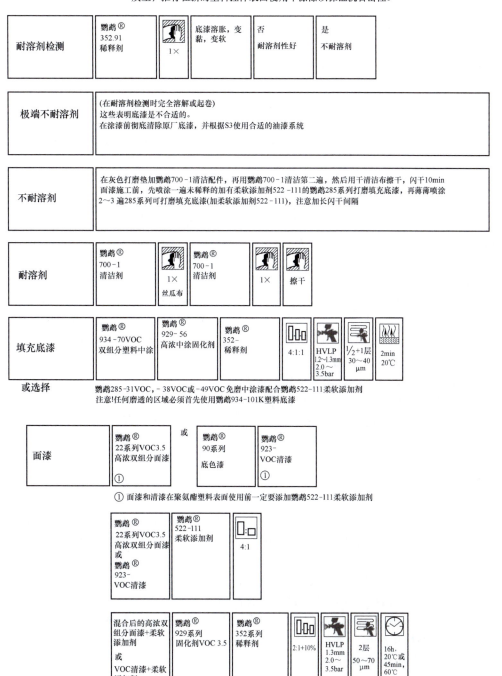

图 8-21 使用"鹦鹉"漆涂装有原厂底漆的塑料件采用的涂装系统

柔软添加剂（"鹦鹉"522-111），搅拌均匀。然后按2∶1+10%的比例加入固化剂（"鹦鹉"929系列）和稀释剂（"鹦鹉"352系列），搅拌均匀。

③ 如果面漆为金属漆。此时应将所选的清漆（"鹦鹉"923系列）按4∶1的比例加入柔软添加剂（"鹦鹉"522-111），搅拌均匀。然后按2∶1+10%的比例加入固化剂（"鹦鹉"929系列）和稀释剂（"鹦鹉"352系列），搅拌均匀。

（3）喷涂施工。对板件进行遮盖与清洁后，即可按施工要求进行喷涂。例如"鹦鹉"22系列2K型面漆的具体喷涂参数为：HVLP喷枪，口径1.3mm，气压2bar，喷涂层数2层，总膜厚50～70μm，常温干燥16h（或升温干燥40min，温度60℃）。具体喷涂方法参阅项目七"面漆的涂装"部分内容。

上述软塑料件涂装所采用的涂装系统，如图8-20所示。

如果车身修理时，更换了新的塑料板件，通常板件表面已涂装了原厂底漆。对于这类塑料板件的涂装，通常需根据板件原厂底漆的耐溶剂情况进行不同的处理。使用"鹦鹉"漆涂装有原厂底漆的塑料件采用的涂装系统如图8-21所示。具体的操作方法在此不再叙述。

五、塑料件表面亚光效果和纹理效果的涂装

1. 亚光效果面漆的施工

亚光效果即使漆膜的光泽度降低后的效果。例如涂装仪表台时，为了防止强光泽引起的反光眩目，而采用亚光效果涂装。

为获得亚光效果，主要方法是在面漆（素色漆）或清漆（金属漆）中加入亚光添加剂。亚光效果有半光、绸缎光和丝光等不同的形式，主要区别是亚光添加剂加入的比例不同。

"鹦鹉"HS亚光添加剂（522-322）的技术说明，见表8-10。

从表8-10中可知，使用亚光添加剂制作亚光效果主要体现在涂料调制配比方面。喷涂方法、干燥方法与普通漆喷涂相同。需要注意一点，如果在塑料件表面制作亚光效果而使用亚光添加剂，则无须再使用柔软添加剂。

（1）素色漆（22系列）亚光效果漆的调制。

① 半光效果漆调制。将已调好色的涂料（色浆）按4∶1（质量比）的比例加入亚光添加剂（522-322），立即搅拌均匀。然后按2∶1+10%的比例加入固化剂（929系列）和稀释剂（352系列），搅拌均匀，黏度为20～22s。

② 绸缎光效果漆调制。将已调好色的涂料（色浆）按100∶35（质量比）的比例加入亚光添加剂（522-322），立即搅拌均匀。然后按2∶1+10%的比例加入固化剂（929系列）和稀释剂（352系列），搅拌均匀，黏度为20～22s。

③ 丝光效果漆调制。将已调好色的涂料（色浆）按100∶45（质量比）的比例加入亚光添加剂（522-322），立即搅拌均匀。然后按2∶1+10%的比例加入固化剂（929系列）和稀释剂（352系列），搅拌均匀，黏度为20～22s。

（2）金属漆（55系列）亚光效果漆的调制。金属漆的亚光效果主要体现在清漆层，即底色漆时正常喷涂，而在喷涂清漆时添加亚光添加剂。

① 半光效果漆调制。将清漆（923系列）按4∶1（质量比）的比例加入亚光添加剂（522-322），立即搅拌均匀。然后按2∶1+10%的比例加入固化剂（929系列）和稀释剂（352系列），搅拌均匀，黏度为20～22s。

② 绸缎光效果漆调制。将清漆（923系列）按2∶1（质量比）的比例加入亚光添加剂（522-322），立即搅拌均匀。然后按2∶1+10%的比例加入固化剂（929系列）和稀释剂（352系列），搅拌均匀，黏度为20～22s。

表 8-10 "鹦鹉"HS 亚光添加剂（522-322）的技术说明

应用： 用于 22 系列,22 系列 VOC 面漆和 923 系列清漆的 HS 亚光剂。
特性： 混合方法简单。
注意： 用于塑料件时,无须添加 522-111 鹦鹉柔软添加剂。
只调配够当天使用的油漆,因为经储存的混合物在喷涂后,光泽度可能会有变化,加入鹦鹉 522-322HS 亚光剂后,立即搅拌。

图标	应用	22 系列面漆	923-清漆
	修补涂装工艺系统		
	步骤 1:混合比例	半光 100％质量比 22 系列 25％质量比 522-322	半光 100％质量比 923 系列 25％质量比 522-322
—	—	绸缎光 100％质量比 22 35％质量比 522-322	绸缎光 100％质量比 923 系列 50％质量比 522-322
—	—	丝光 100％质量比 22 系列 45％质量比 522-322	丝光 100％质量比 923 系列 70％质量比 522-322
—	步骤 2:混合比例	2：1＋10％ 100％体积比 22Line,923 系列	
	固化剂	50％体积比 929-93/91/94/31/83	—
	稀释剂	10％体积比 352-50/91/216	
	喷涂黏度 DIN 4 在 20℃	20～22s	活化时间 20℃:2～3h
	重力喷枪 喷涂气压	HVLP 喷枪:1.2～1.3mm 2.0～3.0bar(30～45psi)/0.7bar (10psi)风帽气压	兼容喷枪:1.3～1.4mm 4bar(60psi)
	喷涂层	2	膜厚:大约 50～70μm
	干燥 20℃ 60℃	929-93/33： 8h 30min	929-91/31 8h 20min
	红外线 （短波） （中波）	8min 10～15min	—

③ 丝光效果漆调制。将清漆（923 系列）按 100：75（质量比）的比例加入亚光添加剂（522-322），立即搅拌均匀。然后按 2：1＋10％的比例加入固化剂（929 系列）和稀释剂（352 系列），搅拌均匀,黏度为 20～22s。

2. 纹理效果面漆的施工

一般汽车的内表面上有许多不同的纹理结构,在修复的塑料件上做出纹理时,新纹理不一定要与原来的一模一样,但纹理的粗细程度必须与原来的一样。

为获得纹理效果,主要的方法是在面漆（素色漆）或清漆（金属漆）中加入纹理添加剂。

"鹦鹉"纹理添加剂（522-345）的技术说明,见表 8-11。

表 8-11 "鹦鹉"纹理添加剂（522-345）的技术说明

应用：　　使表面有纹理，弹性和亚光的效果，比如，当修补 FORD 汽车保险杠时，针对硬质塑料，该产品可以以 1∶1 与 22 系列，22 系列 VOC 纯色面漆混合，或以 2∶1 添加 923 系列清漆。

特性：　　—

注意：　　不要过滤该材料。

	修补涂装工艺系统	22 系列，22 VOC 系列面漆/923 系列清漆	
	步骤 1： 混合比例	按颜色配方称量，或 100％体积比 22 系列、22 系列 VOC 100％体积比 522-345	100％体积比 923 系列 50％体积比 522-345
	步骤 2 混合比较	2∶1＋10％ 100％体积比 22 系列/923 系列 522-345	—
	固化剂	50％体积比 929-91/93/31/33	—
	稀释剂	10％体积比 352-50/91	—
	喷涂黏度 DIN 4 在 20℃	16～18s	活化时间 20℃ 6h（使用 929-93） 4h（使用 929-91）
	重力喷枪 喷涂气压	HVLP 喷枪：1.2～1.3mm 2.0～3.0bar（30～45psi）/0.7bar（10psi）风帽气压	兼容喷枪：1.2～1.4mm 2bar
	喷涂层	2	膜厚　50～70μm
	固化剂： 干燥　在 20℃ 　　　在 60℃	929-93/33；929-91/31 10h　　　6h 30min　　20min	—
	红外线　（短波） 　　　　（中波）	8min 10～15min	—

从表 8-11 中可知，使用纹理添加剂制作纹理效果主要体现在涂料调制配比方面。喷涂方法、干燥方法与普通漆喷涂相同。需要注意一点，在调制好的涂料装枪时，无须过滤。

（1）素色漆（22 系列）纹理效果漆的调制。

① 将已调好色的涂料（色浆）按 1∶1（体积比）的比例加入纹理添加剂（522-345），立即搅拌均匀。

② 按 2∶1＋10％（体积比）的比例加入固化剂（929 系列）和稀释剂（352 系列），搅拌均匀，黏度为 16～18s。

（2）金属漆（55 系列）纹理效果漆的调制。金属漆的纹理效果主要体现在清漆层，即底色漆时正常喷涂，而在喷涂清漆时添加纹理添加剂。

① 将清漆（923 系列）按 2∶1（体积比）的比例加入纹理添加剂（522-345），立即搅拌均匀。

② 2∶1＋10％的比例（体积比）加入固化剂（929 系列）和稀释剂（352 系列），搅拌均匀，黏度为 16～18 s。

小结

（1）塑料底材的表面能较金属底材低，漆膜不易附着；塑料的热变形温度低，因而涂料干燥固化时的加热温度受限制；还有，脱模剂洗净不良和添加剂的渗出，使塑料件产生涂料不能成膜的情况。所以塑料件的涂装需要特殊的工艺。

（2）保险杠面罩和车门槛外饰件多以聚丙烯为基础制造。

（3）尽管塑料制品不会生锈，易于着色，具有耐腐蚀性和一定的装饰性，但在其上涂布一层合适的涂料，可以延长它们的使用寿命，提高它们的各种性能，从而扩大它们的应用范围，提高经济效益。

（4）按塑料与漆膜的附着性（结合力），可将塑料分为易附着、难附着和不附着3类。

（5）易附着塑料底材：如ABS，PMMA塑料，可不涂底漆，直接涂塑料用面漆涂料也能附着牢固。

（6）难附着塑料底材：如RIM-PU，改性PP，需进行特殊处理（包含涂专用底漆），才能附着。

（7）不附着塑料底材：如未改性的PP材料表面活性极差，不经强力处理（如铬酸处理），底漆不能附着。

（8）内用和外用塑料件涂装的不同点是：内用塑料件一般采用半光泽或完全无光泽的涂装，方法是将涂料中加入一定比例的平光剂（亚光添加剂）；外用塑料件有的采用无光泽涂装，有的采用有光泽涂装，视具体情况而定。

（9）硬性和软性塑料件涂装的不同点是：由于软性塑料本身具有柔韧性，它所用的涂料基本上都是烘烤型弹性瓷漆，需要用专用的涂料或在涂料中加入柔软剂。硬塑料的涂装无特殊要求，一般可采用与钢板相同的涂装工艺，但采用塑料专用涂料会提高漆膜的性能。

（10）塑料表面清洁剂的作用是清除塑料件表面的脱膜剂，增强塑料对油漆的附着力。

（11）为消除汽车内部塑料件一定比例的光泽而使其呈现半光泽或完全无光泽，一般都采用不同光泽的涂料装饰，其方法是在面漆中加入平光剂。

（12）PVC表面调整剂的作用是对PVC表面进行处理，使其有利于重涂。

（13）聚丙烯塑料件是一种难粘、难涂的材料，要使用专用底漆，以增加它的附着力，同时面漆中也要加入柔软剂，否则很容易脱皮。

（14）常用的塑料件鉴别方法有：查找塑料件的标识法、手册查找法、浮力试验法、燃烧试验法、焊接确认法、特殊简易鉴别法等。

（15）亚光效果即使漆膜的光泽度降低后的效果。例如涂装仪表台时，为了防止强光泽引起的反光眩目，而采用亚光效果涂装。

（16）为获得亚光效果，主要方法是在面漆（素色漆）或清漆（金属漆）中加入亚光添加剂。

（17）亚光效果有半光、绸缎光和丝光等不同的形式，主要区别是亚光添加剂加入的比例不同。

（18）一般汽车的内表面上有许多不同的纹理结构，在修复的塑料件上做出纹理时，新纹理不一定要与原来的一模一样，但纹理的粗细程度必须与原来的一样。

（19）为获得纹理效果，主要的方法是在面漆（素色漆）或清漆（金属漆）中加入纹理添加剂。

任务8-3 水性漆的涂装

任务导入

水性漆就是以水为稀释剂的汽车修补涂料。由于没有有机溶剂，所以水性漆的环保性明显提高。由于世界环保法规越来越严格，水性漆得到了快速的发展。各大汽车涂料生产商均在加紧研制水性漆，如德国BASF公司生产的"鹦鹉"牌水性漆，目前主要有水性底漆（70系列）和水性面漆（90系列，图8-22）。

水性漆的涂装

图 8-22 "鹦鹉"水性面漆

因水性漆有其独特的特点，在涂装时与溶剂型漆的工艺会有所差别。

 相关知识

一、水性涂料与溶剂型涂料的不同点

树脂溶解在溶剂中成为溶剂型涂料，树脂分散在水中成为分散型的水性涂料。它们的性质和流动性有较大的差别，水和有机溶剂也有很大的差别。在使用水性涂料的场合必须熟知这些差别。

1. 颜料的分散性

有机溶剂型涂料几乎都是溶解型，涂料中的树脂分子成"人"字形。而水性涂料多是分散型，树脂分子为绕线团形的圆粒子状，这意味着分散粒子难吸附在颜料表面上。还有，水性涂料初期的光泽鲜艳性好，而在室外暴露时的光泽保持率差。现在水性涂料在经人工老化机促进试验 3000 h 后，能维持光泽保持率 85% 以上，已是最高的限值。其原因之一是分散的水性树脂分子与颜料的吸附强度不足。

2. 表面张力

水性涂料的表面张力较溶剂型涂料高，在涂装时易产生下列缺陷。

（1）不易扩散入被涂物表面的小细缝中。

（2）易产生缩孔、针孔。

（3）展平性不良。

（4）易流挂。

（5）不易消泡。

3. 挥发潜热

水非常难挥发。它的沸点 100℃，比有机溶剂的沸点高，气化所需的挥发潜热非常高，远远高于一般的溶剂，所以在涂装时易产生流挂。还有在涂金属闪光底色时涂层的晾干时间过长，延长了整个涂装时间而使作业效率变低。溶剂型涂料涂装时，考虑季节的温度差，可调配出与某温度相适应的挥发速度不同的溶剂，而使其作业效率仍保持良好。

4. 温度、湿度的影响

水性涂料对应温度和湿度的变化也不像溶剂型涂料那样柔和。

5. 分散粒子的安定性

溶解的分子对剪切力、热、pH 值等都安定，而分散的分子是不安定的，要有对分散分子采取安定化的对策。分散粒子受剪切力后粒子被破坏，剪切力增加导致黏度下降。因而需

考虑在制造、输送水性涂料过程中避免受剪切力的作用。分散粒子对 pH 值很敏感，漆液中混入酸性物质呈酸性后粒子被破坏产生胶化现象。寒冷时在循环管路内运输的分散粒子受冻结后被破坏，涂料也就不能使用了。

二、修补用水性涂料

1. 双组分水性底漆

水性双组分防腐底漆，可作为在钢板、镀锌钢板和铝材上，1K 填充中涂底漆下的防腐底漆和附着底漆，也可以作为在磨穿处的底漆，表面上可以直接喷涂水性色漆。表 8-12 为"鹦鹉"70-2 水性底漆技术说明。

表 8-12 "鹦鹉"70-2 水性底漆技术说明

操作项目	技术要求	技术数据	
		用于防腐或附着底漆	用于磨穿处,直接喷面漆
混合比例: 1:1+30% (体积比)	70-2 水性底漆	10 份	10 份
	270-2 配套固化剂	10 份	10 份
	90-VE 配套稀释剂	3 份	3 份
喷涂黏度	DIN4 在 20℃时	16s	16s
活化时间	在 20℃时	5h	5h
喷枪	重力式 HVLP 1.3mm	2.0～3.0bar/0.7bar(喷嘴处)	
喷涂层	薄层	2	2,向周边小范围渐淡喷涂
膜厚	遮盖	20～25μm	大约 20μm
闪干时间	在 20℃时	—	大约 10min 至亚光
干燥	在 20℃时	大约 20min 至亚光	—
	在 60℃时	10min	—
打磨	白色百洁布	—	边口粗糙区域

从表中可以看出，水性底漆与普通底漆（溶剂型）涂装的主要区别在于涂料的配套性，即"鹦鹉"水性底漆（70-2）应与专用的固化剂（270-2）及 90-VE 稀释剂配套使用。

2. 单组分（1K）水性填充底漆

水性填充底漆用于固化不良的旧漆膜的封闭处理，还可以用在防腐底漆之上，作填充功用，也可以作为指导层使用。表 8-13 为"鹦鹉"76-71 水性填充底漆的技术说明。

表 8-13 "鹦鹉"76-71 水性填充底漆的技术说明

操作项目	技术要求	技术数据
混合比例: 如果需要按 1:1(体积比)	76-71 水性底漆	按需要
	90-VE 配套稀释剂	按需要
喷涂黏度	DIN4 在 20℃时	开罐即可使用
喷枪	重力式 HVLP	口径 1.7～1.9mm,2.0～3.0bar/0.7bar(喷嘴处)
	兼容喷枪	口径 1.6～1.8mm,2.0bar
喷涂层	遮盖缺陷	2
膜厚		50～70μm
闪干时间		在 20℃时,大约 5min 至亚光
干燥	在 60℃时	30min
	红外线	短波 8min,中波 10～15min
打磨	手工	P800,之后用水或"鹦鹉"700-1 清洁剂清洁

"鹦鹉"水性填充底漆76-71使用时有如下注意事项。

（1）最低的施工温度为15℃。

（2）干燥时间主要取决于温度、湿度、空气循环和膜厚。

（3）喷枪不用时，可以将枪头浸泡在水中。

（4）收集残留的油漆和废水，并按照相关技术说明，用700-7做凝结处理。

（5）当将水性填充底漆76-71喷涂在水性防腐底漆70-2上时，不要用红外线干燥。

（6）在对板件表面进行清洁时，先使用专用清洁除油剂（700-10）清洁，然后用专用清洁剂（700-1）清洁。

3. 水性底色面漆

水性底色面漆分为水性金属底色和水性纯色底色两种，属于1K涂料，按双工序施工，表面可以喷涂水性或溶剂型罩光清漆。水性底色漆遮盖力极佳，溶剂含量只有10%。表8-14为"鹦鹉"90系列水性底色漆的技术说明。

表8-14 "鹦鹉"90系列水性底色漆的技术说明

操作项目	技术要求	技术数据
混合比例： 2∶1（体积比）	90系列水性底色漆	2份
	93-E3调整剂 加入调整剂后立刻搅拌	1份
喷涂黏度	DIN4在20℃时	18~24s
活化时间	在20℃时	混合后的涂料在塑料容器内，可以储存6个月
喷枪	重力式HVLP	口径1.2~1.3mm，2.0~3.0bar/0.7bar（喷嘴处）
	兼容喷枪	口径1.2~1.4mm，2.0bar
喷涂层		2层遮盖，1/2效果层
膜厚		10~15μm
闪干时间		在20℃时，大约5min（每层间）
干燥	在20℃时	中间干燥，每层间闪干至亚光
		用吹风筒吹干，每层间闪干至亚光
打磨		干打磨去除尘点，然后用渐淡法轻喷表面，去除磨痕

从表8-14中可以看出，水性底色漆需要与专用调整剂（93-E3，去离子水）配套使用。

三、温度、湿度对水性漆施工的影响

如图8-23所示，最佳的施工温度和湿度范围为：温度（23±1）℃，相对湿度65%±5%。

四、水性底色漆的干燥

水性底色漆的干燥曲线如图8-24所示，干燥过程分为红外线烘烤1.5min、吹热风约2min和吹冷风约2min三个主要步骤。最高的烘烤温度不要超过75℃。

为了解决水性面漆闪干慢的问题，应

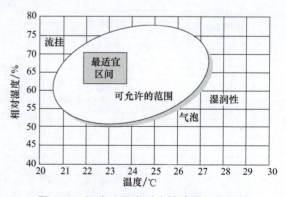

图8-23 温度、湿度对水性漆施工的影响

使用水性涂料吹风机来加快水分的挥发，保证在喷涂清漆前，水性底色漆中的水分挥发到小于10％，如图8-25所示。在做小面积修补时（例如：车门、翼子板等），可以减少烤房的加热，提高工作效率。使用水性油漆吹风机的干燥时间与其他干燥方式的比较，见表8-15。由表中数据可以看出，用吹风机辅助干燥的速度明显要好于烘烤和自然干燥。

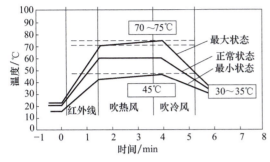

图8-24 水性底漆闪干过程时间-温度变化曲线

图8-25 吹风机辅助干燥

表8-15 水性漆干燥时间比较

干燥系统	在20℃下自然风干	在烤漆房内以60℃烘烤	在20℃用吹风机
第一道喷涂时间	30s	30s	30s
挥发时间	15min	9min	3min+10s
第二道喷涂时间	30s	30s	30s
干燥时间	17min	8min	3min+15s
总干燥时间	32min	17min	6min+25s

注：喷涂工件为翼子板；喷漆房空气流量为27000m³/h。

水性油漆吹风机的结构如图8-26所示。压缩空气从接口进入，在吹风机的头部形成文丘里效应区，外部的空气经滤网过滤后被吸进，从喷嘴处喷出吹干油漆。

当风吹过阻挡物时，在阻挡物的背风面上方端口附近气压相对较低，从而产生吸附作用并导致空气的流动，这种现象叫做文丘里效应。

五、水性漆的储存

水性漆储存要求：储存环境温度在5～30℃之间。在冬夏两季运输过程中必须加热和冷却，运输车需装备恒温系统，油漆储存间和调漆间需安装空调。盛放的容器使用防腐蚀设备，如不锈钢和塑料等。

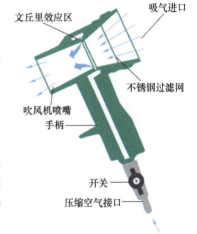

图8-26 吹风机结构示意图

技能学习

一、劳动安全与卫生

尽管水性漆的溶剂含量很少，但仍然对人体有一定的危害，特别是在整个涂装系统中，并不是从底漆到面漆均为水性漆。所以，进行水性漆涂装作业时的劳动保护也需和涂装溶剂型漆一样。

二、操作流程

因水性漆完全可以涂覆在溶剂型旧漆膜上，且底漆相对面漆而言，涂装操作相对简单，故以下仅以水性面漆涂装为例，介绍水性漆的涂装方法。

1. 准备工作

（1）粉尘的清除。用吸尘器或压缩空气除净待涂装表面的粉尘。

（2）遮盖工作。对不需要涂装的部位进行严格的遮盖。

（3）除油。用专用除油剂（700-10）对待涂装表面进行一次彻底的除油。

（4）清洁。有专用清洁剂（700-1）对待涂装表面进行一次全面的清洁。

（5）涂料的准备。水性漆的调色方法与溶剂型漆的操作相同。将调色后的色浆按规定的比例加入专用水（水性漆调整剂 93-E3，"鹦鹉"漆建议的比例为 2∶1）。过滤后装入面漆喷枪。

（6）喷涂前的检查。对打磨、除尘、除油及遮盖情况进行一次全面的检查，确认可以喷涂面漆。

2. 喷涂

（1）水性底色漆喷涂。

① 第一次喷涂薄薄的一层。

② 调整吹风机对漆面吹干至亚光状态。

③ 第二次厚喷涂。

④ 调整吹风机对漆面吹干至亚光状态。

⑤ 第三次薄喷涂（1/2 层）。

⑥ 调整吹风机对漆面吹干至亚光状态。

⑦ 打磨。如果表面有灰尘，可用美容砂纸打磨掉，并再次薄喷一遍。

（2）清漆的喷涂。在水性漆表面喷涂清漆时，完全可以用溶剂型清漆。

第一次薄薄地喷一层，间隔大约 5min 再喷第二次。透明涂料喷涂面积可扩大一些。喷涂时要边观察色调边喷，以形成光泽。

如果为局部涂装，则应在清漆与旧漆膜过渡区域喷涂专用驳口水（90-M5）。

3. 干燥

按清漆规定的干燥参数要求进行干燥即可。

小结

（1）水性漆就是以水为稀释剂的汽车修补涂料。

（2）水性双组分防腐底漆，可作为在钢板、镀锌钢板和铝材上，1K 填充中涂底漆下的防腐底漆和附着底漆，也可以作为在磨穿处的底漆，表面上可以直接喷涂水性色漆。

（3）水性填充底漆用于固化不良的旧漆膜的封闭处理，还可以用在防腐底漆之上，作填充功用，也可以作为指导层使用。

（4）水性底色面漆分为水性金属底色和水性纯色底色两种，属于 1K 涂料，按双工序施工，表面可以喷涂水性或溶剂型罩光清漆。

（5）水性底色漆的干燥过程分为红外线烘烤 1.5min、吹热风约 2min 和吹冷风约 2min 三个主要步骤。最高的烘烤温度不要超过 75℃，最低不低于 30℃。

（6）为了解决水性面漆闪干慢的问题，应使用水性涂料吹风机来加快水分的挥发，保证在喷涂清漆前，水性底色漆中的水分挥发到小于 10%。

（7）水性漆储存要求：储存环境温度在 5～30℃ 之间。在冬夏两季运输过程中必须加热和冷却，运输车需装备恒温系统，油漆储存间和调漆间需安装空调。盛放的容器使用防腐蚀设备，如不锈钢和塑料等。

（8）尽管水性漆的溶剂含量很少，但仍然对人体有一定的危害，特别是在整个涂装系统中，并不是从底漆到面漆均为水性漆。所以，进行水性漆涂装作业时的劳动保护也需和涂装溶剂型漆一样。

参考文献

[1] 王锡春. 汽车修补涂装技术 [M]. 北京：化学工业出版社，2010.
[2] 宋孟辉. 汽车车身修复与保养 [M]. 北京：机械工业出版社 2010.
[3] 宋年秀. 汽车装饰与车身修复技术 [M]. 北京：北京理工大学出版社，2007.
[4] 王之政. 汽车涂装实务 [M]. 北京：人民交通出版社，2008.
[5] DEROCHE A G. 汽车车身修理与漆面修复 [M]. 李军，译. 北京：北京理工大学出版社，2000.
[6] 林泉. 汽车涂装技术 [M]. 北京：中国劳动社会保障出版社，2010.
[7] 宋东方. 汽车涂装技术 [M]. 北京：化学工业出版社，2011.
[8] 陈纪民. 汽车涂装技术 [M]. 北京：人民交通出版社，2009.
[9] 郭宏伟. 汽车涂装 [M]. 北京：人民交通出版社，2013.
[10] 吴磊. 汽车车身钣金涂装与美容 [M]. 北京：化学工业出版社，2020.